L. 1264.

# COLLECTION
# DES MÉMOIRES

RELATIFS

## A L'HISTOIRE DE FRANCE.

---

*FAITS ET GESTES DE LOUIS-LE-PIEUX, POÈME, PAR ERMOLD LE NOIR. — ANNALES DE SAINT-BERTIN ET DE METZ.*

PARIS, IMPRIMERIE DE A. BELIN,
rue des Mathurins-Saint-Jacques, n. 14.

# COLLECTION
# DES MÉMOIRES

RELATIFS

## A L'HISTOIRE DE FRANCE,

DEPUIS LA FONDATION DE LA MONARCHIE FRANÇAISE JUSQU'AU 13ᵉ SIÈCLE ;

AVEC UNE INTRODUCTION, DES SUPPLÉMENS, DES NOTICES
ET DES NOTES ;

Par M. GUIZOT,
PROFESSEUR D'HISTOIRE MODERNE A L'ACADÉMIE DE PARIS.

A PARIS,

CHEZ J.-L.-J. BRIÈRE, LIBRAIRE,
RUE SAINT-ANDRÉ-DES-ARTS, N°. 68.

1824.

# FAITS ET GESTES
## DE
# LOUIS-LE-PIEUX,
### POÈME,
### Par ERMOLD LE NOIR.

# NOTICE

SUR

# ERMOLD LE NOIR.

***Ermoldus Nigellus***, ou Ermold le Noir, nous serait absolument inconnu sans le poème qu'il a consacré à chanter les louanges de Louis-le-Débonnaire, et son ouvrage est le seul monument qui nous apprenne quelques circonstances de sa vie. Nous y voyons qu'au moment où il le composa, c'est-à-dire peu avant l'an 826, il était exilé à Strasbourg pour quelque faute dont rien ne nous indique la nature. Quelques savans ont cru qu'il avait trempé dans la grande conspiration des fils de Louis-le-Débonnaire; mais cette conspiration n'éclata qu'en 830; la conjecture n'est donc pas fondée. On trouve, en 834, un abbé Ermold envoyé par Louis à son fils Pepin, roi d'Aquitaine, pour faire rendre aux églises les biens dont elles avaient été dépouillées, et notre poète, à la fin de son premier chant, forme le vœu d'aller vivre dans le royaume de Pepin. Trois diplômes de Louis-le-Débonnaire (en 835 et 837) font des concessions à Erménald, abbé du monastère d'Aniane en Languedoc, dans le diocèse de Maguelonne; les noms d'*Erménald* et d'*Ermold* sont à peu près semblables; le neuvième siècle offre beaucoup d'exemples de transformations de ce genre [1]; et Ermold a célébré avec complaisance le monastère d'Aniane et les vertus de saint Benoît son fondateur. Du rapprochement de ces circonstances et de quelques autres éparses dans les vers du panégyriste de Louis-le-Débonnaire, Muratori a conclu qu'Ermold dut à son poème la fin de son exil, qu'il rentra dans les bonnes grâces de l'empereur, reçut de lui diverses missions, et mourut abbé d'Aniane. Ces conjectures, adoptées en général par les érudits, ne manquent pas de probabilité.

Quant à l'ouvrage même d'Ermold, il est demeuré, jusqu'au dix-huitième siècle, enfoui dans les manuscrits de la bibliothèque impériale de Vienne. Marquard Freher en avait publié quelques vers, mais sans y attacher aucune importance ni donner aucuns détails sur l'auteur. Pierre Lambeck le fit mieux connaître dans ses *Commentarii de Augustissima bibliotheca Cæsarea Vindobonensi* (Vienne, 1665—1679; 8 vol.

---

[1] Arnald et Arnold, Rainald et Rainold, Berthald et Berthold, Hunald et Hunold, etc.

in-fol.); il rendit compte du but et de la marche du poème, en cita le commencement et la fin, essaya de découvrir ce qu'avait été Ermold lui-même; et, après avoir excité la curiosité des érudits, promit de la satisfaire en publiant l'ouvrage entier. La mort l'empêcha d'accomplir sa promesse. Gentilotti, son successeur dans la charge de bibliothécaire à Vienne, la renouvela et ne la tint pas davantage; il paraît même que, par une misérable jalousie, il mit obstacle aux efforts du savant Muratori qui fit plusieurs tentatives pour se procurer une copie du poème d'Ermold, et l'insérer dans sa collection des historiens italiens. Gentilotti mourut à son tour, et Garelli qui le remplaça, animé, pour la science, d'un zèle plus désintéressé, se hâta d'envoyer à Muratori cette copie tant desirée. L'illustre bibliothécaire de Modène la publia aussitôt en y joignant une dissertation sur le manuscrit, sur Ermold lui-même, et des notes où il porta son érudition et son exactitude accoutumées. L'édition de Muratori a été reproduite, avec son commentaire, dans la collection des historiens français de Dom Bouquet.

Il ne faut pas chercher dans ce poème une histoire complète de Louis-le-Débonnaire, ni même des faits omis par les chroniqueurs qui nous ont raconté le règne de ce prince; on n'y trouve rien de nouveau en ce genre, non plus que dans la plupart des grossiers essais poétiques de la même époque. Mais en revanche on y rencontre, sur les mœurs, la manière de vivre et d'agir, l'état général de la société au neuvième siècle, des détails beaucoup plus étendus et plus animés que dans les chroniqueurs. Ces derniers ne s'inquiètent guère que des faits matériels; ils énumèrent les expéditions, les conquêtes, les révoltes, et ne nous font point pénétrer, pour ainsi dire, dans l'intérieur des événemens; en sorte que nous apprenons d'eux ce qui est arrivé sans jamais savoir comment se passait la vie des hommes qui y prenaient part, sans assister aux scènes dont ils ne nous indiquent que les résultats. Une telle sécheresse est impossible dans un poème, quelque simple et inhabile que soit le poète; la poésie vit de scènes et de détails; elle veut peindre ce qu'elle raconte; il lui faut des descriptions, des discours; elle recherche les circonstances qui donnent au récit de la vie et de la vérité; et quelque froide ou grossière que soit l'imagination du poète, il nous introduit bien plus avant que le chroniqueur dans les faits ou dans la société dont il nous entretient. C'est là le mérite de l'ouvrage d'Ermold et ce qui en fait un monument historique d'une assez haute importance. On ne rencontre nulle part des renseignemens aussi précis et aussi animés sur les réunions des Champs de Mai et les discussions qui y avaient lieu, sur la marche et les vicissitudes des expéditions militaires, sur les travaux dont les empereurs carlovingiens chargeaient leurs *missi dominici*, sur les fêtes de la cour, les chasses royales, etc. Ermold ne raconte que peu d'événemens; et pourtant je n'hésite pas à dire que ses tableaux du siége de Barcelone, de la campagne de Louis-le-Débonnaire contre le Breton Murman, de la visite du pape Étienne iv à Rheims, et de celle du Normand Hérold à Aix-la-Chapelle, contiennent plus de faits que les récits des chroniqueurs les plus minutieux.

Quant au mérite littéraire de ce poème, il est de peu de valeur, pas aussi méprisable cependant que l'ont répété presque tous les érudits, plus révoltés d'une latinité barbare que touchés de quelques détails vrais et naïfs. A travers l'emphase laborieuse et l'ignorante rusticité du style d'Ermold on rencontre çà et là, dans ses vers, quelques tableaux animés, quelques sentimens naturels, et surtout quelques comparaisons d'une simplicité assez poétique pour saisir vivement l'imagination du lecteur.

Le nom d'Ermold lui-même serait peut-être resté inconnu sans la bizarre peine qu'il a prise pour que la première et la dernière lettre de chacun des vers que comprend l'obscure invocation qu'il a placée en tête de son poème, formassent, par leur réunion, le vers suivant :

*Ermoldus cecinit Hludoici Cæsaris arma.*

Nous reproduisons ici le texte de cette invocation pour faire comprendre cet étrange acrostiche qu'Ermold a sans doute regardé comme un tour de force admirable, et qui, à coup sûr, lui a coûté de bien longs efforts.

## ERMOLDI NIGELLI PROLOGUS.

| | |
|---|---|
| **E** ditor ætherea splendes qui Patris in arc | **E** |
| **R** egnator mundi fautorque, Redemptor et aucto | **R** |
| **M** ilitibus dignis reseras qui regna poloru | **M** |
| **O** lim conclusos culpa parientis Avern | **O** |
| **L** uminis æterni revehis qui Christi tribuna | **L** |
| **D** avid psalmicanus præsaga carminis illu | **D** |
| **V** oce prius modulans dudum miranda relat | **V** |
| **S** acra futurorum qui prompsit carmina vate | **S** |
| **C** onfer rusticulo qui possim Cæsaris in ho | **C** |
| **E** ximii exiguo modulanter poscito rit | **E** |
| **C** armine gesta loqui. Nymphas non deprecor istu | **C** |
| **I** nsani quondam ut prisci fecere periti | **I** |
| **N** ec rogo Pierides, nec Phœbi tramite lime | **N** |
| **I** ngrediar capturus opem, nec Apollinis alm | **I** |
| **T** alia cum facerent, quos vana peritia lusi | **T** |
| **H** orridus et teter depressit corda Vehemot | **H** |
| **L** imina siderei potius peto luminis ut so | **L** |
| **V** erus justitiæ dignetur dona precat | **V** |
| **D** edere: namque mihi non flagito versibus hoc quo | **D** |
| **O** mnia gestorum percurram pectine parv | **O** |
| **I** n quibus et magni possunt cessare magistr | **I** |
| **C** æsaream flectam aciem, sed cantibus hæc hu | **C** |
| **I** ncipiam celebrare. Fave modo Christe precant | **I** |
| **C** armina, me exilio pro quis nunc principis ab ho | **C** |
| **A** uxilium miserando levet qui celsus in aul | **A** |
| **E** rigit abjectos, parcit peccantibus atqu | **E** |
| **S** pargit in immensum clari vice lumina soli | **S** |
| **A** Ita regis Christi princeps qui maxime sceptr | **A** |
| **R** ex Hludovice pie, et pietatis munera Cæsa | **R** |
| **I** nsignis meriti, præclarus dogmate Christ | **I** |
| **S** uscipe gratanter profert quæ dona Nigellu | **S** |
| **A** usubus acta tamen qui tangere carmine vestr | **A** |
| **R** egis ob æterni vestro qui pectore sempe | **R** |
| **M** ansit amor, Cæsar famulum relevato cadente | **M** |
| **A** ltitonans Christus vos quo sublimet in æthr | **A** |

C'étaient là les expédiens dont un poète s'avisait au neuvième siècle pour attacher son nom à son ouvrage et le transmettre sûrement à la postérité.

F. G.

# FAITS ET GESTES

DE

# LOUIS-LE-PIEUX,

POÈME,

## Par ERMOLD LE NOIR.

---

### INVOCATION.

Créateur, maître et moteur de ce monde que tu protéges et as racheté, toi qui brilles dans la demeure éthérée de ton père, toi qui ouvres, à ceux qui combattent dignement pour ton nom, le royaume des cieux autrefois fermé par la faute de celle qui est vouée aux douleurs de l'enfantement! toi, ô Christ! qui as reconquis sur l'enfer le trône d'éternelle lumière, verse sur moi, homme simple et grossier, ce don des vers qu'eut jadis David, le chantre des psaumes, dont la voix, instruite à prédire l'avenir, dévoila, il y a tant de siècles, par ses accens prophétiques, les dogmes sacrés du temps futur si admirables à raconter, afin que je puisse, dans ce petit poème, célébrer les hauts faits du grand César avec quelque harmonie et le ton qu'exige un tel sujet! Je n'invoquerai point ici les nymphes, comme le faisaient autrefois dans leur folie les doctes de l'antiquité; je ne supplierai pas les muses; je n'irai pas, gravissant un rude sentier, fouler le seuil du temple de Phébus pour dérober son secours ou celui du puissant Apollon. Quand les anciens, jouets d'une vaine habileté, se livraient à de telles illusions, l'horrible et noir démon pesait sur leurs cœurs; je m'éleverai plutôt vers les demeures des astres lumineux pour que le vrai soleil de justice daigne accorder ses dons à mon humble prière. Non, je ne me flatte pas de parcourir dans mes vers, avec mon faible archet, le vaste cercle de ces hauts faits dont le récit pourrait fatiguer les plus grands maîtres, ni d'être assez heureux pour attirer les regards de César; mais enfin je tenterai d'en illustrer çà et là quelques-uns par mes chants. O Christ! prête donc une oreille favorable à mes supplications! fais que mes vers m'obtiennent la fin de mon misérable exil des bontés secourables de ce prince qui, du haut de son trône, élève les humbles, épargne les pécheurs, et tenant la place du brillant soleil, répand la lumière dans l'immensité! Et toi, monarque qui tiens en tes puissantes mains le sceptre sublime du Christ, pieux roi Louis, César si fameux par tes mérites et ta piété, toi en qui la foi du Christ jette un si vif éclat, reçois avec bienveillance l'offrande que te présente Le Noir qui a tant d'audace que d'effleurer ton histoire dans ses vers! je t'en conjure par cet amour qui toujours a rempli ton cœur pour le roi de l'éternité. César, puisse le Christ qui tonne du haut des cieux te récompenser d'avoir relevé ton serviteur dans sa chute, et t'assurer une place au sommet de la voûte éthérée!

# FAITS ET GESTES

DE

# LOUIS-LE-PIEUX,

POÈME,

Par ERMOLD LE NOIR.

---

## INVOCATION.

Créateur, maître et moteur de ce monde que tu protèges et as racheté, toi qui brilles dans la demeure éthérée de ton père, toi qui ouvres, à ceux qui combattent dignement pour ton nom, le royaume des cieux autrefois fermé par la faute de celle qui est vouée aux douleurs de l'enfantement! toi, ô Christ! qui as reconquis sur l'enfer le trône d'éternelle lumière, verse sur moi, homme simple et grossier, ce don des vers qu'eut jadis David, le chantre des psaumes, dont la voix, instruite à prédire l'avenir, dévoila, il y a tant de siècles, par ses accens prophétiques, les dogmes sacrés du temps futur si admirables à raconter, afin que je puisse, dans ce petit poème, célébrer les hauts faits du grand César avec quelque harmonie et le ton qu'exige un tel sujet! Je n'invoquerai point ici les nymphes, comme le faisaient autrefois dans leur folie les doctes de l'antiquité; je ne supplierai pas les muses; je n'irai pas, gravissant un rude sentier, fouler le seuil du temple de Phébus pour dérober son secours ou celui du puissant Apollon. Quand les anciens, jouets d'une vaine habileté, se livraient à de telles illusions, l'horrible et noir démon pesait sur leurs cœurs; je m'éleverai plutôt vers les demeures des astres lumineux pour que le vrai soleil de justice daigne accorder ses dons à mon humble prière. Non, je ne me flatte pas de parcourir dans mes vers, avec mon faible archet, le vaste cercle de ces hauts faits dont le récit pourrait fatiguer les plus grands maîtres, ni d'être assez heureux pour attirer les regards de César; mais enfin je tenterai d'en illustrer çà et là quelques-uns par mes chants. O Christ! prête donc une oreille favorable à mes supplications! fais que mes vers m'obtiennent la fin de mon misérable exil des bontés secourables de ce prince qui, du haut de son trône, élève les humbles, épargne les pécheurs, et tenant la place du brillant soleil, répand la lumière dans l'immensité! Et toi, monarque qui tiens en tes puissantes mains le sceptre sublime du Christ, pieux roi Louis, César si fameux par tes mérites et ta piété, toi en qui la foi du Christ jette un si vif éclat, reçois avec bienveillance l'offrande que te présente Le Noir qui a tant d'audace que d'effleurer ton histoire dans ses vers! je t'en conjure par cet amour qui toujours a rempli ton cœur pour le roi de l'éternité. César, puisse le Christ qui tonne du haut des cieux te récompenser d'avoir relevé ton serviteur dans sa chute, et t'assurer une place au sommet de la voûte éthérée!

# POÈME
# D'ERMOLD LE NOIR,

EN L'HONNEUR

Du très-Chrétien LOUIS, César-Auguste.

## CHANT PREMIER.

Louis, Auguste César, tu surpasses les plus célèbres empereurs par les richesses et la gloire des armes, mais plus encore par ton amour pour Dieu. Grand prince, dans mon audace j'aspire à chanter tes louanges! Daigne le Tout-Puissant, source de toute force, m'en donner les moyens! Ces hauts faits du valeureux César, que dans son pieux amour le monde publie avec tant de raison, je vais tenter de les décrire; peut-être serait-il plus sage de m'arrêter dans une telle entreprise et de m'en tenir à pleurer sur les funestes fautes dont je me suis rendu coupable. Homme simple et sans culture, j'ignore les secrets des muses, et ne saurais produire des chants disposés suivant les règles de l'art; mais la bonté d'un roi que touche plus l'intention que la valeur même du présent qu'on lui fait, enhardit ma timidité qui balance. De plus, et je l'avoue, mon exil me pousse dans la carrière; les dons à présenter me manquent, et j'offre le seul bien dont je dispose. Je n'irai point au reste raconter une à une toutes les actions de Louis ; je n'en ai ni la prétention ni le pouvoir, et mon talent serait trop au dessous d'une si grande tâche. Non, quand Maron, Nason, Caton, Flaccus, Lucain, Homère, Tullius et Macer, Cicéron ou Platon, Sedulius, Prudence, Juvencus ou Fortunat, et Prosper lui-même vivraient encore, à peine pourraient-ils les renfermer toutes dans leurs fameux écrits, dussent-ils même redoubler leurs célèbres et mélodieux ouvrages ; et moi cependant, misérable nocher, n'ayant qu'un grossier esquif qui fait eau de tous côtés, je veux m'élancer dans le vaste océan de cette mer immense ! Que la main qui, pour sauver le fidèle Pierre de la fureur des flots prêts à l'engloutir, souleva sa barque et lui prêta de nouvelles forces, prenne pitié de moi, me préserve de me perdre dans les gouffres de l'onde, et me pousse, magnifique César, vers le port de ta faveur. Allez donc mes vers, mettez dans tout leur jour les actions de Louis, et, dans le grand nombre, sache ma plume en choisir quelques-unes.

Dans le temps où le sceptre des Francs fleurissait dans les mains vigoureuses de Charles, que tout l'univers honore hautement du nom de père, quand la France répandait au loin et de tous côtés les éclats de son tonnerre, et remplissait le monde de la célébrité de son nom, le sage Charles, de l'avis de ses grands assemblés, distribua entre ses enfans les insignes de la royauté [1]. La France eût obéi à un prince du même

[1] En 781.

nom de Charles, si le successeur désigné eût recueilli l'héritage de son père. Ce monarque donna le royaume d'Italie à son bien-aimé Pepin, et à toi, Louis, il te conféra la couronne d'Aquitaine. La renommée instruisit bientôt l'univers de ce partage si égal, et Louis se rendit en triomphe dans les États confiés à ses soins. Ce fut par un miracle que ses parens donnèrent ce nom de Louis à ce jeune prince qui devait être si fameux par les armes, si puissant et si pieux. Ce nom de Louis, qui vient du mot *Ludus*, apprend en effet que c'est en se jouant qu'il a donné la paix à ses sujets. Que si l'on préfère consulter la langue des Francs pour connaître l'étymologie de ce nom, on verra clairement qu'il est composé de *Hlut*, qui veut dire fameux, et de *Wig*, qui signifie *Mars*. Encore enfant, ce noble rejeton qu'animait le souffle divin, accrut son royaume par l'honneur, le courage et la bonne foi. Avant tout, il se hâta d'enrichir de ses dons les temples des serviteurs du Christ, et rendit aux saintes églises les biens dont autrefois on les avait dotées. Ne régnant sur les peuples que par la loi et la force de la piété, il rétablit l'ordre dans les États soumis à son sceptre, et leur donna une vie nouvelle. Par sa sage habileté, ce pieux roi dompta le caractère farouche des Gascons, et fit des agneaux de ces loups dévorans. Tournant ensuite ses armes rapides contre les Espagnols, lui-même les chassa loin de leurs propres frontières. Combien de hautes montagnes et de châteaux forts il soumit, en courant, à son empire, avec la faveur de Dieu! Qui combattait pour lui? je l'ignore; et quand je le saurais, ma plume grossière ne pourrait les rappeler tous. Je dirai cependant ceux dont la renommée a porté récemment les noms jusqu'à mes stupides oreilles. Je laisse aux savans à parler des autres.

Il était une cité inhospitalière pour les escadrons Francs, et, de plus, associée aux intérêts des Maures ; les anciens Latins l'appelèrent Barcelone, et Rome la polit en y introduisant ses mœurs. Toujours elle offrait un asile sûr aux brigandages des Maures ; toujours des ennemis armés la remplissaient ; quiconque venait d'Espagne ou y retournait en secret, une fois entré dans cette ville, trouvait partout une entière sûreté. Habituée de tout temps à tomber sur de petits corps de nos fantassins pendant leur retraite, elle triomphait de les dépouiller. Beaucoup de nos ducs l'assiégèrent long-temps et firent contre elle diverses tentatives guerrières ; mais toujours le succès trompa leurs vœux. Quoiqu'on déployât contre elle la force des armes, l'adresse, ou toute espèce de machines, toujours, fortifiée comme elle l'était de murs d'une immense épaisseur et construits, de toute ancienneté, du marbre le plus dur, elle repoussa loin d'elle les efforts de la guerre. Chaque année, aussitôt que le mois de juin élève vers le ciel les moissons blanchissantes, et que l'épi déjà mûr appelle le tranchant de la faucille, le Franc menace les murailles de cette ville, inonde les champs et les métairies, arrache les fruits de la terre, et dépouille la campagne de ses dons ; ou bien encore il ravage les vignobles au temps où le Maure a coutume de mettre au pressoir les doux présens de Bacchus, art inconnu au Franc. Ainsi lorsque dans la saison d'automne d'épaisses armées de grives ou d'autres oiseaux habitués à se nourrir de raisins fondent du haut des airs sur les vignobles, elles arrachent et emportent les grappes, et les plus beaux raisins tombent sous les coups de leurs ongles et de leurs becs; en vain alors du haut de la montagne le triste et malheureux vigneron frappe des cimbales ou s'étudie à pousser de grands cris ; ce n'est pas pour lui une tâche facile d'empêcher ces cruels ennemis de s'avancer en troupe serrée et de ravager les fruits dont ils se gorgent. De même les Francs, aussitôt que le temps arrive de recueillir les fruits de la terre, enlèvent aux hameaux toutes leurs richesses; et cependant ni de si cruelles dévastations, ni d'autres malheurs divers, ni les coups pressés des armes de nos ducs ne peuvent briser le dur cœur du Maure. A peine les Francs agiles lui ont-ils ravi tant de biens, que de rapides vaisseaux lui en rapportent par mer d'aussi abondans. Longtemps le succès incertain se balança donc entre les deux partis, et la guerre se poussa des deux côtés, dit-on, avec un acharnement égal.

Au printemps, lorsque la terre échauffée commence à reverdir, que l'hiver fuit chassé par la rosée des astres, que l'année se renouvelant rapporte aux fleurs les parfums qu'elles avaient perdus, et que l'herbe rajeunie ondoie remplie d'une sève nouvelle, nos rois agitent les intérêts du royaume et rappellent les antiques lois [1]; chacun d'eux ensuite se rend sur ses frontières pour les mettre à l'abri de toute attaque. Alors le fils de Charles, suivant la vieille coutume des Francs, mande et rassemble autour de lui la foule distinguée des hommes les plus éminens dans la nation [2],

---

[1] Dans les champs de Mai.
[2] Le texte porte *electos populi*; quelques savans ont entendu par là *les élus du peuple*, et en ont conclu qu'il y avait à cette époque de vraies

les grands du royaume, dont les conseils décident des mesures à prendre pour le bien de l'État. Les grands se présentent en toute hâte et obéissent de plein gré; le faible vulgaire les suit, mais sans armes. Tous les puissans s'asseient sur l'ordre qui leur en est donné¹; le roi monte sur le trône de ses aïeux, et le reste de la tourbe dépose au dehors les dons accoutumés qu'elle apporte au prince. L'assemblée s'ouvre; le fils de Charles prend la parole et profère ces mots du fond de son cœur:

« Magnanimes grands, vous que Charles a préposés
« à la garde des frontières de la patrie, et qui, par vos
« services, vous êtes rendus si dignes de cette noble
« récompense, le Tout-Puissant n'a daigné nous éle-
« ver au faîte des honneurs qu'afin que nous pour-
« voyions aux besoins de nos peuples conformément
« aux anciennes lois. L'année revient après avoir par-
« couru son cercle; voici le moment où les nations se
« poussent sur les nations, et courent aux armes avec
« une alternative de succès partagés. La guerre est
« chose qui vous est bien connue; mais nous, nous
« l'ignorons; dites donc votre avis, et quelle route
« il nous faut suivre. »

Ainsi parle le roi. Contre cette idée s'élève Loup-Sancion². Sancion, prince des Gascons, qui gouvernait sa propre nation, se sentait fort d'avoir été nourri

---

élections, une représentation nationale; mais cette opinion est repoussée par tous les faits, et ces mots *electos populi* désignent ici non pas *les élus*, mais *l'élite du peuple*.

¹ En 801.

² *Sancio*, c'est-à-dire *Sanche*. Ce Loup-Sanche était probablement le petit-fils de cet autre Loup, aussi duc des Gascons, qui, en 769, avait livré à Charlemagne l'Aquitain Hunold, réfugié dans son territoire.

à la cour de Charles, et surpassait tous ses ancêtres en esprit et en fidélité. « Roi, dit-il, de ta bouche dé-
« coule l'inspiration de tout sage conseil; c'est à toi
« de commander, à nous d'obéir. Si cependant cette
« affaire est livrée à notre discussion, mon avis est,
« je le jure, qu'on conserve une tranquille paix. » Le duc Guillaume, de la cité de Toulouse, fléchit le genou, baise les pieds du monarque, et s'exprime en ces termes : « Lumière des Francs, roi, père, honneur et
« bouclier de ton peuple, toi qui l'emportes sur tes
« ancêtres par ton mérite et ta science, illustre maître,
« chez qui le sublime courage et la sagesse coulent,
« avec une abondance égale, de la source paternelle !
« monarque, prête, si je le mérite, une oreille favo-
« rable à mes conseils, et que ta bonté, grand prince,
« exauce mes prières. Il est une nation d'une noire
« cruauté, celle qui tire son nom de *Sara*, et est dans
« l'habitude de ravager nos frontières. Courageuse,
« elle se confie dans la vitesse de ses chevaux et la
« force de ses armes. Je ne la connais que trop, et
« elle me connaît bien aussi. Souvent j'ai observé ses
« remparts, ses camps, les lieux qu'elle habite et tout
« ce qui les environne. Je puis donc conduire les
« Francs contre elle par un chemin sûr. A l'extrémité
« des frontières de ce peuple est en outre une ville
« funeste qui, par son union avec lui, est la cause de
« tant de maux. Si, par la bonté de Dieu, et succom-
« bant sous tes efforts, elle est prise, la paix et la tran-
« quillité seront assurées à tes peuples. Grand roi,
« dirige tes pas contre cette cité, porte les funérailles
« sous ses murs massifs, et Guillaume te servira de
« guide. »

Le monarque souriant serre dans ses bras ce serviteur dévoué, lui rend le baiser qu'il en reçoit, et lui adresse cette amicale réponse :

« Nous te remercions pour nous, brave duc, nous
« te remercions pour notre père Charles. Toujours,
« sois-en sûr, tes services recevront les honorables
« récompenses qui leur sont dues. Les détails que tu
« viens de donner, depuis long-temps j'ai pris soin de
« les tenir gravés dans le fond de mon cœur, et mainte-
« nant j'aime à les entendre publier hautement. Comme
« tu le demandes, je me rends à tes conseils et sous-
« cris à tes desirs ; toi, Franc, confie-toi en la promp-
« titude de ma marche. J'en suis réduit, je l'avoue,
« Guillaume, à n'avoir qu'une seule chose à te dire ;
« mais que ton ame recueille avidement mes paroles.
« Si, comme je l'espère, Dieu m'accorde de vivre
« assez pour cela, et que lui-même me protège
« dans ma route, cruelle Barcelone qui, dans ton
« orgueilleuse joie, te vantes de tant de guerres
« faites aux miens, je verrai tes murailles, j'en at-
« teste ces deux têtes » (car en disant ces mots il s'appuyait par hasard sur les épaules de Guillaume) ;
« ou il faudra que la foule profane des Maures se
« lève contre moi, et que, pour sauver ses alliés et
« elle-même, elle en vienne à tenter le sort du
« combat ; ou toi, Barcelone, tu seras, bon gré mal
« gré, contrainte de m'ouvrir ces portes où il ne nous
« a pas encore été donné d'entrer, et réduite à im-
« plorer mes ordres. »

Il dit : les grands poussent des murmures confus d'approbation, et leur foule pressée baise les pieds du puissant monarque. Ce prince alors interpelle Bigon, cher à son cœur¹, et fait entendre à son oreille ces paroles si douces à sa grande ame. « Va, rapide Bigon, « signifie ce que je vais te dire à la foule de nos fidèles, « et que ta bouche leur rapporte nos propres paroles. « Dès que le soleil montera dans le signe de la vierge, « et que sa sœur suivra son cours dans le cercle qui « lui est assigné, que nos troupes triomphantes et « bien armées pressent de leurs bataillons les murs « de la ville que nous avons nommée. » Le docte Bigon exécute sans tarder ce que lui prescrit son maître bienveillant, et court de tous côtés porter avec célérité ses augustes commandemens.

Cependant le jeune roi, brûlant d'amour pour le Christ, éleva pieusement pour les serviteurs de Dieu des murs dignes de les recevoir. La renommée publie en effet qu'il institua dans ses États de nombreuses congrégations de moines réguliers vouées au Très-Haut; que si quelqu'un desire connaître tous ces saints établissemens, qu'il parcoure, je l'en conjure, le royaume d'Aquitaine : pour moi, dans cet essai, je n'en chanterai qu'un seul. Il est un lieu célèbre par le culte de la religion que le premier roi de la race de Charles a lui-même nommé Conques². Autrefois l'asile des bêtes fauves et des oiseaux mélodieux, il était resté inconnu à l'homme que rebutait son aspect sauvage. Aujourd'hui on y voit briller une troupe de pieux frères adorateurs du Christ, dont la célébrité s'étendit bientôt au loin jusqu'aux cieux. Le monastère qui les renferme, le religieux monarque l'a construit de ses

¹ Probablement le même Bigon que plus tard Louis-le-Débonnaire nomma comte de Paris.
² Le monastère de Conques, dans l'évêché de Rhodez.

dons, en a posé les fondemens, l'a comblé de biens et s'est fait un devoir de l'honorer spécialement. Il est situé dans une grande vallée que baigne un fleuve bienfaisant et que couvrent des vignes, des pommiers et tout ce qui sert à la nourriture de l'homme. C'est Louis qui a fait tailler le roc à force de travail et de bras, et ouvrir le chemin qui a rendu ce lieu accessible. Un certain religieux, nommé Date, est, dit-on, le premier qui vint l'habiter. Pendant qu'il conservait encore sa mère et vivait avec elle sous le toit de ses pères jusqu'alors échappé à la rage des ennemis, voilà que tout à coup les Maures répandent un effroyable désordre, et ravagent de fond en comble la contrée du Rouergue. La mère de Date, les débris de sa maison et tous ses meubles firent, dit-on, partie du riche butin de ces cruels ennemis. Dès que ceux-ci se sont retirés, chacun des fugitifs court à l'envi revoir sa maison et visiter les pénates qui lui sont connus. Date, dès qu'il a la triste certitude que sa mère et sa maison ont été la proie des Maures, sent peser sur son cœur mille pensers divers. Il équipe son coursier, se couvre de ses armes, réunit les compagnons de son malheur, et se prépare à poursuivre les ravisseurs. Le hasard veut que le camp où les Maures se sont retirés avec leur butin soit fortifié par un rempart et des murailles de marbre. Le rapide Date, ses compagnons et tout le petit peuple y volent à l'envi et se préparent à en rompre les portes. Ainsi quand un épervier étendant ses ailes fond à travers les nues, enlève un oiseau dans ses serres et s'enfuit vers l'aire dont la route lui est bien connue, c'est en vain que les compagnons de la victime poussent des cris, font retentir les airs de leurs voix lugubres et poursuivent le ravisseur; celui-ci, retiré dans son nid, à l'abri de tout danger, étouffe sa proie dans ses serres, la tue et la retourne sur le côté qui lui plaît pour la dévorer; de même les Maures, défendus par un rempart et maîtres de leur butin, ne craignent pas davantage l'attaque de Date, sa lance et ses menaces. Un d'eux l'interpelle du haut des murs et lui adresse, d'une voix moqueuse, ces cruelles paroles :

« Sage Date, dis-nous donc, je t'en conjure, quelle
« cause amène toi et tes compagnons vers notre camp?
« Si tu veux nous donner sur-le-champ, en échange du
« présent que nous te ferons, le coursier sur lequel tu
« viens couvert de ton armure, ta mère ira te re-
« joindre saine et sauve, et nous te rendrons le reste
« des dépouilles qu'on a enlevées; si tu refuses, tes
« yeux seront témoins de la mort de ta mère. »

Date profère cette réponse affreuse à redire : « Fais
« donc périr ma mère, peu m'importe; car ce coursier
« que tu demandes, jamais je ne consentirai à te le
« donner; il n'est pas fait, vil misérable, pour rece-
« voir un frein de ta main. » Sans plus différer, le Maure cruel fait monter la mère de Date sur le rempart et la déchire, sous les yeux même de son fils, par d'horribles supplices. On raconte en effet que ce barbare lui coupa d'abord les mamelles avec le fer, puis lui trancha la tête, et dit à Date : « Tiens, voilà ta
« mère. »

L'infortuné, furieux du meurtre de celle qui lui donna le jour, grince des dents, gémit et flotte incertain entre mille projets divers; mais, pour venger son trépas, aucune voie ne lui est ouverte, et la force lui manque : triste et l'esprit égaré il fuit loin de ce funeste lieu. Abandonnant tout, et revêtu d'armes plus sûres pour son salut, il devient bientôt un pieux habitant du désert. D'autant plus dur pour lui-même qu'il s'était montré cruellement insensible autrefois à la mort de sa mère, ô Christ! il revient d'un pas plus ferme sous ton joug. Long-temps plein de mépris pour la vie criminelle du monde, il pratiqua, sur lui-même et dans la solitude, de rudes mortifications. La renommée en arriva aux oreilles du pieux roi qui, sur-le-champ, appelle dans son palais le serviteur de Dieu; et le prince et l'homme du Seigneur, tous deux égaux en piété, passent alors toutes leurs journées dans des entretiens où tous deux s'entendent également bien; alors aussi le monarque et Date jettent les fondemens de Conques, et préparent des retraites futures pour de saints moines. C'est ainsi que dans le lieu où naguère des troupes redoutables d'animaux sauvages trouvaient un abri, s'élèvent maintenant des moissons agréables à Dieu.

Cependant les grands du roi et les phalanges du peuple, avertis, obéissent à l'envi aux ordres de Louis. Des bataillons de Francs arrivent de tous les points suivant l'antique usage, et une nombreuse armée entoure les murs de Barcelone. Avant tous les autres, accourt, le fils de Charles à la tête d'une troupe brillante, et lui-même guide les chefs qu'il a réunis pour la destruction de cette ville. De son côté, le prince Guillaume plante ses tentes; ainsi le font Héribert, Liuthard, Bigon et Béron, Sancion, Libulf, Hildebert, Hisambart et plusieurs autres qu'il serait trop long de nommer. Le reste de la jeunesse guerrière, Francs,

Gascons, Goths ou Aquitains, se répand et bivouaque dans les champs. Le bruit de leurs armes s'élève jusqu'au ciel et leurs cris retentissent dans les airs. Dans la ville, au contraire, tout est terreur, larmes et gémissemens. C'est quand l'étoile de Vénus ramène avec elle les ombres de la nuit que tout se dispose contre toi, Barcelone; et bientôt tes richesses seront la proie de l'ennemi. Aussitôt en effet que la brillante aurore revient visiter les mortels, tous les comtes sont mandés et se rendent sous la tente du monarque; tous s'asseient sur l'herbe, chacun selon son rang, et, l'oreille attentive, sollicitent les ordres de leur prince. Alors le fils de Charles fait, de ses sages lèvres, descendre ces paroles:

« Grands, que vos esprits accueillent mon avis. Si
« ce peuple honorait le vrai Dieu, était agréable au
« Christ, et voulait recevoir la sainte eau du baptême,
« nous devrions faire avec lui une paix solide et l'ob-
« server fidèlement, afin de le réunir au Seigneur par
« les liens de la religion; mais il est toujours pour
« nous un objet d'exécration, repousse la foi qui nous
« assure le salut, et suit les lois du démon. La bonté
« miséricordieuse du maître du tonnerre livre donc
« en nos mains cette race impie et la voue à nous ser-
« vir comme esclave. Courons, Francs; renversons
« ses murs et ses forts, et que vos cœurs retrouvent
« leur ancienne valeur. »

Ainsi lorsque sur l'ordre d'Éole les vents rapides volent à travers les campagnes, les forêts et les ondes, et renversent nos toits domestiques, les moissons et les bois s'agitent en tremblant, l'oiseau du soleil peut à peine se tenir sur ses serres recourbées, et le malheureux nautonnier, cessant de se confier à sa rame et à sa voile de lin, la serre rapidement et s'abandonne aux flots incertains de la mer; de même à l'ordre de Louis toute l'armée des Francs court en foule çà et là pour préparer la ruine de Barcelone; on se précipite dans les forêts; la hache active fait de tous côtés retentir ses coups; les pins sont abattus, le haut peuplier tombe; l'un façonne des échelles, l'autre aiguise des pieux; celui-ci apporte en toute hâte des engins pour l'attaque; celui-là traîne des pierres; des nuées de javelots et de traits armés de fer crèvent sur la ville; le bélier tonne contre les portes et la fronde frappe à coups pressés.

Cependant les bataillons épais de Maures rangés sur les tours se préparent à défendre leurs remparts. Un Maure, nommé Zadun [1], était alors le chef de cette cité, à laquelle son ame ferme et courageuse dictait des lois. Il s'élance vers les murs; la foule frappée de terreur l'environne et le suit. « Compagnons, s'écrie« t-il, quel est ce bruit nouveau ? » L'un des siens répond à sa question par ces mots qui ne lui annoncent que de cruels malheurs : « Aujourd'hui ce n'est pas ce
« vaillant prince des Goths, que notre lance a cepen-
« dant repoussé tant de fois loin de ces murs, qui vient
« tenter le sort des combats; c'est Louis, l'illustre fils
« de Charles; lui-même commande ses ducs et a revêtu
« son armure. Si Cordoue ne nous secourt prompte-
« ment dans cette extrémité, nous, le peuple et cette
« ville redoutable nous périrons. »

Le chef voit du haut d'une tour les armes ennemies

---

[1] Zaddon, Zade, Zate.

au pied même des remparts, et du fond de son cœur abattu sortent ces tristes paroles :

« Courage, pressez-vous, compagnons, sauvons nos
« murailles de la rage de l'ennemi ; peut-être Cordoue
« nous enverra-t-elle quelque secours. Cependant une
« cruelle vérité qui m'afflige et me trouble, ô peuple !
« assiége mon esprit ; elle va vous frapper d'étonne-
« ment, mais je dois vous la révéler. Cette nation re-
« doutable qui, vous le voyez, vient assiéger nos
« remparts, est courageuse, habituée à manier les
« armes, dure aux fatigues et active dans les combats.
« Voici maintenant, je vous l'avouerai, ce qu'il y a de
« plus affreux à vous apprendre ; mais que je le taise
« ou le dise hautement, cela ne vous paraîtra pas
« moins funeste ; tous ceux chez qui cette nation cé-
« lèbre a porté la guerre ont bon gré mal gré subi l'es-
« clavage. Cet empire de Romulus, qui jadis fonda
« cette cité, elle l'a soumis à son joug avec tous ses
« vastes États. Toujours elle a les armes à la main ;
« dès l'enfance elle se familiarise avec la guerre. Re-
« gardez, le jeune homme porte les lourds matériaux
« pour l'attaque, et le vieillard dirige tout par son ex-
« périence. Je frémis d'horreur en rappelant seule-
« ment le nom des Francs ; car c'est de sa férocité que
« le Franc tire son nom. Mais pourquoi, citoyens,
« mon triste cœur vous en dirait-il davantage ? Hélas !
« les maux qui nous menacent je ne les connais que
« trop bien ; mais ils sont douloureux à vous annon-
« cer. Ces murs qu'il nous faut défendre, ajoutons à
« leur force par une garde constante et courageuse,
« et que la troupe qui veille aux portes se montre in-
« telligente et digne de confiance. »

Cependant la jeunesse des Francs, que suivent d'épais bataillons, foudroie les portes avec le bélier; de toutes parts Mars fait entendre son tonnerre; les murs, entourés d'un quadruple revêtement de marbre, sont frappés à coups redoublés, et les malheureux assiégés sont percés d'une grêle de traits. Alors le Maure Durzaz, du haut d'une tour élevée, crie aux Francs d'un ton railleur et avec l'accent d'un orgueilleux mépris : « Nation trop cruelle, et qui étends tes ra-
« vages sur le vaste univers, pourquoi viens-tu battre
« de pieux remparts et inquiéter des hommes justes?
« Penses-tu donc renverser si promptement des mu-
« railles, travail des Romains, et qui comptent mille
« ans d'existence? Barbare Franc, éloigne-toi de nos
« yeux; ta vue n'a rien d'agréable, et ton joug est
« odieux. » A ces outrages, Childebert ne répond point par des paroles; mais il saisit son arc, court se placer en face de l'insolent discoureur, et, tenant dans ses mains son arme de corne, il la courbe avec effort; le trait part, vole, s'enfonce dans la noire tête du Maure, et la flèche mortelle se plonge dans sa bouche insultante. Il tombe, quitte à regret le haut de ses murs, et en mourant souille les Francs de son sang noir. Ceux-ci, le cœur plein de joie, poussent de grands cris, et les malheureux Maures au contraire ne font entendre que gémissemens plaintifs. Alors divers guerriers précipitent d'autres Maures sur les sombres bords. Habiridar tombe sous les coups de Guillaume, et Uriz sous ceux de Liuthard; Zabirezun est percé par la lance et Uzacam par un javelot; la fronde frappe Corizan, et la flèche rapide atteint Gozan. Les Francs ne pouvant combattre de plus près, employaient tour

à tour les traits et les pierres, car l'adroit Zadun avait défendu aux siens de hasarder une bataille et de quitter leurs remparts.

La lutte se prolongea ainsi pendant vingt jours avec des succès divers. Aucune machine n'est assez forte pour ouvrir un passage à travers les murs, et l'ennemi ne donne dans aucune embuscade. Cependant le Franc ne cesse de poursuivre sa belliqueuse entreprise, et continue de faire gémir les portes sous les coups redoublés des poutres. Cependant aussi l'illustre fils du puissant Charles, tenant son sceptre dans ses mains et suivi d'une foule nombreuse, parcourt les rangs, exhorte les chefs, excite les soldats; et, comme le faisait toujours son père, les appelle aux armes. « Croyez-« moi bien, disait-il, vaillante jeunesse, et vous tous « grands, croyez-moi bien, et que mes paroles restent « gravées dans vos ames. Si Dieu le permet, je ne veux « revoir ni le palais paternel ni mon royaume avant « que cette ville et ses habitans vaincus par les armes « et la faim ne soient venus humblement reconnaître « mes lois. » Dans le même instant aussi l'un des Maures, se tenant à l'abri derrière les murs, et élevant sa voix jusqu'aux cieux, faisait entendre ces mots ironiques : « Francs, quelle est votre folie ! pourquoi « fatiguer nos murailles de vos coups ? Il n'est point « d'artifice qui puisse vous rendre maîtres de cette « cité. Les vivres ne nous manquent pas ; la viande et « le miel abondent dans la ville, et c'est vous que dé-« sole la famine. » Guillaume ne laisse pas ce discours sans réponse, et s'écrie du ton du mépris : « Maure « orgueilleux, retiens bien, je te prie, mes paroles ; « elles ne te seront pas douces et ne te plairont point;

2.

« mais je les crois vraies. Regarde ce coursier si re-
« marquable par ses taches de diverses couleurs, et
« sur lequel je menace vos remparts encore de trop
« loin; il tombera sous nos morsures, et, broyé par nos
« dents, nous servira de nourriture, avant que nos
« cohortes quittent vos murs dont l'entrée nous est
« trop long-temps fermée; et cette guerre une fois
« commencée ne finira jamais. »

Le Maure frappe de ses noirs poings sa noire poitrine; le malheureux déchire son noir visage de ses ongles recourbés; le cœur glacé de terreur il tombe sur la face et pousse des hurlemens lamentables qui font retentir le pôle. Ses compagnons, saisis d'étonnement, tremblent de la persévérance des Francs et de leurs terribles menaces, et désertent les remparts. Zadun, furieux, court à travers les flots d'un peuple immense, en criant : « Où fuyez-vous, citoyens ? quelle
« route prenez-vous donc ? » Zadun, les tiens alors te rapportent la réponse du Franc. « Voici ce qu'a résolu
« l'ennemi, disent-ils; écoute-le avant tout. De sa
« dent cruelle il mangera ses chevaux plutôt que de
« consentir jamais à abandonner le pied de tes mu-
« railles. — Infortunés citoyens, répond le chef, je
« vous l'ai prédit depuis long-temps, telles sont les
« guerres que fait cette redoutable nation; mainte-
« nant, dites, quel parti vous semble le plus utile
« pour vous, et comment pourrai-je vous servir en-
« core ? — Tu vois, réplique le peuple, des nuées de
« Francs qui travaillent de tous côtés à briser les murs,
« et les tiens tombent déchirés par le fer. Cordoue ne
« t'envoie aucun des secours qu'elle t'a promis; la
« guerre, la faim, la soif nous affligent de leur triple

« fléau : quel moyen de salut nous reste-t-il donc,
« sinon de demander la paix aux Francs et de leur
« envoyer des députés en toute hâte ? »

Zadun, frémissant de rage, déchire ses vêtemens, arrache ses noirs cheveux et se meurtrit les yeux. Il veut parler, le nom de Cordoue s'échappe à plusieurs reprises de sa profane voix, et long-temps les sanglots lui coupent la parole. « O Maures ! si prompts dans
« les combats, s'écrie-t-il enfin, d'où vient ce funeste
« découragement ? Compagnons, montrez donc votre
« fermeté accoutumée ! S'il vous reste encore quelque
« amour pour moi, je ne vous demande qu'une faveur;
« accordez-moi cette seule grâce et je serai satisfait.
« J'ai remarqué un endroit où les épais bataillons de
« l'ennemi laissent une place vide au pied de nos rem-
« parts et où il n'y a que peu de tentes dressées ; c'est
« un piége sans doute, mais peut-être pourrai-je me
« frayer un passage sans être atteint et arriver à toute
« course, chers compagnons, jusqu'aux lieux bien
« connus dont nous attendons du secours. Vous, ce-
« pendant, mes frères, jadis inaccessibles à toute
« crainte, donnez tous vos soins à défendre les portes
« jusqu'à mon retour ici ; qu'aucun événement, je vous
« en conjure, ne vous fasse quitter vos fortes mu-
« railles et sortir en armes dans la plaine. »

Tout en donnant encore aux siens une foule d'ordres, il quitte la ville, se glisse en se cachant, et plein de joie franchit un corps de Francs. Déjà il marche plus tranquille à la faveur du silence de la nuit ; mais son malheureux coursier se met bientôt à hennir : à ce bruit, les gardes donnent l'éveil, des troupes sortent du camp, se dirigent vers le lieu d'où est parti le hennissement et poursuivent Zadun ; troublé par la peur, il abandonne la route, retourne son coursier et se jette en aveugle au milieu de nos épais bataillons. L'infortuné, le front chargé d'ennuis, ne voit autour de lui que des phalanges ennemies et n'a plus aucun moyen de s'arracher de leurs mains. Il est bientôt pris, chargé de fers qu'il n'a que trop bien mérités, et traîné tout tremblant à la tente de Louis.

La renommée, dans son vol rapide, trouble toute la ville de ses cris, et sa bouche lui annonce que son roi est prisonnier. Pères, mères, jeunes gens se laissent entraîner au désespoir ; le faible enfant et la jeune fille portent partout cette triste nouvelle. Du camp des Francs un bruit non moins éclatant s'élève de toutes parts jusqu'au ciel, et les soldats se livrent de concert aux frémissemens de la joie. Cependant les noires ombres de la nuit se dissipent, et la brillante aurore ramène le jour. Les Francs alors se précipitent vers la tente du roi. Le fils de Charles leur parle d'un esprit calme, et adresse avec bonté ces paroles à ses fidèles guerriers :

« Zadun se hâtait de se rendre auprès des troupes
« espagnoles dans le dessein de solliciter des secours,
« des armes et tous les autres moyens de prolonger la
« guerre ; fait prisonnier malgré sa résistance, on le
« tient maintenant dans les chaînes et désarmé en de-
« hors de cette tente, et il n'a point encore paru de-
« vant nos yeux. Allez, Guillaume, faites-le placer
« dans un lieu d'où il puisse voir ses remparts, et qu'il
« ordonne sans tarder qu'on nous ouvre les portes
« de la ville. »

Cet ordre s'exécute sur-le-champ ; Zadun, attaché

avec des courroies, suit la main qui le traîne ; mais, par une ruse coupable, il lève de loin sa main étendue. Lui-même, en effet, avant de se séparer des siens, leur avait dit : « J'ignore si la fortune me sera « funeste ou favorable ; mais si le sort veut que je tombe « au milieu des phalanges de Francs, vous, comme « je vous l'ai recommandé, restez, je vous en con- « jure, enfermés dans vos murailles. » Maintenant, tendant les mains vers ces murs chéris, il criait : « Hâtez-vous, compagnons, d'ouvrir vos portes trop « long-temps fermées. » Mais en même temps il courbait les doigts avec adresse et serrait les ongles contre la paume de la main ; c'était un jeu perfide : par ce signe, en effet, il exhortait les siens à défendre leurs remparts, tandis que, bien malgré lui, sa bouche criait : « Ouvrez vos portes. » Guillaume s'aperçoit de la ruse ; prompt comme l'éclair, il frappe le captif de son poing, et ce n'est pas un jeu. Frémissant de rage, il renferme sa colère dans son ame, admire le Maure et bien plus encore son artifice ingénieux, et lui dit : « Crois- « moi, Zadun, si l'amour et le respect pour mon roi ne « me retenaient, ce jour serait le dernier de ta vie. »

Cependant, tandis que Zadun est soigneusement gardé par les Francs, ses compagnons se préparent à défendre leurs murs. La lune venait pour la seconde fois, dans sa marche régulière, de terminer son cours ; Louis et ses Francs marchent alors vers ces remparts toujours fermés pour eux. D'énormes machines font retentir leurs coups ; de tous côtés elles battent les fortifications ; la guerre déploie une fureur à laquelle jusqu'alors on n'a rien vu d'égal ; des grêles de flèches volent sur la ville ; la fronde, tordue avec violence, écrase l'ennemi; le monarque lui-même dirige l'attaque et anime les ducs. Les Maures infortunés n'osent ni descendre de leurs murs élevés, ni même, du sommet de leur tour, jeter les yeux sur le camp des Francs. Ainsi lorsqu'une troupe d'oiseaux aquatiques, inquiète et tremblante, se plonge dans un petit fleuve, et que tout à coup l'aigle qui les aperçoit fond du haut de la nue et vole long-temps au dessus d'eux, les uns cachent leurs têtes dans les eaux et osent à peine la relever dans l'air, celui-ci se tapit au milieu des joncs, et celui-là s'enfonce dans la vase; mais l'aigle les menace sans cesse de ses ailes, les glace d'effroi, les fatigue et enlève ceux qui se hasardent à montrer la tête au dessus des flots : de même le glaive, la terreur et la mort poursuivent les Maures timides fuyant à travers leur cité. Alors le pieux roi brandissant dans sa main son javelot, le lance violemment contre la ville ; le trait rapide vole, fend l'air, frappe les murs et s'enfonce dans le marbre de toute la force qui l'a poussé. A cette vue les Maures, l'ame troublée de crainte, regardent avec étonnement et le fer et bien plus encore le bras qui l'a lancé. Enfin, déjà plus que vaincus par la guerre et la faim, ils se décident, d'une voix unanime, à rendre leur ville ; les portes s'ouvrent, les asiles les plus cachés se montrent au grand jour. Barcelone, domptée par un long siége, subit la loi de Louis [1]. Sans perdre un instant, les Francs vainqueurs se montrent à tous les yeux dans cette cité dont ils souhaitaient tant la conquête, et commandent à l'ennemi. Ce fut le jour du sabbat que les Francs obtinrent ce glorieux succès, et que la ville

---

[1] En 801.

commença de s'ouvrir pour eux. Le lendemain, jour de fête, le roi Louis, empressé d'acquitter les vœux qu'il avait faits à Dieu, entre triomphant dans cette cité, purifie les lieux où l'on adorait le démon, et rend au Christ de pieuses actions de grâces. Le monarque victorieux confie alors Barcelone à une garnison sûre, et, avec la faveur de Dieu, lui et son peuple retournent heureusement dans leurs demeures.

Cependant un immense butin, composé des dépouilles des Maures et d'offrandes des chefs Francs, est conduit pompeusement vers Charles ; on y voit des armures, des cuirasses, de riches habits, des casques ornés de crinières flottantes, un cheval parthe avec son harnois et son frein d'or. Zadun, tout tremblant, qui voudrait tant ne plus revoir les Francs, et ne marche que d'un pas tardif, accompagne ces dons à regret. L'adroit Bigon se hâte de devancer l'escorte, vole à la cour de Charles, et est le premier à annoncer les nouvelles de cet heureux succès. La renommée les répand bientôt dans toute la cour, et bientôt aussi le bruit de ce triomphe arrive jusqu'aux oreilles de César. Bigon est appelé, se présente, baise les pieds du puissant empereur, reçoit l'ordre de parler, et obéit en ces termes :

« Le roi Louis, ton fils, envoie des présens à l'au-
« guste Charles son tendre père. Ces dons, ce roi vic-
« torieux les a conquis sur les Maures par le glaive,
« le bouclier et la valeur de son bras. Il te remet le
« prince de la ville que ses armes ont soumise. César,
« Zadun est devant tes yeux, et la cité qui jadis a dé-
« truit un si grand nombre de Francs, abattue, subju-

« guée maintenant par la guerre, sollicite humble-
« ment les lois de notre monarque. »

L'empereur Charles, levant alors les yeux et les mains vers le ciel, dit d'une voix pleine de douceur : « Puisse surtout la bonté du Très-Haut accompagner « constamment cet enfant bien aimé! Quant à notre « faveur, qu'il y compte à jamais! Rejeton digne de « moi, comment pourrai-je rendre à Dieu toutes les « actions de grâces que je lui dois pour le don qu'il « m'a fait de toi, enfant justement célèbre et que j'ai « toujours chéri, conservant dans mon cœur la mé-« moire de ce qu'autrefois me prédit de toi le pa-« triarche Paulin [1] ! »

Ce savant prélat vint, dit-on, en effet, sur l'ordre du pieux monarque, le trouver dans son palais un jour qu'il était dans la basilique occupé, dans un respectueux recueillement, à chanter les louanges du Christ ; Charles, l'illustre fils de l'empereur, entre par hasard entouré d'une foule de grands pour prier le Seigneur, et s'avance à grands pas vers l'autel où le saint prêtre remplissait ses augustes fonctions. Paulin demande quel est ce prince ; un serviteur qui l'entend le lui dit, mais le prélat en apprenant que c'est Charles, le premier né du roi, garde le silence, et celui-ci poursuit sa route. Quelque temps après paraît le héros Pepin suivi d'une foule de vaillans jeunes hommes ; Paulin interroge avec empressement le même serviteur, et celui-ci répond de même avec vérité. Le prélat, dès qu'il entend le nom du prince, se rappelle qu'il est son roi, incline sur-le-champ la tête, et Pepin sort bientôt. Enfin Louis arrive le dernier, embrasse

[1] Patriarche d'Aquilée.

l'autel, se prosterne à terre en suppliant, fond en larmes, et prie long-temps le Christ qui règne dans les cieux de lui accorder sa secourable protection. Le saint évêque, à cette vue, se lève de son siége saisi d'un divin desir d'adresser de pieuses paroles à ce prince, véritable oint du Seigneur. Auparavant, au contraire, lorsque Pepin et Charles s'étaient éloignés, il était resté sur son siége et n'avait pas prononcé un seul mot. Le jeune Louis se prosterne avec respect aux pieds du pontife ; Paulin relève ce pieux roi, lui cite des passages de psaumes pleins de diverses allusions prophétiques, et lui dit : « En récompense de « votre piété, allez trouver le grand Charles. Adieu. » Dès que l'homme de Dieu put arriver jusqu'à l'oreille de Charles, il lui raconta toutes ces choses comme elles s'étaient passées, ajoutant : « Si Dieu veut qu'un « prince de ton sang règne sur les Francs, c'est Louis « qui sera digne de s'asseoir sur ton trône. » Ces paroles, le prudent Charles les répéta à un petit nombre de serviteurs intimes qui avaient su lui plaire et mériter toute sa confiance.

Cependant l'empereur ordonne à l'envoyé de se rapprocher et lui demande tous les détails de la victoire de Louis, comment cette fameuse Barcelone a été subjuguée, par quelle heureuse adresse on s'est emparé de Zadun, et quels ducs celui-ci a fait succomber dans cette guerre cruelle. Le brave Bigon obéit et raconte tous les faits avec une exacte vérité; le pieux empereur récompense honorablement ses paroles; et, plein de joie, lui tend la coupe dans laquelle il buvait alors par hasard. Bigon la saisit et avale tout d'un trait le vin qui la remplit. César congédie bientôt ce zélé serviteur, le comble de dons et d'honneurs, et lui remet de riches présens pour son illustre fils. Joyeux et chargé de louanges et de bienfaits, Bigon se rend en toute hâte auprès de son maître. Puisses-tu de même, redoutable César, qui du haut de ton trône lances la foudre, permettre qu'un malheureux exilé retourne joyeux dans le royaume du puissant Pepin ! Et toi, mon premier chant, finis par ce mot de *joie*, afin de t'accorder en tout avec tes trois frères !

# CHANT SECOND.

Les Francs, grâces à la bonté de Dieu, jouissaient de la paix sur tous les points de leur empire; le Seigneur et leur épée avaient partout terrassé leurs ennemis. Charles, cet empereur si respecté de l'univers, accablé déjà par la vieillesse, convoque dans son palais une nouvelle assemblée [1]. Assis sur un trône d'or autour duquel sont placés les premiers d'entre les comtes, il s'exprime en ces termes :

« Grands que nous avons nourris et enrichis de nos
« bienfaits, écoutez : nous vous dirons des choses
« vraies et suffisamment reconnues. Tant que chez
« nous la vigueur des forces de la jeunesse a secondé
« le courage, les armes et les fatigues violentes ont
« été nos jeux. Jamais alors, nous nous en glorifions,
« nous n'avons souffert, par une lâche mollesse et une
« honteuse frayeur, qu'aucune nation ennemie insultât
« impunément les frontières des Francs. Mais déjà
« notre sang se refroidit; la cruelle vieillesse nous en-
« gourdit, et l'âge a blanchi la chevelure qui flotte sur
« notre cou. Ce bras guerrier autrefois si renommé
« dans tout l'univers, mais où ne coule plus qu'un
« sang glacé, tremble maintenant et peut à peine se
« soutenir. Deux fils nés de nous ont été successive-
« ment enlevés de cette terre et reposent, hélas! dans

[1] En 813.

« le tombeau. Mais du moins il nous est resté celui qui
« depuis long-temps a toujours paru plus agréable au
« Seigneur ; et le Christ ne vous a point abandonnés,
« ô Francs ! puisqu'il vous a conservé ce précieux re-
« jeton de notre race ! Toujours cet illustre enfant
« s'est plu à obéir à nos ordres et à proclamer haute-
« ment notre pouvoir ; toujours, dans son amour pour
« Dieu, il a su rendre aux églises leurs droits ; toujours
« il a sagement régi les États que nous lui avons con-
« fiés. Vous l'avez vu, il vient de nous envoyer un roi
« prisonnier, des armes, des captifs et de magnifiques
« trophées, tous dons conquis par la destruction des
« Maures. Que devons-nous donc faire? Francs, dites
« votre avis avec un cœur sincère, et nous nous em-
« presserons de le suivre. »

Alors Éginhard, homme aimé de Charles, renommé par la sagacité de son esprit et la bonté de son cœur, tombe aux pieds du monarque, baise ses pas illustres, et, savant dans l'art d'ouvrir de sages conseils, prend le premier la parole. « César, dit-il, toi
« dont la gloire remplit la terre et les mers, et s'est
« élevée jusqu'au ciel ! toi à qui les tiens doivent de
« jouir du titre d'empereur ! il ne nous appartient pas
« de rien ajouter à la sagesse de tes propres desseins ;
« et en former de meilleurs est ce que le Christ n'a
« daigné accorder à aucun mortel. Obéis, je t'y en-
« gage, aux pensées que Dieu dans sa miséricorde ins-
« pire à ton cœur, et empresse-toi de les réaliser.
« Grand prince, il te reste un fils, un fils bien cher à
« ton cœur, et que ses vertus rendent digne de suc-
« céder à tes vastes États ! Tous, grands et petits,
« nous demandons qu'il en soit ainsi ; l'Église le sol-

« licite aussi, et le Christ lui-même se montre favo-
« rable à ce projet. Ce fils saura, sois-en sûr, lorsque
« ta mort viendra nous affliger, maintenir par les armes
« et le talent les droits de ton empire. »

César, plein de joie, approuve ce discours, prie humblement le Christ, et envoie à son fils l'ordre de se rendre en toute hâte auprès de lui. Alors, en effet, comme je l'ai dit plus haut, le clément Louis régnait sur les Aquitains. Mais pourquoi tarder davantage à le raconter? Ce jeune roi arrive sans perdre un instant à la cour de son père; et dans Aix-la-Chapelle, clercs, peuple, grands, et surtout l'auteur de ses jours, se livrent à la joie. Charles alors rapporte mot pour mot à cet enfant bien aimé tout ce qui s'est passé, et lui parle en ces termes : « Viens, fils si cher à Dieu, à
« ton père et à tout ce peuple soumis. Toi que le Sei-
« gneur a daigné me conserver pour la consolation
« de ma vie, tu vois, mon âge s'avance rapidement;
« ma vieillesse va bientôt succomber, et pour moi le
« temps de la mort s'approche à grands pas. Les soins
« de l'empire que Dieu a daigné me confier, quelque
« indigne que j'en fusse, occupent le premier rang
« dans mes pensées. Ce n'est, crois-moi, ni la préven-
« tion ni la légèreté ordinaire à l'esprit humain, mais
« le seul amour de la vérité, qui dicte les paroles que
« je t'adresse. Le pays des Francs m'a vu naître, le
« Christ m'a comblé d'honneurs, le Christ a permis
« que je possédasse les États de mon père. Je les ai
« conservés et rendus plus puissans; je me suis montré
« le pasteur et le défenseur du troupeau du Christ; le
« premier des Francs j'ai obtenu le nom d'empereur,
« et transporté aux Francs ce titre des enfans de Ro-

*mulus.* » Il dit, et place sur la tête de son fils la couronne enrichie d'or et de pierres précieuses, signe de l'autorité impériale. « Mon fils, poursuit-il, reçois « ma couronne; c'est le Christ qui te la donne, et « prends aussi, cher enfant, les honorables insignes « de l'empire. Puisse le Dieu qui dans sa bonté t'a per- « mis d'arriver au faîte des honneurs, t'accorder de « réussir toujours à lui plaire ! »

Alors le père et le fils, également satisfaits de ce don éclatant, reçurent avec piété la divine nourriture du Seigneur.

O jour heureux et à jamais célèbre dans les siècles ! Terre des Francs, tu possédas deux empereurs ! France, applaudis ! Et toi, magnifique Rome, applaudis aussi ! Tous les autres royaumes contemplent cet empire. Le sage Charles recommande longuement à son fils d'aimer le Christ et d'honorer l'Église, le presse de ses bras, le couvre de baisers, lui permet de retourner dans ses propres États, et lui dit le dernier adieu.

Peu de temps après, accablé par les ans et la vieillesse, César va rejoindre dans la tombe ses antiques aïeux [1]. On lui fait des funérailles dignes de son rang, et ses restes sont déposés dans la basilique que lui-même a fait construire à Aix-la-Chapelle. On envoie cependant un exprès annoncer au fils la mort de son père. C'est le rapide Rampon qui part chargé de cette mission ; il vole jour et nuit, traverse d'immenses pays et parvient enfin au château où habitait le jeune monarque.

Au-delà du fleuve de la Loire est un lieu fertile et

[1] En 814.

commode ; entouré d'un côté par des forêts, de l'autre par des plaines, il est traversé par les ondes paisibles du fleuve qui le vivifient; les poissons s'y plaisent, et il abonde en bêtes fauves. C'est là que le triomphant Louis a élevé un magnifique palais. Demandes-tu quel il est, cher lecteur? son nom est Thedwat[1]. Là gouvernant avec piété les clercs et le peuple, César dispensait ses sages lois à ses sujets soumis. Tout à coup Rampon pénètre dans ce lieu et jette le trouble dans toute la cour par la nouvelle de la triste mort du pieux Charles. Dès que le bruit en parvient aux oreilles du bon roi, il s'afflige, pleure et gémit sur son père. Bigon accourt au milieu des officiers qui attendent les ordres du monarque ; accoutumé à voir son maître avant tous les autres, il l'exhorte à sécher ses yeux et à cesser ses pleurs. « D'autres soins, dit-il, doivent maintenant « t'occuper. Prince, tu le sais dans le fond de ton « cœur, le sort de ton père est celui qui attend tout « le genre humain ; tous, il n'est que trop vrai, nous « irons à notre tour vers ces lieux d'où nul ne peut « cependant revenir. Lève-toi, hâtons-nous de nous « rendre tous dans la basilique ; il est temps d'adresser « à Dieu nos vœux et nos chants religieux. » A la voix de ce fidèle serviteur, Louis se lève et engage tous les siens à venir avec lui offrir des prières au Seigneur. Cette nuit entière fut consacrée au chant des psaumes et des hymnes, et le jour suivant se passa dans la célébration de messes solennelles.

Déjà le ciel brillant voit se lever la troisième aurore, et le soleil remplit l'univers de l'éclat de ses rayons.

---

[1] Le château de Doué.

De tous les coins du royaume accourt la foule empressée des Francs ; le peuple, ivre de joie, se précipite tout entier au-devant de son roi ; les grands de la cour de Charles, les premiers de l'État et la cohorte amie des prêtres viennent tous en grande hâte ; les chemins sont encombrés ; les portiques des palais regorgent ; on ne veut point être renfermé par le toit, on monte sur le faîte des maisons : ni le fleuve, ni la sombre horreur des forêts, ni les glaces de l'hiver, ni les torrens de pluie n'arrêtent les plus timides ; celui qui n'a pu trouver de bateau s'efforce, dans son impatience, d'être le premier à traverser la Loire à la nage. Quelle immense multitude n'eût-on pas vue, du haut d'une roche élevée, s'élancer dans le fleuve faute de bâtimens pour la transporter ! Les habitans d'Orléans sourient aux efforts des nageurs, et du sommet de la tour la foule appelle de ses vœux le bord desiré. Un même amour enflamme tous les cœurs, et tous n'ont qu'un même desir, c'est de parvenir à voir le visage de leur prince. Tous arrivent enfin ; le pieux monarque les accueille tous aussi avec bienveillance, et chacun selon son rang. César entre bientôt en triomphateur dans les murs d'Orléans ; là brille l'étendard de la croix ; là reposent vos reliques, saint Aignan ; là vous brillez d'un éclat sacré, bienheureux Tiburce, qui le premier avez élevé la fameuse cathédrale de cette ville ; et vous, saint Maximin et saint Avite, si renommés par votre sainteté. De là Louis hâte sa marche vers les murs de Paris, où le martyr Étienne occupe le temple le plus élevé ; où, très-saint Germain, on honore tes précieux restes ; où brille Geneviève, cette vierge consacrée à Dieu. Applaudis avec joie,

Irmin [1], voici ce que tu as si souvent demandé qui te fût accordé; tu vas voir l'arrivée de César, celui qui tonne au haut des cieux le permet; et toi, martyr Denis, ce prince n'a point passé devant ton temple sans y entrer pour solliciter de toi-même ta secourable intervention! De là on prend le chemin direct, on traverse les États des Francs, et le roi, après une route heureuse, entre dans Aix-la-Chapelle.

Muse, courage; c'est ici qu'il faut fatiguer Dieu des plus humbles prières pour qu'il nous accorde le don de l'éloquence. Par où commencerai-je? Chacune des choses qu'a faites ce héros a droit d'occuper le premier rang, et ses actions, pleines de bonté, jettent toutes un grand éclat. Après avoir enfin, par de sages mesures, pourvu à la sûreté des frontières du royaume, et tout réglé jusqu'aux bornes de l'empire, le libéral empereur se hâte de dispenser les trésors amassés par ses aïeux pour racheter les fautes de son père et obtenir le repos de son ame. Tout ce que le courage de ses ancêtres et Charles avaient entassé, lui-même il le distribue aux pauvres et aux églises. Il donne les vases d'or, les vêtemens et les nombreux manteaux; il répand avec profusion d'innombrables talens de l'argent le plus pur; il sème des richesses de toute nature et des armes dont on ne saurait dire le nombre, et vous prodigue, infortunés, les dons qui vous sont réservés. Heureux Charles qui a laissé dans ce monde un fils soigneux d'aplanir à son père le chemin du ciel! Sa piété ordonne d'ouvrir les antres des prisons, brise les fers des malheureux qu'on y a jetés

---

[1] Abbé de Saint-Germain-des-Prés, l'un des signataires du testament de Charlemagne.

et rappelle les exilés. Tout ce qu'il fait tient du merveilleux, tout devrait être consigné dans des chants dignes de mémoire; aussi sa renommée s'élève-t-elle aujourd'hui au dessus des astres.

Louis, sans perdre un instant, envoie dans tout l'univers des commissaires, tous hommes choisis, d'une vie probe, d'une fidélité éprouvée, et que ne puissent faire fléchir devant leurs devoirs ni les parens, ni les perfides caresses, ni la faveur et l'ingénieuse et corruptrice séduction du puissant. Ils ont ordre de parcourir rapidement les vastes États des Francs, de rendre justice à tous, de réformer les jugemens iniques, et de délivrer ceux que, sous le règne de son père, l'argent ou la fraude avait accablés d'une dure servitude. Combien d'hommes et quels hommes victimes de droits cruels, de lois corrompues par l'or, et du pouvoir des richesses, ce grand monarque, par amour pour l'auteur de ses jours, arrache au malheur et rend à l'honneur de jouir de la liberté! Lui-même leur accorde et confirme de sa propre main des chartes qui leur assurent à toujours le paisible usage de leurs droits. Lorsque votre père, ame des combats, conquérait des royaumes par la force de ses armes, et donnait ses soins assidus à la guerre, cette funeste oppression avait été sans cesse croissant de tous côtés pendant un grand nombre d'années; et vous, Louis, à peine sur le trône, vous avez enfin et sur-le-champ coupé le mal dans sa racine.

Quels criminels efforts du démon ce prince n'a-t-il pas encore déjoués dans toute la terre! de combien de dons aussi n'a-t-il pas comblé les adorateurs du Christ! Ces bienfaits, l'univers les célèbre par des chants de triomphe; partout la gloire en retentit, et le peuple les publie mieux que ne saurait le faire l'art des vers.

Ce héros dont la science remplit le monde de son éclat toujours grandissant, ordonne, arme et nourrit l'empire confié à ses mains. Vers ce temps[1], il invite à quitter le palais de Rome et à venir vers lui ce père des Chrétiens auquel notre heureux siècle a donné le nom d'Étienne; le saint pontife obéit par amour, se rend à ses ordres redoutables avec plaisir, et s'empresse de visiter le royaume des Francs. De la ville de Rheims où il avait prescrit d'avance à tous les grands de se réunir, l'empereur, plein d'une sainte joie, voit s'approcher le vicaire de Jésus-Christ. Des députés courent en foule de toutes parts au devant de lui par l'ordre de César, et portent ses plus tendres vœux au ministre du Seigneur. Bientôt un messager qui devance le pontife romain accourt annoncer qu'il arrive et presse sa marche; Louis alors dispose, arrange, prépare et place lui-même les clercs, le peuple et les grands; lui-même règle quelles personnes se tiendront à sa droite ou occuperont sa gauche, et qui doit le précéder ou le suivre. Une foule de prêtres marche à droite sur une longue file et contemple pieusement son chef en chantant des psaumes; de l'autre côté s'avancent l'élite des grands et les premiers de l'État; le peuple suit au dernier rang et ferme le cortége. Au milieu César resplendissant d'or et de pierreries se fait remarquer par ses vêtemens, et brille bien plus encore par sa piété. Le monarque et le pontife viennent de deux côtés opposés l'un au devant de l'autre;

[1] En 816.

celui-ci est puissant par sa dignité, celui-là est fort par sa bonté. A peine ont-ils fixé leurs regards l'un sur l'autre, que tous deux se précipitent au devant de pieux embrassemens. Le sage roi cependant fléchit d'abord le genou et se prosterne trois et quatre fois aux pieds du pontife en l'honneur de Dieu et de saint Pierre. Étienne accueille le monarque avec humilité, et le relève de ses mains sacrées. L'empereur et le pontife se baisent alors réciproquement sur les yeux, la bouche, la tête, la poitrine et le cou ; alors aussi Étienne et Louis se tenant par la main et les doigts entrelacés s'acheminent vers les éclatans édifices de Rheims. Ils entrent d'abord dans la basilique, adressent leurs prières au maître de la foudre et lui expriment, dans des chants religieux, leurs actions de grâces et leurs hommages. Bientôt après tous deux montent au palais où les attend un festin magnifique ; ils prennent place, et les serviteurs font couler l'eau sur leurs mains. Tous deux font honneur à un repas digne d'eux, savourent les dons de Bacchus, et leurs bouches échangent ces pieux discours : « Saint pontife, « dit César, pasteur du troupeau romain, vous qui, « par succession apostolique, nourrissez de la parole « divine les brebis de saint Pierre, quel motif a pu « vous déterminer à venir dans le pays des Francs ? « Répondez, je vous en conjure. » Le doux évêque réplique avec tout le calme de l'ame et en caressant toujours le roi de ses regards : « La cause qui autre- « fois fit braver à une reine du midi, par le seul desir « de voir un sage, les dangers d'un voyage à travers « des peuples divers, les neiges et les mers, est celle « qui m'a conduit, César, dans les États d'un prince

« qui m'offre ici des festins dignes de la magnificence
« de Salomon. Depuis long-temps, illustre monarque,
« la renommée m'a appris quels secours paternels vous
« prodiguez au peuple de Dieu, de quelle splendeur
« vos doctrines frappent le monde, et combien vous
« surpassez vos aïeux par vos lumières et votre foi.
« Aucun obstacle dès lors n'a été assez fort pour briser
« ma ferme volonté de venir admirer de mes propres
« yeux vos actions ; aucun discours n'eût pu me redire
« sur vous tout ce que m'apprennent mes propres re-
« gards, témoins de votre bonté. Je ne saurais donc
« que vous répéter les paroles que cette grande reine
« fit retentir aux oreilles de Salomon quand elle vit
« le roi, ses serviteurs, la richesse de ses vêtemens,
« ses échansons et ses divers palais. Heureux les ser-
« viteurs et les esclaves qui vous entourent et peuvent
« contempler sans cesse vos illustres actions ! heureux
« mille fois le peuple dont l'oreille peut recueillir vos
« instructions ! heureux les royaumes qui sont sous
« vos lois ! Que tout votre amour honore constamment
« le Très-Haut, dont la bonté paternelle vous a dispensé
« tant de sagesse, et qui, maître d'accorder à qui il
« lui plaît l'avantage de succéder au trône de ses aïeux,
« a aimé assez son peuple pour vous établir sur lui.
« Voilà ce que disait la reine de Saba au puissant Sa-
« lomon, et ce que moi, humble mortel, j'ose vous
« adresser. Et cependant vous êtes plus grand et plus
« puissant ! Salomon ne connut que l'ombre de la vé-
« rité ; c'est la vérité même que vous honorez de votre
« culte. Il fut très-sage, sans doute ; mais il céda trop
« aux douceurs de l'amour. Également sage, vous ne
« vivez que pour le chaste amour du Seigneur. Il ne

« régna seulement que sur le petit peuple d'Israël, et
« vous, pieux monarque, vous étendez votre empire
« sur tous les royaumes de l'Europe. Pressons donc
« tous Dieu de nos ferventes prières pour qu'il vous
« conserve à ses enfans pendant de longues années. »

Ces discours et beaucoup d'autres encore sont ceux que le saint prêtre adresse à l'illustre roi, et que César à son tour fait entendre au pontife. Cependant les coupes circulent abondamment; Bacchus émeut des cœurs tout disposés à s'épancher, et le peuple pousse des cris unanimes de joie. Le repas terminé, César et Étienne se lèvent, quittent la table et se retirent dans l'intérieur du palais. Cette nuit, tous deux la passent comme il fallait s'y attendre, dans des soins et des méditations divers; le sommeil fuit des yeux de tous deux.

A peine le jour paraît que l'empereur appelle auprès de lui Étienne, les grands et ceux qui forment son conseil; tous s'empressent de se rendre aux ordres du roi. Louis, couvert de ses vêtemens impériaux, se place sur un trône élevé, roulant dans son esprit une foule de pensées qu'il se dispose à développer; à ses côtés, sur un siége d'or, il reçoit le pontife et semble l'associer au monarque qui le chérit; les grands s'asscient chacun suivant son rang. Alors le pieux César, prenant le premier la parole, adresse au pape et à ses fidèles serviteurs ces admirables paroles :

« Écoutez grands, et vous très-saint chef des prêtres;
« Dieu tout-puissant a daigné permettre dans sa misé-
« ricorde que j'héritasse des États et du haut rang de
« mon père; ce n'est pas, je le sens, en raison de mes
« mérites, mais pour ceux de l'auteur de mes jours

« que le Christ, plein de bonté, m'a accordé de jouir
« de tant d'honneurs. Je vous supplie donc, vous mes
« fidèles, et vous illustre pontife, de me prêter, comme
« cela est juste, le secours de vos conseils. Mais vous,
« serviteurs qui veillez avec moi à la conservation de
« cet empire, et vous bienheureux prélat, que ce
« secours soit tel que le clerc et l'homme de la der-
« nière condition, le pauvre comme le plus riche,
« puissent, à l'ombre de mon sceptre, jouir également
« des droits que leur ont transmis leurs pères ; que la
« sainte règle donnée par les Pères de l'Église force le
« clerc à ne pas s'écarter de la bonne voie ; que les lois
« vénérables de nos Écritures maintiennent le peuple
« dans une douce union, et que l'ordre des moines,
« fidèle aux préceptes de Benoît, fleurisse chaque jour
« davantage, et se rende digne, par ses mœurs et la
« pureté de sa vie, de participer aux festins des saints ;
« que le riche exécute la loi, que le pauvre lui soit
« soumis, et qu'il ne soit fait en rien acception des
« personnes ; que les mauvaises œuvres cessent de se
« racheter avec l'or et de prévaloir, et que les pré-
« sens corrupteurs soient repoussés bien loin. Si toi et
« moi, bien aimé pasteur, nous gouvernons avec justice
« le riche troupeau que le Seigneur a confié à nos soins,
« si nous punissons les méchans, récompensons les
« bons et faisons que les peuples suivent les lois de
« nos pères ; alors la miséricorde du Très-Haut accor-
« dera, tant à nous qu'à ce peuple qui nous imitera,
« de jouir du bienheureux royaume des cieux, et sur
« cette terre elle nous conservera nos honneurs et dis-
« sipera au loin nos cruels ennemis. Soyons l'exemple
« des clercs et les guides des hommes même des

« derniers rangs, et que chacun des deux pouvoirs
« suprêmes enseigne aux siens la justice. Israël, ce
« peuple choisi par Dieu dans son amour, à qui le
« Seigneur fraya un chemin sec à travers les flots de
« la mer, pour qui pendant tant d'années il fit pleu-
« voir dans le désert la manne nourrissante, et jaillir
« l'eau de la roche amollie, dont il fut lui-même l'ar-
« mure, le glaive, le bouclier et le conducteur, et
« qu'il fit entrer triomphant dans la terre promise, ce
« peuple, tant qu'il conserva les préceptes que Dieu
« lui avait donnés, qu'il respecta la justice, montra
« de la sagesse, chérit d'un pieux amour ce même Dieu,
« suivit ses ordres sacrés et rejeta ceux des dieux
« étrangers, vit le Seigneur, par sa puissance divine,
« abattre devant lui les nations ennemies, lui accorder
« toutes choses prospères, et repousser loin de lui
« l'adversité. Quel eût été son bonheur si toujours il
« fût demeuré fidèle aux commandemens de Dieu !
« Il eût régné triomphant et à toute éternité ! Mais
« dès qu'une fois il se laissa entraîner à l'imprudente
« soif des richesses, il abandonna les voies de la jus-
« tice et de toute honnêteté, déserta le vrai Dieu, et
« adora bientôt de vaines idoles. Aussi souffrit-il alors
« justement tant de maux qui l'affligèrent. Mais le père
« du monde qui habite les cieux, en envoyant sur son
« peuple des plaies et des fléaux divers, le corrigea,
« l'instruisit et lui rendit ses anciens droits. Aussitôt
« qu'Israël, accablé par le malheur, manifestait la vo-
« lonté de se souvenir du Seigneur, le compatissant
« distributeur de tous biens recevait son peuple en
« grâce. Cette nation seule connaissait le vrai Dieu,
« l'adorait et obéissait le plus souvent aux ordres du

« Très-Haut. Le reste de la foule des hommes suivait
« les commandemens de Satan, ignorait son créateur
« et ne prêtait l'oreille qu'aux inspirations du démon.
« O douleur ! l'esprit de ténèbres régnait sur les trois
« quarts de l'univers, et y tenait le genre humain sous
« son sceptre ; prêtres, rois, tous négligeaient les lois
« solennelles du Seigneur et les saints sacrifices. Alors
« notre miséricordieux créateur s'affligea sur nous, et
« envoya sur la terre le Verbe du salut dont la pieuse
« bonté devait nous tirer de l'abîme. Touché de nos
« maux, le Fils de Dieu lava de son propre sang les
« péchés du monde, lui donna d'admirables préceptes,
« brisa, par sa divinité toute-puissante, les portes de
« l'enfer, lui ravit ses élus et fit la guerre aux dé-
« mons. S'élevant ensuite dans les régions supérieures
« de l'air, il monta victorieux jusqu'au plus haut des
« cieux, et nous accorda la félicité de porter le titre
« d'adorateurs du Christ. Quiconque veut aujourd'hui
« jouir du nom de Chrétien doit donc s'efforcer de
« suivre la route par laquelle son maître s'est élevé
« au ciel. Je le sais, grâces à la bonté de Dieu, les
« Chrétiens remplissent aujourd'hui le monde, et par-
« tout règne la foi de l'Église ; maintenant le nom du
« Christ retentit dans tout l'univers, et ce n'est plus
« le temps où il fallait que les serviteurs de Dieu cou-
« russent à la mort pour rendre témoignage à son nom ;
« la tourbe des infidèles qui rejette les préceptes du
« Seigneur fuit au loin dispersée par la lance du Chré-
« tien ; ces Pères de l'Église et nos ancêtres, victimes
« autrefois d'une mort cruelle, brillent à présent dans
« la cour du Très-Haut. Mais si nous n'avons plus à les
« imiter dans leur mort, efforçons-nous au moins de

« mériter, par la pureté du cœur, la justice et la foi,
« de partager leur triomphe ; que, suivant le précepte
« de Jean, chacun aime le frère qui est sous ses yeux,
« et se rende ainsi digne de voir en esprit le Christ ;
« c'est lui qui dit à Pierre : Simon, m'aimes-tu ou non ?
« Pierre lui répondit par trois fois : Seigneur, tu sais
« combien je t'aime. Si, répondit le Christ, tu m'aimes
« en effet, Pierre, je te le recommande, conduis mes
« brebis avec amour. Pontife, c'est donc à nous de
« veiller sur ce peuple soumis dont le Seigneur nous
« a confié la conduite. Nous sommes, toi, le saint
« prêtre, et moi le roi des serviteurs du Christ. Travail-
« lons à leur salut avec le secours de la loi, de la foi
« et des saintes instructions. »

César ajouta ensuite ce peu de paroles que recueillit
la pieuse oreille du saint pontife :

« Vous qui régissez le domaine de Pierre, et avez
« été choisi pour gouverner son troupeau, dites si
« vous jouissez pleinement de tous vos droits ; s'il en
« était autrement, je vous en conjure, parlez libre-
« ment sur tous les points ; ce que vous demanderez,
« je le ferai volontiers. Les miens se sont toujours
« montrés les appuis de la dignité de Pierre, et, dans
« mon amour pour Dieu, illustre prélat, je saurai la
« protéger aussi. »

Alors le monarque appelle Hélisachar, son serviteur bien aimé, et lui adresse ces ordres pieux :
« Écoute et cours dresser des chartes où tu inscriras
« ce que je vais dire pour que cela demeure, car telle
« est ma volonté ferme et fixe à toujours. Nous en-
« tendons que dans tous les royaumes que, par la grâce
« de Dieu, régit notre sceptre, et dans toute l'étendue

« de l'empire, les droits de l'Église de Pierre et de son
« siége, qui ne doit jamais périr, conservent toute leur
« force, et que nul n'ose y porter atteinte. Cette Église,
« si grande par le zèle de ses pasteurs, a, dès les pre-
« miers temps, tenu le rang le plus élevé dans la chré-
« tienté ; nous voulons qu'elle continue de l'occuper.
« Les honneurs de Pierre se sont accrus sous le règne
« de notre père Charles, qu'ils s'accroissent encore
« sous le nôtre. Mais, pontife, c'est, nous le répétons,
« à la condition que celui qui est assis sur le trône de
« Pierre se montrera fidèle aux lois de la justice. Voilà,
« saint prélat, pour quel motif nous vous avons pressé
« de vous rendre auprès de nous. C'est à vous, main-
« tenant, bienheureux évêque, à nous assister puis-
« samment dans cette tâche. »

Le pontife alors levant les yeux et les mains au ciel,
prie et adresse à Dieu ces touchantes paroles :

« Dieu qui tonnes du haut des cieux et as créé tous
« les empires, Jésus-Christ son fils, et toi Esprit saint,
« toi Pierre, illustre dépositaire des clés du ciel, qui
« enveloppes les fidèles dans tes filets et les conduis
« aux royaumes d'en haut ; et vous habitans des cieux,
« dont Rome conserve les saintes reliques, et à qui
« elle rend, avec un zèle continu, de pieux devoirs,
« je vous en conjure, conservez pendant de longues
« années ce monarque pour le bonheur de son peuple,
« la gloire de ses États et de l'Église ! Il surpasse ses
« ancêtres en science, en valeur et en foi ; il veille
« tout ensemble aux besoins de l'Église et aux soins
« de son empire ; il comble d'honneurs le siége de
« Saint-Pierre et se montre en même temps le père et
« le pontife, le nourricier et le défenseur des siens. »

A peine a-t-il achevé que, ravi du respect dont on l'honore et des dons faits à Saint-Pierre, il se précipite dans les bras du bienveillant empereur et lui prodigue de tendres embrassemens ; ce pieux pontife ordonne ensuite à tous, par un signe, de faire silence, reprend la parole, et, de sa bouche sacrée, fait entendre ces mots pleins de bonté :

« César, Rome t'envoie les présens de Saint-Pierre ;
« ils sont dignes de toi comme tu es digne d'eux, et
« c'est un honneur qui t'est dû. »

Il enjoint alors d'apporter la couronne d'or et de pierres précieuses qui ceignit autrefois le front de l'empereur Constantin ; il la prend dans ses mains, prononce sur elle des paroles de bénédiction, et prie en élevant vers le ciel et ses yeux et le riche diadême :

« O toi, s'écrie-t-il, qui tiens le sceptre de la terre
« et gouvernes ce monde, toi qui as voulu que Rome
« fût la reine de l'univers, ô Christ ! je t'en supplie,
« entends ma voix et prête à mes prières une oreille
« favorable ! Saint roi des rois, je t'en conjure, exauce
« mes vœux, et qu'André, Pierre, Paul, Jean et
« Marie, illustre mère d'un Dieu de bonté, les secon-
« dent ; conserve long-temps Louis, ce sage empe-
« reur ; que toutes les misères de cette vie fuient loin
« de lui ; que tout lui soit prospère ; écarte l'infortune
« de ses pas, et qu'il soit heureux et puissant pendant
« de longues années. »

Il dit, s'empresse de se tourner vers l'empereur, lui impose ses mains sacrées sur la tête, et ajoute : « Que le Très-Haut, qui a fécondé la race d'Abraham, « t'accorde de voir des enfans qui t'appellent du doux

« nom d'aïeul ; qu'il te donne une longue suite de des-
« cendans ; qu'il en double et triple le nombre, afin
« que de ton sang s'élèvent d'illustres rejetons qui rè-
« gnent sur les Francs et sur la puissante Rome aussi
« long-temps que le nom chrétien subsistera dans
« l'univers. » Le pontife alors répand sur César l'huile
sainte, chante les hymnes adaptés à la circonstance,
et place sur la tête de Louis le brillant diadême, en
disant : « Pierre se glorifie, prince charitable, de te
« faire ce présent, parce que tu lui assures la jouis-
« sance de ses justes droits. » Le saint évêque voit
alors l'impératrice Hermengarde, l'épouse et la compagne de Louis ; il la relève, la tient par la main, la
regarde long-temps, pose aussi la couronne sur son
auguste tête, et la bénit en ces termes : « Salut,
« femme aimée de Dieu ! que le Seigneur t'accorde
« vie et santé prospère pendant de longues années, et
« puisses-tu toujours être l'honneur de la couche d'un
« époux qui te chérit ! »

Le chef de l'Église distribue ensuite avec profusion
de nombreux cadeaux en or et en habits qu'il tient
de la munificence de Rome ; il en offre à l'empereur,
à l'impératrice, à leurs enfans brillans de beauté ; et
chacun des fidèles serviteurs du monarque en reçoit
à son tour et selon son rang.

Le sage César paie à Étienne un ample tribut de
reconnaissance, et donne l'ordre de le combler des plus
riches présens. On y distingue deux coupes brillantes
d'or et de pierreries avec lesquelles le saint prêtre
doit s'abreuver des dons de Bacchus ; viennent ensuite
de nombreux et magnifiques coursiers tels qu'il en
naît d'ordinaire dans le pays des Francs. Là ce sont

mille objets divers d'or massif; plus loin sont entassés les vases d'argent, les draps du plus beau rouge et les toiles d'une éclatante blancheur. Que dirai-je de plus? Le Romain reçoit des dons qui surpassent cent fois ceux que lui-même apporte de sa cité; tous cependant sont uniquement pour le pontife. Quant à ses serviteurs, la pieuse munificence de César leur dispense des largesses proportionnées à leur rang. Ce sont des manteaux d'étoffes de couleur, des vêtemens propres à la taille de chacun et coupés d'après la mode si parfaite des Francs, et des chevaux de divers poils qui, relevant fièrement la tête, ne se laissent monter qu'avec peine.

Le prélat et les siens, charmés des présens qu'on leur a prodigués, se préparent bientôt, avec la permission de César, à reprendre la route de Rome. Alors des députés, tous personnages distingués, ont ordre d'accompagner le saint prêtre Étienne pour lui faire honneur, et de le reconduire jusque dans ses États.

Le pieux empereur, non moins satisfait, revient, avec son épouse et ses enfans, dans son palais de Compiègne. La mort alors lui enlève le fidèle Bigon. Le monarque n'apprend pas sans chagrin le trépas d'un serviteur qui ne se sépara qu'à son grand regret d'un maître chéri; et César, par amour pour le père, partage entre les enfans et les biens et les honneurs que possédait Bigon.

Bientôt cependant le bruit se répand au loin dans l'univers que le religieux monarque veut réformer tous les abus sous lesquels ses États gémissent affligés. Louis ordonne en effet que l'élite des clercs et des fidèles éprouvés, dont la vie lui est bien connue et

mérite son auguste suffrage, aillent dans les villes, les monastères et les châteaux, remplir toutes les bienfaisantes volontés que leur dicte ce bon maître. « Ser-
« viteurs dévoués, leur dit-il, qui pouvez vous vanter
« d'avoir été élevés par nous, et qui avez sucé les
« excellens préceptes de Charles notre père, montrez-
« vous attentifs à nos ordres et gravez religieusement
« nos paroles dans vos cœurs. Vous allez avoir à rem-
« plir une tâche difficile, il est vrai, mais qui, si je
« m'en crois, est utile et digne de zélés serviteurs du
« Christ. Grâce à la bonté du Tout-Puissant et aux
« heureux travaux de nos pères, les frontières de
« notre empire n'ont maintenant aucune insulte à re-
« douter; la renommée de la valeur des Francs a re-
« poussé loin de nous de féroces ennemis, et nous
« goûtons dans la joie les plaisirs d'une douce paix.
« Mais c'est parce que nous n'avons pas de guerres à
« soutenir que nous croyons le moment favorable
« pour donner à nos sujets des lois dictées par une
« sage équité. Nous voulons avant tout rendre à l'É-
« glise le lustre et la richesse qui ont élevé jusqu'au
« ciel le nom de nos augustes ancêtres, et (c'est un
« dessein arrêté dans notre esprit) bientôt nous en-
« verrons dans tout l'univers des délégués qui gou-
« verneront les peuples d'après les règles de la piété.
« Quant à vous, partez sans perdre un instant; recueil-
« lez sur tout d'exacts renseignemens, et parcourez
« scrupuleusement toutes les parties de notre empire;
« scrutez sévèrement les mœurs des chanoines, celles
« des religieux et des religieuses qui remplissent les
« saints monastères; recherchez quels sont leur vie,
« leur respect pour la décence, leurs doctrines, leur

« conduite, leur piété et leur zèle pour les devoirs de
« la religion; informez-vous si partout la bonne har-
« monie règne entre le pasteur et le troupeau, si les
« brebis aiment leur berger, et si celui-ci chérit ses
« ouailles; sachez enfin si les prélats fournissent exac-
« tement et dans des lieux convenables, les enclos, les
« habitations, la boisson, le vêtement et la nourriture
« aux curés, qui ne pourraient s'acquitter comme ils
« le doivent des fonctions de leur saint ministère, si
« ces secours ne leur étaient assurés avec un soin reli-
« gieux par leurs évêques. Mais en même temps,
« examinez bien quelles sont les ressources de chaque
« église, si leurs terres sont bonnes ou peu fertiles.
« Tout ce que vous aurez découvert, confiez-le soi-
« gneusement à votre mémoire; montrez-vous em-
« pressés de nous instruire de tout, et dites-nous bien
« quels ministres du Seigneur vivent dans l'abon-
« dance, la médiocrité ou la gêne, et quels manquent
« de tout, ce que nous souhaitons qui ne soit pas;
« apprenez-nous aussi quels sont ceux qui demeurent
« fidèles aux anciennes règles tracées par les saints
« Pères. Nous ne vous avons indiqué que bien som-
« mairement les objets dont vous avez à vous occuper,
« et c'est à vous d'y ajouter et d'étendre vos infor-
« mations. »

César ordonne ensuite de faire venir devant lui, pour recevoir ses instructions, des délégués choisis dans la classe des moines; il les envoie visiter les saints monastères, et les invite à s'assurer si dans tous on mène une pieuse vie[1].

Dans ces temps était un saint homme appelé Be-

[1] Ceci se rapporte aux années 816 et 817.

noît [1], bien digne d'un tel nom, et qui, par ses exemples, avait su mettre un grand nombre de gens dans la voie du ciel. Il fut d'abord connu du roi dans les champs de la Gothie, et l'on n'a que peu de choses à dire de la vie qu'il menait alors; depuis il fut à juste titre préposé comme pasteur et abbé à la direction du troupeau d'Aniane, et se montra pour ses brebis un doux conducteur. Le cœur du pieux monarque brûlait d'un ardent desir de voir l'ordre des moines et leur sainte vie s'étendre chaque jour davantage; Benoît seconda ce vœu et fut lui-même la règle, l'exemple et le maître auxquels les monastères doivent l'avantage d'être aujourd'hui agréables au Seigneur. Dans les pieuses mœurs de Benoît régnait une admirable bienveillance; il était vraiment saint autant qu'il est permis d'en juger à un simple mortel. Doux, aimé de tous, affectueux, calme et modeste, toujours il portait la règle religieuse gravée dans son cœur sacré. Ce n'est pas seulement aux moines, mais à tous, qu'il était utile, et, en toutes choses, il se montrait le père de tous. Tant de vertus l'avaient rendu cher au pieux empereur. Aussi ce prince s'empressa-t-il de l'emmener avec lui dans le royaume des Francs; aussi encore distribua-t-il les disciples de ce saint homme dans tous les couvens pour servir de modèles et de guides aux religieux, réformer tout ce qui pouvait se corriger, et lui transmettre par écrit de fidèles rapports sur les vices qu'ils ne sauraient déraciner.

Cependant le pieux roi et le saint prêtre Benoît

[1] Saint Benoît, abbé d'Aniane ou St.-Aignan en Languedoc, dans le diocèse de Maguelonne, vers 780, puis d'Inde ou saint Corneille près d'Aix-la-Chapelle, vers 816, mort le 11 février 821.

agitaient dans leur esprit des projets agréables au Seigneur. Bientôt l'empereur, poussé par son zèle religieux, prenant le premier la parole, adresse à Benoît ces mots pleins de son ordinaire bonté : « Tu sais,
« je n'en doute pas, cher Benoît, quelle fut ma bien-
« veillance pour ton ordre, du premier moment où
« je le connus; aussi desiré-je, dans mon sincère
« amour pour Dieu, fonder, non loin de mon pa-
« lais, un temple desservi par trois religieux, et
« qui soit vraiment ma propriété. Trois motifs ont
« fait naître cette envie dans mon cœur, et je vais
« te les faire connaître. Tu vois d'abord de quel far-
« deau pesant la vaste étendue de l'empire surcharge
« mon esprit; l'immensité des affaires rend en vérité
« la tâche trop rude. Dans ce couvent je pourrais au
« moins goûter quelque repos, et offrir au Seigneur,
« dans ce secret asile, des prières que rien ne trou-
« blerait, et qui lui en seraient plus agréables. Une
« seconde raison me détermine; tu l'avoueras, ton
« séjour dans mon palais contrarie tes propres vœux,
« et tu penses qu'il ne convient pas à des religieux
« d'intervenir dans les affaires civiles et de courir au-
« devant des fonctions de cour. Ce monastère une fois
« établi, tu pourras surveiller les travaux de tes frères
« et consacrer tes soins pieux aux hôtes qui visiteront
« ce saint lieu; puis une fois retrempé par la retraite,
« revenir dans mon palais et t'y montrer, comme à
« l'ordinaire, le protecteur des religieux. Le grand
« avantage dont sera pour mes sujets et pour moi un
« tel établissement auprès d'Aix-la-Chapelle, est la
« troisième considération qui me frappe. Si en effet la
« mort venait promptement détruire la partie terrestre

« de mon être, mes restes pourraient être confiés au
« tombeau dans ce monastère ; là aussi ceux qui abju-
« reraient la vie du siècle prendraient sur-le-champ
« celle des serviteurs du Christ ; et quiconque le sou-
« haiterait y trouverait de salutaires instructions. »

A peine le saint religieux a-t-il entendu ces mots qu'il se précipite aux pieds du monarque qui l'honore de son amitié, loue le Seigneur, célèbre la pieuse foi de César, et s'écrie : « De tout temps, magnanime em-
« pereur, j'ai soupçonné ce désir de ton ame. Puisse
« Dieu, le dispensateur de tout bien, te confirmer
« dans ce sage projet ! » Ce monastère, construit par Louis et Benoît, fut appelé Inde, et prit le nom de la rivière qui coule devant ses portes. Trois milles seulement le séparent du palais impérial bâti dans la ville d'Aix-la-Chapelle, dont la renommée a porté le nom si loin. L'endroit où s'élève ce couvent était autrefois un asile où se plaisaient les cerfs aux longs bois, les buffles et les chevreuils ; mais l'actif Louis en chassa bientôt les animaux sauvages, y bâtit, avec le secours de l'art, un monument agréable au Seigneur, dont lui-même posa les premiers fondemens avec célérité, qu'il combla d'immenses richesses, et où, saint Benoît, l'on voit aujourd'hui fleurir ta pieuse règle. Benoît est en effet le supérieur de cette maison, mais Louis en est tout à la fois l'empereur et le véritable abbé ; souvent il la visite, en inspecte le saint troupeau, en règle les dépenses et lui prodigue ses largesses.

Muse, que ta voix s'arrête ; ce second chant brûle de se réunir à son aîné ; et toi-même dois te réjouir du récit qui le termine.

## CHANT TROISIÈME.

Aidée de la protection du Tout-Puissant, la gloire des armes de César allait toujours croissant ; toutes les nations jouissaient des douceurs d'une paix garantie par la foi, et les soins du grand Louis portaient la renommée des Francs au-delà des mers, et l'élevaient jusqu'aux cieux. Cependant César, fidèle aux anciennes coutumes, ordonne aux principaux gouverneurs des frontières de ses États et à l'élite des ducs de se réunir autour de lui [1]. Tous, empressés d'obéir, accourent au plaid indiqué, et font entendre des discours convenables à leur haute dignité.

Parmi eux se distingue le noble Lambert [2] issu de la race des Francs. Poussé par son zèle, il arrive en toute hâte de la province qu'il commande. C'est à lui qu'est confiée la garde de ces frontières qu'autrefois une nation ennemie, fendant la mer sur de frêles esquifs, envahit par la ruse. Ce peuple, venu des extrémités de l'univers, était les Brittons, que nous nommons Bretons en langue franque. Manquant de terres, battu par les vents et la tempête, il usurpe des champs, mais offre d'acquitter des tributs au Gaulois, maître de

---

[1] En 818.
[2] Comte de Nantes

cette contrée à l'époque où parut cette horde vomie par les flots ennemis. Les Bretons avaient reçu l'huile sainte du baptême ; c'en fut assez pour qu'on leur permît de s'étendre dans le pays, et de cultiver paisiblement les terres où ils s'étaient établis. Mais à peine ont-ils obtenu de jouir des douceurs du repos qu'ils allument d'horribles guerres, se disposent à remplir les campagnes de nouveaux soldats, présentent à leurs hôtes la lance meurtrière pour tout tribut, leur offrent le combat pour tout gage de reconnaissance, et les payent de leur bonté par une insultante hauteur.

Le Franc renversait alors de ses armes triomphantes des royaumes dont la soumission lui paraissait entraîner une lutte plus pénible : aussi la conquête de cette contrée fut-elle ajournée pendant un si grand nombre d'années que les Bretons, se multipliant chaque jour davantage, couvrirent bientôt tout le pays : aussi, encore enflés de trop d'orgueil, ils ne se contentèrent plus du sol où ils étaient venus mendier un asile, et portèrent la dévastation jusque sur les États des Francs. Malheureuse et aveugle nation! parce qu'elle est faite à de misérables combats, elle se flatte de vaincre le Franc impétueux!

César cependant, attentif à imiter les exemples de ses aïeux, interroge Lambert, l'invite à lui faire sur tout un exact rapport : « Quel culte cette nation rend-
« elle au Seigneur? Quelle foi professe-t-elle? De quels
« honneurs jouissent parmi elle les églises du vrai
« Dieu? Quelles passions animent ce peuple? Aime-t-il
« la justice et la paix? Respecte-t-il la royauté? Mérite-
« t-il notre bonté? Nos frontières n'ont-elles surtout

« aucune insulte à redouter de sa part? Illustre Franc,
« dit Louis, je t'en conjure, satisfais complétement à
« toutes ces questions. »

Lambert s'incline, embrasse les genoux de l'empereur, et répond en ces termes que lui dicte son cœur fidèle : « Cette nation trompeuse et superbe s'est
« montrée jusqu'ici rebelle et sans bonté. Dans sa per-
« fidie, le Breton ne conserve du chrétien que le
« nom ; les œuvres, le culte, la foi, il n'en est point
« chez lui ; les orphelins, les veuves, les églises n'ont
« rien à attendre de sa charité. Chez ce peuple, le
« frère et la sœur vivent dans une infâme union ; le
« frère enlève la femme de son frère ; tous s'aban-
« donnent à l'inceste, et nul ne recule devant aucun
« crime. Ils habitent les bois, n'ont d'autres retraites
« que les cavernes, et mettent leur bonheur à vivre
« de rapine comme les bêtes féroces. La justice n'est
« parmi eux l'objet d'aucun culte, et ils ont repoussé
« loin d'eux toute idée de juste et d'injuste. Murman
« est leur roi, si cependant on peut appeler roi celui
« dont la volonté ne décide de rien. Souvent ils ont
« osé se montrer jusque sur nos frontières, mais ils
« n'ont jamais regagné les leurs sans être punis de
« cette témérité. » Ainsi parle Lambert.

Le pacifique et pieux César, si célèbre par tous les genres de mérite, lui répond : « Le récit dont tu
« viens, Lambert, de frapper nos oreilles nous est
« bien pénible à entendre, et nous paraît au dessus
« de toute croyance. Quoi! une nation errante jouit
« des terres de notre Empire sans acquitter aucun
« tribut, et pousse encore l'orgueil jusqu'à fatiguer
« nos peuples par d'injustes guerres! A moins que la

« mer qui apporta ces hommes ne leur offre un re-
« fuge, c'est par les armes qu'il faut châtier leur
« crime ; l'honneur et la justice le commandent. Mais
« avant tout qu'un envoyé se rende en notre nom
« auprès de leur roi, et lui porte nos propres paroles.
« Ce roi a reçu les saintes eaux du baptême, et c'est
« assez pour que nous croyions devoir l'avertir, par
« cette démarche, du sort qui le menace. »

L'empereur alors appelle Witchaire, homme probe, habile et d'une sagesse éprouvée, que le hasard avait amené à l'assemblée. « Cours, Witchaire, dit Louis,
« porte au tyran de ce peuple nos ordres souve-
« rains ; répète-les-lui dans les termes où nous allons
« te les dire et confier ; dis-lui bien que l'effet suivra
« de près la menace. Lui et les siens cultivent dans
« notre Empire de vastes terres où la mer les a jetés
« comme de misérables exilés condamnés à une vie er-
« rante. Cependant il nous refuse un juste tribut, veut
« en venir à des combats, insulte les Francs, et porte
« contre eux ses armes. Depuis que, par la bonté de
« Dieu et sur la demande de toute la nation, nous
« sommes monté sur le trône de notre père et
« avons ceint la couronne impériale, nous avons sup-
« porté la conduite de ce roi, attendant toujours qu'il
« se montrât fidèle, et vînt lui-même solliciter nos
« lois. Mais depuis trop long-temps déjà cet esprit
« perfide balance à remplir son devoir, et, pour comble
« de tort, le voilà qui prend les armes, et nous sus-
« cite des guerres criminelles. Il est temps, il est plus
« que temps que ce malheureux cesse d'abuser et les
« siens et lui-même ; qu'il se hâte de venir humble-
« ment demander la paix aux Francs. S'il s'y refuse,

« vole, et reviens nous faire un rapport fidèle et dé-
« taillé. » Ainsi parle le pieux César.

Witchaire s'élance sur son cheval, et court exécuter les ordres si sages de son maître. Ni ce roi des Bretons, ni le lieu où il a fixé sa demeure ne lui sont inconnus; près de ses frontières même Witchaire possédait une abbaye et des richesses vraiment royales qu'il tenait de la munificence de l'empereur. Non loin est un endroit qu'entourent d'un côté des forêts, de l'autre un fleuve tranquille, et que défendent des haies, des ravins et un vaste marais; au milieu est une riche habitation. De toutes parts les Bretons y accouraient en armes, et peut-être alors était-elle remplie de nombreux soldats. Ce lieu, Murman le préférait à tout autre, et y trouvait tout ce qui pouvait lui garantir un repos assuré. Secondé par la fortune, l'agile Witchaire y arrive précipitamment, et demande à être admis à parler au roi.

Murman n'a pas plutôt appris qu'un envoyé du puissant Louis se présente, que son audace l'abandonne. Cependant il veut connaître la cause d'un événement si extraordinaire. Tous ses traits feignent l'espérance; il dissimule sa terreur, affecte la joie, commande à ceux qui l'accompagnent de se montrer gais, et ordonne enfin d'introduire Witchaire.

« Salut, Murman, dit celui-ci; je t'apporte aussi
« le salut du pieux et pacifique, mais vaillant
« César. »

Murman l'accueille bien, l'embrasse comme le veut l'usage, et lui répond sur le même ton : « Salut aussi
« à toi Witchaire ; puisse, je le désire, le pacifique
« Auguste jouir constamment de la santé et de la

« vie, et gouverner son Empire pendant de longues
« années ! »

Tous deux s'asseient, et font éloigner tous ceux qui les entourent. Alors commence entre eux un important entretien que chacun soutient de son côté. Witchaire prend la parole le premier pour développer l'objet de sa mission, et Murman l'écoute ; mais la sincérité ne dirige ni son oreille ni son cœur. « L'empe-
« reur Louis, dit Witchaire, que l'univers proclame
« la gloire des Francs, l'honneur du nom chrétien,
« sans égal dans l'amour de la paix et la foi à sa pa-
« role, sans rival non plus dans la guerre, le premier
« des princes par sa science et sa piété, m'envoie vers
« toi, Murman. Toi et les tiens vous cultivez dans
« son Empire de vastes terres où la mer vous a jetés
« comme de misérables exilés condamnés à une vie
« errante. Cependant tu lui refuses un juste tribut ; tu
« veux en venir à des combats ; tu insultes les Francs,
« et prépares tes armes contre eux. Il est temps, plus
« que temps, infortuné, que tu cesses d'abuser toi et
« les tiens ; hâte-toi donc de venir demander la paix.
« Je t'ai répété les propres paroles de César ; j'en ajou-
« terai quelques-unes, Murman, mais qui viennent
« de moi seul, et me sont dictées par mon attache-
« ment pour toi. Si tu exécutes sans tarder, et sans
« que rien t'y contraigne, les ordres de mon prince,
« comme lui-même t'y invite dans sa bonté, si tu dé-
« sires conserver avec les Francs une paix éternelle,
« comme le réclament et le commandent même ton
« propre intérêt et celui des tiens, pars à l'heure même,
« cours recevoir les lois du pieux monarque, et ac-
« quitte envers lui des tributs que tu dois à lui seul,

« et sur lesquels tu n'as aucun droit. Songe, je t'en
« conjure, à ta patrie, à tout ton peuple, songe à tes
« enfans et à la femme qui partage ton lit; pense sur-
« tout que ta nation et toi vous avez le tort d'adorer
« de vaines idoles, de violer les saints commande-
« mens, et de suivre les voies du démon. Peut-être
« le pieux roi te renverra dans tes champs, qui alors
« seront bien ta propriété ; peut-être même te com-
« blera-t-il de dons plus considérables encore. J'ad-
« mets que tu fusses plus puissant que tu ne l'es, que
« ton Empire s'étendît sur de plus vastes terres, que
« tu eusses des soldats plus nombreux et une armée
« mieux équipée ; je veux même que toutes les na-
« tions et tous les peuples accourussent à ton se-
« cours, comme autrefois le firent pour Turnus les
« Rutules, l'agile Camille, les cohortes de l'antique
« Italie, et tous les Latins, qui cependant ne purent
« vaincre Énée ; je veux que tu eusses pour toi le
« Pyrrhus de l'Odyssée, ou le redoutable Achille, ou
« Pompée à la tête de l'armée avec laquelle il com-
« battit son beau-père ; il ne te serait cependant
« point permis de faire la guerre aux Francs qui t'ont
« reçu dans leurs champs, et t'y souffrent par bonté.
« Quiconque, au reste, a commencé une fois à s'atta-
« quer à eux, malheur à lui et à toute sa race ! Le
« Franc n'a point son égal en courage ; c'est son amour
« pour le Seigneur qui le fait vaincre, c'est sa foi qui
« lui assure le triomphe ; il aime la paix, et ne prend
« les armes que malgré lui ; mais une fois qu'il les a
« prises, nul n'est capable de tenir devant lui. Qui-
« conque, au contraire, recherche la fidèle amitié
« du Franc et la protection de ses armes, vit heureux

« dans le repos et la joie. Courage donc! plus d'inu-
« tiles délais; ne souffre pas que des conseils enne-
« mis t'abusent, et te précipitent dans mille malheurs
« divers. »

Murman attentif tenait son front et ses yeux fixés vers la terre qu'il frappait de son pied. Déjà Witchaire, par son discours adroit et des menaces insinuées avec art, avait commencé à fléchir le Breton qui hésitait encore dans ses projets. Tout à coup la femme perfide et au cœur empoisonné de Murman sort de la chambre nuptiale, et vient d'un air superbe solliciter les embrassemens accoutumés de son époux; la première elle lui baise le genou, la barbe et le cou, et presse de ses lèvres sa figure et ses mains. Elle va, vient, tourne autour de lui, lui prodigue en femme habile les plus irritantes caresses, et s'efforce avec une adresse insidieuse de lui rendre mille tendres petits soins. L'infortuné la reçoit enfin sur son sein, la serre dans ses bras, cède à ses desirs et s'abandonne à ses douces caresses. La perfide alors se penche à son oreille, lui parle bas long-temps, et parvient bientôt à porter le trouble dans les sens et l'esprit de son époux. Ainsi, lorsqu'au milieu des forêts et dans la saison des frimas, une troupe de bergers s'empresse de livrer aux flammes le bois que la hache a coupé, l'un apporte en toute hâte les morceaux les plus propres à prendre feu; l'autre jette de la paille au milieu du combustible le plus sec; un troisième anime le foyer de son souffle : bientôt le bûcher pétille, s'allume, et élève ses flammes jusqu'aux astres. Les membres glacés du berger se réchauffent; mais tout à coup le tonnerre gronde; la grêle, la pluie, la neige tombent avec fracas, et toute la forêt retentit des éclats de la foudre : le feu succombe à regret sous des torrens d'eau, et le bûcher ne donne plus, au lieu de chaleur, qu'une épaisse fumée. De même cette femme qui porte le malheur avec elle étouffe dans le cœur de son époux l'effet des paroles du sage Witchaire.

Jetant alors sur cet envoyé des yeux pleins d'une méprisante colère, et le regardant avec hauteur, elle adresse à Murman cette perfide question : « Roi et « honneur de la puissante nation des Bretons, toi « dont le bras a élevé jusqu'aux cieux le nom de tes « ancêtres, de quel lieu vient un tel hôte ? Comment « est-il parvenu jusque dans ton château ? Apporte- « t-il des paroles de paix ou de guerre ? » Murman, lui souriant, répond en ces termes ambigus : « Ce député « m'est envoyé par les Francs; qu'il apporte ou la « paix ou la guerre, c'est l'affaire des hommes; quant « à vous, femme, ne songez qu'à vous acquitter « comme vous le devez des soins qui appartiennent à « votre sexe. » Witchaire n'a pas plutôt entendu cet entretien qu'il prend à son tour la parole : « Murman, « dit-il, donne-moi donc enfin la réponse que tu « souhaites que je reporte à mon roi; il est plus que « temps que j'aille lui rendre compte de l'exécution « de ses ordres. — Souffre, répond Murman dont le cœur roulait mille tristes et inquiétantes pensées, « souffre que je prenne le temps de la nuit pour me « consulter avec moi-même. »

Étendus sur la terre, les laboureurs avaient goûté les douceurs du sommeil; déjà les chevaux du Soleil ramenaient l'Aurore au sommet de la voûte azurée,

L'abbé Witchaire court, dès la pointe du jour, se présenter à la porte de Murman, et demande sa réponse. Le malheureux paraît ; il est enseveli dans le vin et le sommeil, ses yeux peuvent à peine s'ouvrir ; ses lèvres, embarrassées par l'ivresse, ne s'écartent que difficilement pour laisser échapper ces mots entrecoupés par les fumées de son estomac, et dont il n'aura jamais dans la suite à se féliciter : « Hâte-toi de repor-
« ter ces paroles à ton roi : les champs que je cultive
« ne sont pas les siens, et je n'entends point recevoir
« ses lois. Qu'il gouverne les Francs ; Murman com-
« mande à juste titre aux Bretons, et refuse tout cens
« et tout tribut. Que les Francs osent déclarer la
« guerre, et sur-le-champ moi aussi je pousserai le
« cri du combat, et leur montrerai que mon bras n'est
« pas encore si faible. — Nos ancêtres, réplique Wit-
« chaire, ont toujours dit, la renommée le publie, et
« j'en acquiers aujourd'hui la certitude, que l'esprit
« de ta nation se laisse entraîner à des mouvemens
« inconstans, et que son cœur embrasse sans cesse
« les partis les plus opposés. Il a suffi d'une femme
« pour tourner l'esprit d'un homme comme une cire
« molle, et pour renverser par de vains propos les
« conseils de la prudence. Le roi Salomon nous dit
« dans ses préceptes de sagesse que lit fréquemment
« et que révère l'Église : Retirez le bois du feu, et
« le feu cesse sur-le-champ ; de même rejetez les sots
« discours, et toutes les querelles s'évanouissent.
« Mais puisque tu refuses de te rendre à mes conseils,
« je ne suis plus pour toi qu'un prophète de malheur,
« et je vais t'annoncer de dures vérités. Aussitôt que
« la France apprendra ta criminelle réponse, elle fré-

« mira d'une juste colère, et se précipitera sur tes
« États ; des milliers de soldats t'accableront de leurs
« armes ; les javelots des Francs te couvriront de
« blessures ; des hordes pressées de combattans rem-
« pliront tes champs, et emmeneront toi et ton peuple
« prisonniers dans les contrées qu'elles habitent ; tu
« mourras misérable, tu resteras étendu sur une terre
« humide, et le vainqueur triomphant se parera de
« tes armes. Ne t'abuse pas ; ni tes bois, ni le sol in-
« certain de tes marais, ni cette demeure que dé-
« fendent des forêts et des remparts, ne te sauveront. »

Murman, le cœur plein de rage, se lève furieux
du trône des Bretons, et lui répond avec hauteur :
« Contre les traits dont tu me menaces, il me reste
« des milliers de chars, et à leur tête je m'élancerai,
« bouillant de fureur, au devant de vos coups. Vos
« boucliers sont blancs ; mais je pourrai leur en op-
« poser encore beaucoup que recouvre une sombre
« couleur : la guerre ne m'inspire aucune crainte. »
Ainsi se parlent ces deux guerriers, et tous deux
cependant sont animés de sentimens divers.

Witchaire part chargé de cette réponse, et court
reporter au pieux monarque les coupables discours
de Murman. Aussitôt César parcourt les États des
Francs, et ordonne de tenir partout les armes prêtes.
Sur le bord de la mer, à l'endroit où le fleuve de
la Loire y décharge ses eaux avec violence et s'étend
au loin sur la plaine liquide, est une ville que les
anciens Gaulois ont appelée Vannes. Le poisson y
abonde, et le sol est pour elle une source de richesses.
Le cruel Breton l'attaque souvent dans ses courses,
et y porte, suivant son usage, tous les fléaux de la

guerre. César enjoint aux Francs et à toutes les nations soumises à son Empire de se réunir dans cette cité pour une assemblée générale, et lui-même s'y rend de son côté.

Bientôt y accourent les peuples connus de tout temps sous le nom antique de Francs : familiarisés avec la guerre, ils ont leurs armes prêtes, et les portent avec eux. Des milliers de Suèves à la blonde chevelure, rassemblés par leurs centeniers, viennent d'au-delà du Rhin ; on y voit les phalanges saxonnes : elles ont de larges carquois, et avec elles marchent les troupes de la Thuringe. La Bourgogne envoie aussi une jeunesse diversement armée, qui se mêle aux guerriers des Francs, et en augmente ainsi le nombre. Mais redire les peuples et les immenses nations de l'Europe qui se pressent vers ce lieu, est une tâche que j'abandonne ; les nombrer serait impossible.

Cependant César traverse paisiblement ses propres États. Bientôt ce grand monarque arrive aux murs de Paris ; déjà, dans sa marche triomphante, saint martyr Denis, il a revu ton monastère où l'attendaient les dons que tu as préparés pour lui, puissant abbé Hilduin ; Germain, ce prince a ensuite visité ton temple et celui du martyr Étienne ; le tien aussi, Geneviève, l'a reçu dans son enceinte. Le pieux empereur traverse ensuite les campagnes d'Orléans, et arrive au château de Vitry. C'est là, Matfried[1], que tu as disposé pour ton maître de superbes appartemens, et que tu lui offres des présens magnifiques et dignes de lui plaire. Mais bientôt, quittant ce lieu, il gagne la cité d'Orléans, et va y solliciter pour ses armes

[1] Comte d'Angers.

les grâces et le secours de la divine croix. Alors, saint évêque Jona[1], tu accours au devant de lui, jaloux de lui rendre les hommages dus à son rang. Déjà, monastère d'Aignan, il revoit tes murs, mais ne s'y arrête que pour demander quelques provisions ; et toi, Durand[2], tu viens et t'empresses de mettre aux pieds de César tout ce que tu tiens de sa munificence. Louis marche ensuite vers Tours, et veut visiter les temples de l'illustre Martin et du pieux martyr Maurice. Allons, ne perds pas un moment, savant Friedgies[3], le temps presse : heureux abbé, tu vas jouir de l'arrivée de César ; offre-lui de riches présens. Déjà le puissant Martin supplie instamment le Seigneur d'accorder à ce monarque un voyage heureux. Le glorieux empereur parvient bientôt à la cité d'Angers, et va, saint Albin, honorer tes précieuses reliques. Là, Hélisachar, son serviteur chéri, se présente à sa rencontre le cœur plein de joie, et se montre soigneux d'ajouter par ses dons aux immenses richesses de son maître. César se rend ensuite dans la ville de Nantes, visite tous les temples, et dans tous offre à Dieu ses humbles prières. Là, Lambert, tu revois enfin ce roi après lequel tu soupirais de tous les vœux de ton cœur ; tu le combles de présens magnifiques ; tu sollicites l'honneur de marcher contre les odieux Bretons, et tu pries César de daigner se reposer sur le secours de ton bras.

Ma muse ne saurait redire les noms de la foule des autres comtes et grands du royaume dont ni le nombre

---

[1] Évêque d'Orléans.
[2] Abbé du monastère de Saint-Aignan d'Orléans.
[3] Abbé de Saint-Martin de Tours.

ni les richesses ne pourraient se compter. L'illustre empereur arrive enfin à Vannes. Aussitôt, fidèle à l'usage de ses aïeux, il dispose tout pour marcher aux combats, et assigne à chacun de ses ducs la place qu'il doit occuper.

Cependant Murman, le superbe roi des Bretons, travaillait sans relâche à joindre, pour soutenir la guerre, la force des armes et les ressources de la ruse. César, poussé de nouveau par cette religieuse bonté qui lui est ordinaire, charge un envoyé d'aller en toute hâte remettre encore sous les yeux des Bretons les maux qui les menacent. « Cours, dit-il, de« mande à ce malheureux quelle rage insensée le dé« vore? que fait-il? pourquoi nous contraint-il à le « combattre? ne se souvient-il plus de la foi qu'il a « jurée, de la main qu'il a si souvent donnée aux « Francs, et des devoirs de sujet qu'il a remplis en« vers Charles? dans quel abîme court-il se préci« piter? L'insensé! pourquoi veut-il donc être traître « à lui-même, à ses enfans et à ses compagnons d'exil, « surtout quand une même foi nous unit à son peuple? « Si Dieu nous seconde, l'infortuné périra, et, ô dou« leur! il périra sans être revenu à la foi. Telle sera « sa fin s'il persiste dans sa révolte. Que ce malheu« reux fasse ce que nos ordres lui ont prescrit, et se « hâte de recevoir nos lois; qu'il s'unisse aux adora« teurs du Christ par les liens de la paix et de la foi, « et abandonne pour l'amour du Seigneur les armes « du démon. S'il s'y refuse, nous lui déclarerons, « quoique bien à regret sans doute, une guerre sans « relâche, et qu'il n'aura que trop raison de craindre. »

L'envoyé court, comme il en a l'ordre, porter à

Murman les augustes paroles du roi, et mêle la prière aux reproches. Mais l'infortuné, justement dévoué à un cruel malheur, ne sait point garder sa foi, et repousse les pieux commandemens de César. Affermi dans ses funestes idées par les sollicitations de son orgueilleuse femme, il ne répond qu'en termes durs, et montre un cœur embrasé de haine. La guerre est ce qu'il desire ; il y appelle tous les Bretons, dispose des embuscades, et prépare de perfides ruses.

A peine cependant César a-t-il entendu la réponse de l'orgueilleux Breton qu'il ordonne de la publier parmi les Francs. Aussitôt leurs cohortes s'enflamment d'un noble courroux : déjà tout est prêt pour le combat ; le camp se lève, et le clairon frappe l'air de ses terribles sons. Cependant le pieux empereur place sur tous les points de fortes gardes avancées, et leur donne ces ordres que dicte son amour pour le Seigneur : « Sol-
« dats, veillez au salut des églises; gardez-vous de
« porter la main sur les murs sacrés, et que, par res-
« pect pour Dieu, la paix soit conservée à ses saints
« temples. » Déjà les champs retentissent du bruit des clairons; toute la forêt s'en émeut, et la creuse trompette pousse ses gémissemens à travers les campagnes. De toutes parts on se met en marche : les bois offrent à ces peuples divers mille routes écartées, et la terre se couvre de guerriers Francs. Partout ils recherchent les approvisionnemens cachés dans les bois et les marais, ou que l'adresse et la charrue ont confiés à la terre. Hommes, bœufs, brebis, tout devient la proie malheureuse du vainqueur. Nul marais ne peut offrir un asile aux Bretons; nulle forêt n'a de retraite assez sûre pour les sauver. De toutes parts le Franc se gorge

d'un riche butin. Comme César l'a recommandé, les églises sont respectées, mais tous les autres bâtimens sont livrés aux flammes dévorantes.

Orgueilleux Breton, tu n'oses te présenter devant les Francs en rase campagne, et tu fuis le combat. A peine quelques-uns des tiens se laissent-ils apercevoir de loin, et enfoncés au milieu des buissons et des épais taillis qui couvrent les rochers; à peine font-ils entendre le cri de guerre. Comme on voit tomber la feuille du chêne à la première gelée, les pluies d'automne, ou même la rosée dans les jours de la brûlante canicule, de même les infortunés Bretons remplissaient de leurs cadavres massacrés les bois, asile des bêtes féroces, ou les vastes prairies des marais; ils n'opposaient qu'une vaine résistance dans les défilés les plus étroits, et, défendus même par les murailles de leurs maisons, ils ne livraient aucun combat. Déjà, Murman, le vainqueur parcourt dans tous les sens les côtes sablonneuses de tes États; déjà même s'ouvrent devant lui et tes bois inaccessibles et ton orgueilleux palais.

Cependant, au fond de vallées qu'ombragent des taillis touffus, ce fier Breton excite ses coursiers, prend ses armes accoutumées, exhorte les siens d'un air de triomphe, gourmande long-temps leur lenteur, et fait entendre ces paroles échappées de son cœur superbe : « Vous, ma femme, mes enfans et mes ser-
« viteurs, restez sans crainte dans vos demeures om-
« bragées par les bois. Quant à moi, suivi d'un petit
« nombre de guerriers, je vais me rendre aux lieux où
« je pourrai plus sûrement passer la revue de mes ba-
« taillons, et bientôt, je l'espère, mon agile coursier

« me ramènera couvert de trophées et chargé de dé-
« pouilles sous mon toit domestique. »

A ces mots, il équipe son coursier, revêt son armure, ordonne à ses fidèles compagnons de prendre les leurs, et charge ses deux mains de javelots. Il s'élance légèrement sur son coursier, et lui presse les flancs de l'éperon acéré ; mais en même temps il retient les rênes, et le fougueux animal s'agite et piaffe sous son maître. Au moment de franchir les portes, il commande d'apporter, suivant l'usage, d'immenses coupes remplies de vin, en prend une, et l'avale d'un trait. Alors, plein d'une confiante gaîté, il sollicite, selon la coutume, et au milieu de tous ses serviteurs qui l'entourent, les embrassemens de sa femme et de ses enfans, et leur rend de longues caresses. Brandissant ensuite avec violence les javelots dont ses mains sont armées, il s'écrie : « Femme de Murman,
« retiens ce que je vais te dire : tu vois, ma bien-
« aimée, ces traits que tient dans ses mains ton époux
« animé par la joie, et déjà monté sur son coursier. Si
« mes pressentimens ne me trompent point, tu les
« reverras aujourd'hui même à mon retour teints du
« sang des Francs. Je le jure, objet de ma tendresse, le
« bras de Murman ne lancera aucun javelot qui ne porte
« coup. Adieu, épouse chérie, adieu, porte-toi bien. »
Il dit, et s'enfonce à toute bride dans des forêts exposées à tous les feux du soleil. L'insensé, c'est toi, Louis, qu'il va chercher pour son malheur! Il anime d'un cœur ferme les siens à courir aux armes, et tous, enflammés par le démon de la guerre, se précipitent à l'envi sur ses pas. « Vous le voyez, jeunes Bretons,
« s'écrie-t-il, l'armée des Francs dévaste les cam-

« pagnes, enlève et traîne tout après elle, hommes
« et troupeaux. O amour de la justice ! ô renommée
« de nos ancêtres autrefois si glorieuse ! hélas ! vous
« rougissez que votre souvenir soit sans effet ! Vous
« en êtes témoins, les infortunés citoyens courent
« mendier un asile aux forêts, et n'osent se présen-
« ter en armes et en rase campagne contre l'ennemi.
« Non, il n'y a plus à compter sur la fidélité. Où sont
« maintenant ces bras dont on me promettait le se-
« cours pour une année entière? Personne n'a le cou-
« rage d'affronter les Francs : partout ils sont les
« maîtres; partout ils pillent et emportent triomphans
« les richesses que les Bretons ont amassées à force
« de temps et de travail. Que la fortune ne permet-elle
« que je me trouve en face de leur roi ! peut-être
« pourrais-je lancer ce trait contre lui ; peut-être, au
« lieu de tribut, lui ferais-je don de ce fer : certes,
« du moins, oubliant tout danger, je me précipiterais
« en armes sur lui, et je m'estimerais heureux de me
« dévouer moi-même à la mort pour la gloire de mon
« pays et le salut du monde. »

Un de ceux qui s'étaient associés à la fortune de ses
armes lui répondit ces paroles qui n'étaient que trop
vraies, mais ne pouvaient lui plaire : « O roi ! ils sont
« vains les discours que laisse tomber un cœur triste ;
« il y a maintenant plus de choses à taire qu'à publier.
« Tu le vois, des milliers de Francs occupent la
« plaine ; ils sont innombrables ceux qui remplissent
« nos forêts et nos bois escarpés. Quant à leur puis-
« sant monarque, entouré d'une foule de soldats de
« diverses nations, il suit les routes frayées, et tra-
« verse paisiblement tes campagnes. Hélas ! cette race

« n'a que trop étendu ses conquêtes jusques aux quatre
« coins de l'univers, et tout être humain est soumis à
« son empire. Murman, si tu m'en crois, contente-toi
« de poursuivre ceux des Francs que tu verras mar-
« cher isolés; l'attaquer à leur roi ne serait pas sûr. »
Murman secoue long-temps la tête, et s'écrie enfin :
« Tout ce que tu me dis est vrai sans doute, mais n'a
« rien qui puisse me plaire. » Les larmes alors inondent
ses joues, le chagrin oppresse son ame, et son esprit
troublé se précipite dans mille projets opposés. Bientôt il s'élance, prompt comme l'éclair, sur les ennemis qu'il rencontre, les attaque par derrière, et plonge
son épée dans leurs larges poitrines; il porte la fureur
de ses armes tantôt sur un point, tantôt sur l'autre,
et, fidèle à la manière de combattre de ses ancêtres,
il fuit un instant pour revenir sur-le-champ. Déjà
Murman, dans sa fureur, fait tomber sous ses coups
la tourbe des gardeurs de pourceaux et des malheureux bergers qui suivent l'armée, et jonche la terre
de leurs cadavres : telle une ourse dévorante à qui
ses petits nouveau-nés viennent d'être enlevés, court
en hurlant de rage à travers les champs et les forêts.

Dans ces lieux était un certain Coslus. Une famille
de Francs lui a donné naissance, mais sa race n'a rien
de noble; ce n'est qu'un Franc de la classe ordinaire,
et jusqu'alors la renommée n'a rien publié de lui;
mais de ce moment la vigueur de son bras lui crée un
nom célèbre. Murman, au milieu du carnage, l'aperçoit de loin; plein de confiance dans la vitesse de son
coursier, il fond tout bouillant de colère sur cet
ennemi. Le Franc qui ne compte pas moins sur la
bonté de ses armes accourt à sa rencontre. La fureur

les anime l'un et l'autre. Murman insulte de loin à son adversaire par ces dures paroles : « Franc, c'est toi qui
« le premier vas jouir de mes dons ; ils t'appartiennent
« à juste titre, et te sont réservés depuis long-temps ;
« mais, en les recevant, souviens-toi que c'est de ma
« main qu'ils te viennent. » Il dit, brandit long-temps
sa javeline armée d'un fer aigu, et la lance avec force.
L'adroit Coslus se couvre de son bouclier, et repousse
loin de lui le trait meurtrier. Supérieur par la force de
ses armes et par son courage, le Franc répond alors
avec le ton du triomphe aux menaces de son ennemi :
« Orgueilleux Breton, je n'ai point refusé les présens
« que me destinait ta main ; c'est à toi maintenant de
« recevoir ceux qu'un Franc va t'offrir. » A ces mots,
il presse son coursier de ses talons armés de fer, et
fond avec impétuosité sur Murman. Ce n'est plus le
moment de combattre avec de misérables javelots;
la lance du Franc s'enfonce dans les larges tempes du
Breton. Une armure de fer couvrait sa tête et toutes
les parties de son corps ; mais le Franc adroit lui porte
un coup assuré. Murman que la lance a percé tombe
sur la terre, et l'infortuné fait gémir bien à regret le
sol sous le poids de son corps. Coslus alors s'élance
de dessus son coursier, tire son glaive, et coupe la
tête du vaincu. Le Breton pousse un profond soupir,
et la vie fuit pour jamais loin de lui ; mais avant qu'elle
l'eût complètement abandonné, un des compagnons
de Murman frappe Coslus d'un coup mortel. Imprudent Coslus, ainsi tu péris, hélas ! au milieu de ta victoire ! Enflammé par son amour pour son maître, le
serviteur de Coslus plonge son glaive dans le flanc de
ce cruel ennemi, et celui-ci, quoique mourant, fait

à son adversaire une blessure aussi fatale, et tous deux tombent sous le fer l'un de l'autre : ainsi dans le même champ où ces quatre guerriers avaient combattu avec un superbe courage, un sort pareil réunit et le vainqueur et le vaincu.

Cependant la renommée, fendant l'air de son vol léger, répand peu à peu dans tout le camp des Francs et fait passer de bouche en bouche la nouvelle que le cruel et orgueilleux Murman a succombé sous sa destinée ; le bruit court que déjà sa tête est apportée dans le camp. Empressées de la contempler, les cohortes des Francs se précipitent en foule de toutes parts, et poussent des cris de joie. On leur présente sur-le-champ cette tête que le glaive vient de séparer du corps; elle est souillée de sang et dans un horrible désordre. On appelle Witchaire ; on veut qu'il paraisse sur-le-champ; on le presse de décider si la nouvelle qui se publie est fausse ou véritable. Il lave à l'instant même cette tête dans une onde pure, à l'aide d'un peigne en arrange la chevelure, reconnaît promptement la vérité du fait sur lequel on lui ordonne de prononcer, et s'écrie : « Cette tête est celle de Mur-
« man, croyez-m'en tous ; ces traits me sont trop bien
« connus pour que je n'en aie pas conservé le souve-
« nir. » Cependant le religieux César commande, dans sa bonté, de confier à la terre, suivant l'usage, le cadavre du vaincu ; et les restes des Francs sont aussi déposés dans le tombeau avec toutes les cérémonies de la religion et les chants sacrés que l'Église a prescrits.

D'un autre côté, la renommée parcourt les forêts des Bretons, y répand la terreur, et crie d'une voix

tonnante : « Une mort cruelle vous enlève votre roi.
« Hélas ! malheureux citoyens, courez, hâtez-vous
« d'aller implorer les ordres de César, et tâchez que
« du moins la vie vous soit accordée. Notre Murman
« est tombé sous la lance d'un Franc, et a porté la
« peine de son aveugle confiance dans les conseils de
« sa femme. » Les Bretons sont alors contraints de
venir solliciter eux-mêmes le joug du roi Franc, et
avec eux comparaissent les fils de Murman et toute
sa race. Le triomphant Louis reçoit sur-le-champ les
sermens des Bretons, leur dicte ses lois, leur accorde
sa foi et leur rend ainsi la paix et le repos. Ce prince
victorieux rend ensuite au Seigneur de profondes actions de grâces, réunit à sa couronne un royaume
depuis tant d'années perdu pour l'empire, ne laisse
dans le pays qu'un petit nombre des siens, et, avec
le secours de la bonté divine, reprend, plein de joie,
le chemin de ses puissans États.

Cependant les envoyés que César avait depuis longtemps chargés de parcourir la vaste étendue de l'empire pour ajouter encore aux richesses et aux honneurs
de l'Église, ont accompli les ordres de leur pieux souverain, ont mis toutes choses dans la règle la plus
parfaite, et arrivent de tous les points prêts à lui faire
de fidèles rapports. Ils reviennent après avoir, comme
le leur avait enjoint le très-grand empereur, parcouru
soigneusement des villes sans nombre, visité tous les
monastères, les congrégations de chanoines, et les
religieux, ô Benoît! « Nous avons vu, disent-ils, beau-
« coup de saints lieux richement pourvus, grâce à la
« faveur de Dieu et à vos fidèles efforts, et pieuse-
« ment dirigés, administrer sagement leurs biens,

« donner de bons exemples, remplir régulièrement
« toutes les cérémonies du culte, et, par la protection
« divine, suivre la droite voie. Dans plusieurs, mais
« en moins grand nombre, nous avons trouvé les biens
« négligés, la conduite relâchée, et le service divin
« célébré avec trop peu de pompe; nous avons pres-
« crit fortement et avec tout le poids que nous tirions
« de vos paroles, que chacun s'acquittât des devoirs
« qui lui étaient imposés; nous leur avons donné,
« d'après vos propres instructions, des règles qui puis-
« sent les aider à marcher d'un pas toujours ferme dans
« le bon chemin, et recommandé même l'étude du
« livre où votre toute-puissance a recueilli les doc-
« trines des évêques, et qu'elle a fait rédiger par
« leurs soins[1]. Ce livre, si nécessaire à l'un et à l'autre
« sexe, nous l'avons répandu dans les villes et les
« châteaux, et nous avons dit à tous les hommes ras-
« semblés pour nous écouter : Relisez sans cesse ce
« livre; le pasteur s'y attache avec tendresse, le trou-
« peau le chérit avec ardeur, et la foule du peuple se
« montre toujours soigneuse de le révérer; dans ce
« livre enfin, les jeunes gens et les vieillards même
« chargés d'instruire les autres trouvent, ceux-là ce
« qu'ils doivent apprendre, ceux-ci ce qu'ils doivent
« enseigner, et tous ce qu'ils doivent aimer et vénérer.
« Nous l'ajoutons avec confiance, César, depuis les
« temps du Christ, depuis que la sainte Église a com-
« mencé de fleurir dans l'univers, jamais, nous ne
« disons que la vérité, elle n'avait, sous aucun roi,

---

[1] Ce livre, intitulé : *de Vita clericorum et sanctimonialium*, fut rédigé, d'après les ordres de Louis, par les Pères du concile d'Aix-la-Chapelle, tenu en 816.

« porté la foi aussi loin qu'elle étend aujourd'hui, sous
« votre règne et grâce à la miséricorde du maître du
« tonnerre, l'amour du Seigneur et le respect dû à son
« nom. Votre bras chasse au loin tous les hommes
« criminels; votre bras protège tous les pieux servi-
« teurs de Dieu. Vos doctrines rappellent tout ce
« qu'ont enseigné nos ancêtres, et vous contraignez
« tous vos sujets à s'y conformer religieusement. Ter-
« rible aux méchans, vous vous montrez bienveillant
« et doux pour les bons, et le monde prospère par
« vos mérites. » César leur témoigne du fond de son
cœur toute sa satisfaction, et les récompense par de
magnifiques présens.

Les Francs ont une coutume qui remonte à la plus
haute antiquité, dure encore, et sera, tant qu'elle
subsistera, l'honneur et la gloire de la nation. Si quelqu'un, cédant à la force, aux présens ou à l'artifice,
refuse de garder envers le roi une éternelle fidélité,
ou tente, par un art criminel, contre le prince, sa famille ou sa couronne, quelque entreprise qui décèle
la trahison, et si l'un de ses égaux se présente et se
porte son accusateur, tous deux doivent à l'honneur
de se combattre le fer à la main en présence des rois,
des Francs et de tout ce qui compose le conseil de la
nation, tant est forte l'horreur qu'a la France pour un
tel forfait. Un grand, nommé Béro[1], célèbre par d'immenses richesses et une excessive puissance, tenait
de la munificence de l'empereur Charles le comté de
Barcelone, et y exerçait depuis long-temps les droits
attachés à son titre[2]. Un autre grand, auquel son

[1] Béra.
[2] En 820.

propre pays donnait le nom de Sanilon [1], exerça des ravages sur ses terres; tous deux étaient Goths de naissance. Ce dernier se rend auprès du roi et porte, en présence du peuple et des grands assemblés, une horrible accusation contre son rival. Béro nie tout. Alors tous deux s'élancent à l'envi, se prosternent aux pieds illustres du monarque, et demandent qu'on leur mette dans les mains les armes du combat. Béro s'écrie le premier : « César, je t'en supplie au nom
« même de ta piété, qu'il me soit permis de repousser
« cette accusation; mais, qu'il me soit permis aussi,
« conformément aux usages de notre nation, de com-
« battre à cheval, et de me servir de mes propres
« armes. » Cette prière, Béro la répète avec instance.
« C'est aux Francs, répond César, qu'il appartient de
« prononcer; c'est leur droit; il convient qu'il en soit
« ainsi, et nous l'ordonnons. » Les Francs rendent leur sentence dans les formes consacrées par leurs antiques usages. Alors les deux champions préparent leurs armes, et brûlent de s'élancer dans l'arène du combat. César, poussé par son amour pour Dieu, leur adresse cependant ce peu de paroles, expression vraie de sa bonté : « Quel que soit celui de vous qui se re-
« connaîtra volontairement devant moi coupable du
« crime qu'on lui impute, plein d'indulgence et en-
« chaîné par mon dévouement au Seigneur, je lui par-
« donnerai sa faute, et lui remettrai toutes les peines
« dues à son délit. Croyez-le, il vous est plus avan-
« tageux de céder à mes conseils que de recourir aux
« cruelles extrémités d'un horrible combat. » Mais ces deux ennemis renouvellent leur demande avec ins=

[1] Sanila.

lance, et crient : « C'est le combat qu'il nous faut; « que tout soit disposé pour le combat. » Le sage empereur, cédant à leurs desirs, leur permet de combattre selon la coutume des Goths, et les deux rivaux ne tardent pas un instant à lui obéir.

Tout près du château impérial, nommé le palais d'Aix, est un lieu remarquable, dont la renommée s'étend au loin. Entouré de murailles toutes de marbre, défendu par des terrasses de gazon et planté d'arbres, il est couvert d'une herbe épaisse et toujours verte. Le fleuve, coulant doucement dans un lit profond, en arrose le milieu, et il est peuplé d'une foule d'oiseaux et de bêtes fauves de toute espèce. C'est là que le monarque va souvent, et quand il lui plaît, chasser avec une suite peu nombreuse. Là, ou bien il perce de ses traits des cerfs d'une immense stature, et dont la tête est armée de bois élevés, ou bien il abat des daims et d'autres animaux sauvages. Là encore, lorsque, dans la saison de l'hiver, la glace a durci la terre, il lance contre les oiseaux ses faucons aux fortes serres. Là se rendent Béro et Sanilon tremblans de colère. Ces guerriers d'une haute taille sont montés sur de superbes coursiers; ils ont leurs boucliers rejetés sur leurs épaules, et des traits arment leurs mains. Tous deux attendent le signal que le roi doit donner du haut de son palais; tous deux aussi sont suivis d'une troupe de soldats de la garde du monarque, armés de boucliers, conformément aux ordres du prince, et qui, si l'un des champions a frappé du glaive son adversaire, doivent, suivant une coutume dictée par l'humanité, arracher celui-ci des mains de son vainqueur, et le soustraire à la mort. Dans l'arêne est encore Gundold qui, comme il en a l'habitude dans ces occasions, se fait suivre d'un cercueil. Le signal est enfin donné du haut du trône. Un combat d'un genre nouveau pour les Francs, et qui leur était inconnu jusqu'alors, s'engage entre les deux rivaux : ils lancent d'abord leurs javelots, se servent ensuite de leurs épées, et en viennent à une lutte furieuse, ordinaire chez leur nation. Déjà Béro a percé le coursier de son ennemi : aussitôt l'animal furieux se cabre sur lui-même, et fuit à toute course à travers la vaste prairie. Sanilon feint de se laisser emporter, lâche enfin les rênes, et de son épée frappe son adversaire qui alors s'avoue coupable. Aussitôt la vaillante jeunesse accourt, et, fidèle aux ordres de César, arrache à la mort le malheureux Béro épuisé de fatigue. Gundold s'étonne, et renvoie son cercueil sous le hangar dont il l'avait tiré; mais il le renvoie vide du fardeau qu'il devait porter. César cependant accorde la vie au vaincu, lui permet de se retirer sain et sauf, et pousse même la clémence jusqu'à consentir qu'il jouisse des produits de ses terres.

O bonté vraiment trop grande qui remet aux criminels leurs fautes, leur laisse des richesses, et souffre qu'ils continuent de vivre ! que cette même bonté, je le demande avec d'instantes prières, moi qui toujours me suis montré fidèle, s'étende jusqu'à me rendre au pieux Pepin !

Déjà, Benoît, tu as fourni la carrière que t'avait marquée le ciel, et, comme le dit la voix tonnante de l'apôtre Paul, tu as gardé la foi due au Seigneur :

aussi tu vas maintenant suivre dans la cour céleste le saint dont tu portais le nom, et que tu as si bien imité sur la terre. Ton nom mettra fin à ce troisième chant, afin que tu daignes, illustre mort, te souvenir de ton Ermold.

## CHANT QUATRIÈME.

Les soins du religieux monarque s'étaient étendus sur tous les points de son Empire, et la foi des Francs portait son éclat jusqu'aux bornes du monde ; aussi de toutes parts les peuples et les nations entières accouraient en foule admirer la piété de César envers le Christ. Cependant il existait encore une nation à laquelle le perfide serpent avait laissé l'antique erreur, et dérobé la connaissance du vrai Dieu. Payenne, elle conservait depuis long-temps un culte réprouvé, et adorait non son créateur, mais de vaines idoles. Neptune était un de ses dieux ; les oracles de Jupiter remplaçaient pour elle ceux du Christ, et c'était à Jupiter qu'elle offrait ses sacrifices. On la désignait autrefois sous l'ancien nom de Danois, et on le lui donne encore aujourd'hui ; mais, dans la langue des Francs, ces hommes prompts, agiles et trop passionnés pour les armes, sont appelés *Nort-Mans*. Ils vivent sur la mer, vont dans des barques enlever les productions de la terre, et se sont faits trop bien connaître au loin. Cette race a le teint beau, les traits et la stature distingués ; aussi la renommée rapporte-t-elle à elle l'origine des Francs.

Cédant à son amour pour le Seigneur, et touché de compassion pour cette nation égarée, César voulut tenter de la gagner à Dieu; depuis long-temps il souffrait de l'idée que tant d'hommes de ce peuple et tant de brebis du Seigneur eussent péri sans que personne les eût éclairés. Son parti une fois arrêté, le roi cherche qui envoyer chez les Normands pour conquérir à Dieu un bien perdu depuis si long-temps. C'est Ebbon, évêque de Rheims, qu'il charge du grand œuvre d'aller instruire ce peuple dans la croyance du Seigneur [1]. Ce prélat, Louis l'avait nourri enfant à sa cour, et s'était plu à le faire instruire dans les arts libéraux.

S'adressant alors à ce fidèle serviteur, César lui donne dans ce long et brillant discours ses ordres dictés par la piété. « Va, saint prêtre, emploie d'a-
« bord envers ce peuple féroce les discours et les ma-
« nières caressantes. Il est dans le ciel un Dieu créa-
« teur du monde et de tout ce qui habite les champs,
« la mer et les pôles; c'est lui qui fit le premier
« homme, plaça, ô paradis! notre premier père dans
« ta douce vallée, et voulut qu'il le servît pendant la
« suite des siècles et restât, à l'aide de sa bonté, dans
« l'ignorance de tout mal : mais, parce que l'homme
« a péché, il est tombé, et par suite toute la race de
« ses descendans a été aussi déclarée victime de l'envie
« du démon. Cependant ses descendans se multipliè-
« rent, peuplèrent les forêts et les campagnes, et
« adorèrent non le Seigneur, mais de vaines images
« ouvrage de leurs mains : bientôt aussi les flots du
« déluge les engloutirent tous, à l'exception du petit
« nombre de ceux que sauva l'arche sainte. De cette
« faible semence sortit promptement une nombreuse

[1] En 822.

« génération dont une partie honora le vrai Dieu ; le
« reste, tourbe infectée de poisons divers, suivit les
« voies du mal, et adressa son culte à de nouvelles
« idoles. Une seconde fois touché de compassion,
« Dieu envoya sur la terre le fils qui partage son
« trône et règne avec lui au plus haut des cieux. Ce
« fils, associant à sa gloire ce qu'il y a de mortel dans
« l'homme, délivra celui-ci de la tache du péché ori-
« ginel. C'est lui qui, capable par sa toute-puissance,
« et avec le secours de son père, de sauver le monde,
« voulut par bonté mourir sur la terre, et, attaché à
« une croix, s'offrit lui-même et de son propre mou-
« vement au trépas afin d'assurer son bienheureux
« royaume à ceux qui combattraient pour son nom.
« Assis à la droite de son père, et associé à son pou-
« voir, il appelle ses serviteurs, en leur disant : Ac-
« courez, et je vous donnerai le royaume des cieux.
« Il veut aussi que ses élus ramènent à lui toutes les
« brebis égarées, et les fassent participer aux saints
« dons et aux cérémonies du baptême. Nul ne montera
« dans la cour céleste s'il n'agit ainsi, s'il n'exécute
« fidèlement les ordres du fils de Dieu, ne rejette le
« culte du noir démon, et ne reçoit sans tarder le
« présent sacré du baptême. Applique-toi donc, Eb-
« bon, à rappeler ce peuple à cette foi; elle est la
« nôtre; c'est celle que professe l'Église; il faut que
« cette nation abandonne de vaines idoles; obéir à un
« vil métal sculpté est, hélas ! un crime dans l'homme
« si grand par le don de la raison. Quel secours ob-
« tient cette nation de son Jupiter, de son Neptune,
« de ces je ne sais quels dieux qu'elle encense, et
« de ces statues de métal ouvrage de ses mains ? Les

« infortunés, ils adorent de vaines images, ils prient
« des dieux sourds et muets et offrent aux démons
« des sacrifices qui ne sont dus qu'à Dieu. Ce Dieu,
« qui est le nôtre, ce n'est point avec le sang des
« troupeaux qu'il est permis de l'apaiser; les humbles
« vœux de l'homme sont plus chers à sa bonté. De-
« puis trop long-temps déjà ces malheureux se sont
« abandonnés à une erreur profane ; le moment est
« venu où ils doivent se soumettre à un culte glo-
« rieux ; la dernière heure du jour qui tombe les
« appelle, et dans la vigne du Seigneur une part reste
« encore pour eux ; c'est pour ces infortunés l'instant
« de rompre avec les douceurs du repos, quand la
« lumière d'en haut permet encore à l'homme de
« chercher son Dieu, de peur que les cruelles ténèbres
« de la mort fondant sur eux ne les surprennent en-
« gourdis par la paresse, et ne les livrent justement
« aux feux dévorans. Va donc, saint prêtre Ebbon,
« et prends avec toi les livres tant lus de la Bible qui
« renferment les préceptes sacrés de l'ancien et du
« nouveau Testament ; porte à cette nation le doux
« breuvage extrait de cette source sacrée, et que ces
« hommes y puisent à longs traits les doctrines du vrai
« Dieu. Fais-leur entendre, quand les circonstances
« l'exigeront, le langage sévère de la vérité, et qu'ils
« connaissent enfin à quelles erreurs ils ont jusqu'à
« présent prêté l'oreille. Hâte-toi d'aller trouver de
« notre part leur roi Hérold, et rapporte-lui fidèle-
« ment nos paroles. Mû également par notre piété
« envers Dieu et par les préceptes de notre sainte foi,
« voici ce que nous lui faisons dire, et puisse-t-il,
« guidé par de sages conseils, recevoir nos paroles

« avec un cœur bienveillant. Hélas! que lui deman-
« dons-nous? qu'il se hâte de quitter sans délai la
« funeste voie de l'erreur, d'adresser de pieux hom-
« mages au Christ plein de bonté, de s'offrir lui-même
« et avec empressement à ce Dieu dont il est l'ou-
« vrage et qui l'a créé, de rejeter loin de lui des
« monstres odieux, d'abandonner l'horrible Jupiter,
« de renoncer à Neptune et de révérer l'Église. Ce
« que nous souhaitons de lui, c'est qu'il puise à la
« source sacrée du baptême les dons du salut et porte
« sur son front la croix du Christ. Ce n'est pas pour
« que ses États se soumettent à notre loi, mais uni-
« quement pour gagner à la foi des créatures de Dieu,
« que nous avons formé le dessein qui nous occupe;
« qu'Hérold en soit convaincu; s'il le désire, qu'il
« vienne promptement dans notre palais, et qu'il y
« reçoive l'eau du Seigneur à sa vraie source. Lavé de
« toute souillure, et comblé de présens en armes et
« en subsistances, qu'il retourne ensuite dans son
« royaume et y vive de l'amour du Seigneur. Tels
« sont les commandemens du divin maître du ton-
« nerre que notre foi nous prescrit de faire connaître
« à ce prince, et que nous voulons accomplir. » L'empereur ordonne alors d'apporter à Ebbon un présent
magnifique, et ajoute: « Va, que Dieu soit avec toi. »

Cependant du pays des rebelles Bretons arrive en
toute hâte un messager apportant la funeste nouvelle
qu'ils ont rompu le traité d'amitié que César avait
conclu avec eux et ont violé la foi jurée[1]. Le triomphant monarque convoque ses peuples nombreux,
ordonne de tenir les armes prêtes, et se dispose à

[1] En 824.

marcher rapidement en Bretagne. A sa voix la France toute entière se précipite; les nations sujettes accourent, et toi-même, Pepin, tu te prépares à quitter ton royaume. César divise cette immense armée en trois corps, donne à chacun des chefs, et assigne leur poste aux grands. L'un de ces corps, il le confie à celui de ses fils qui porte son nom, et lui associe Matfried et plusieurs milliers de soldats; dans l'autre, des hommes puissans sont réunis au roi Pepin et à Hélisachar; mais la troupe qui les suit n'est pas nombreuse; quant au troisième, celui du centre, le grand et belliqueux empereur s'en est réservé le commandement, et le sage monarque règle par ses ordres tous les mouvemens de la guerre. Les uns suivent Lambert, Matfried dirige d'autres bataillons, et vous, Louis [1], quoique encore enfant, vous faites déjà la guerre sous votre père. Avec Pepin, des cohortes composées d'hommes à lui et de Francs portent partout leurs armes et le ravage, et se montrent l'honneur de la nation. Ses Francs, César qui les commande les mène par des chemins larges et frayés, et le royaume des Bretons ainsi traversé dans tous les sens reste ouvert devant nous; moi-même, le bouclier sur les épaules et le côté ceint d'une épée, je combattis dans ce pays; mais personne ne souffrit des coups que je portais, et Pepin, qui le remarqua, en rit et me dit dans son étonnement : « Laisse les armes, « frère, et préfère plutôt les lettres. » Les nôtres inondent les champs, les forêts et les marais dont le sol tremble sous leurs pas; le peuple ruiné par la guerre se voit enlever tous ses troupeaux ; les mal-

---

[1] Louis-le-Germanique, roi de Bavière depuis l'an 817.

heureux Bretons ou sont emmenés captifs, ou tombent massacrés par le fer ; ceux, en petit nombre, qui échappent à ce sort cruel se soumettent aux armes de César, et César leur donne pour surveillans des ducs puissans pour les empêcher de céder encore au désir de susciter de nouvelles guerres. Ces mesures prises, le pieux et victorieux monarque reprend la route de ses États, et bientôt les Francs regagnent en triomphe leurs toits domestiques.

Depuis long-temps l'évêque Ebbon avait atteint les royaumes normands ; déjà son zèle y répandait des dons précieux et dignes du saint nom de Dieu ; déjà le prélat est parvenu jusqu'au palais d'Hérold, et a versé dans son cœur la doctrine du Christ ; déjà, touché des avertissemens du Seigneur, ce prince commençait à prendre confiance dans les paroles de César, et lui-même exhortait son peuple à embrasser la foi. « Que les faits répondent aux promesses, saint
« prêtre, dit-il, et je crois. Retourne vers ton roi et
« porte-lui ma réponse. Oui, je désire voir de mes
« yeux le royaume des Francs, la piété de César, les
« armes, les mets, la gloire des serviteurs du Christ,
« et le culte de ce Dieu devant qui, comme tu le dis,
« la puissance suprême s'humilie, et à qui elle garde
« une foi vive et constante ; si alors ton Christ, dont
« tu célèbres les préceptes, accomplit mes vœux, je
« l'adore et le prouve par mes actions. Que les dieux
« auxquels nous avons consacré des autels continuent
« d'être respectés jusqu'à ce que j'aie pu voir les
« temples de ton Dieu. Si ce Dieu, qui est le tien,
« surpasse les nôtres en gloire, et prodigue plus qu'eux
« les dons à celui qui l'invoque, la raison alors nous

« prescrira d'abandonner nos dieux; nous obéirons avec
« plaisir au Christ, et nous livrerons aux flammes dé-
« vorantes les métaux sculptés par nos mains. » Il ordonne alors d'apporter des présens, et comble le prélat
de dons tels que la terre des Danois peut en produire.

Ebbon revient plein de joie ; les conquêtes futures
qu'il présage pour la foi l'animent d'un saint trans-
port; il rapporte à César une réponse faite pour lui
plaire, et lui annonce à quelles conditions Hérold
demande à recevoir les saintes eaux du Seigneur. Le
religieux empereur rend de solennelles actions de
grâces à Dieu le père de toutes choses et la source de
tout bien ; en même temps il ordonne que tous les
peuples soumis aux lois de son empire adressent sur-
le-champ les vœux les plus ardens à Dieu pour que le
Christ, qui par son sang a sauvé le monde entier,
daigne arracher les Normands au cruel ennemi du
genre humain.

Le pieux monarque se rend alors par un chemin
facile à Ingelheim avec son épouse et ses enfans. Ce
lieu est situé sur une des rives que le fleuve du Rhin
baigne de ses ondes rapides; une foule de cultures et
de produits divers en font l'ornement. Là s'élève sur
cent colonnes un palais superbe : on y admire d'innombrables appartemens, des toitures de formes va-
riées, des milliers d'ouvertures, de réduits et de
portes, ouvrage des mains d'hommes maîtres habiles
dans leur art. Le temple du Seigneur, construit du
marbre le plus précieux, a de grandes portes d'airain
et de plus petites enrichies d'or; de magnifiques peintures y retracent aux yeux les œuvres de la toute-
puissance de Dieu et les actions mémorables des

hommes. A la gauche, sont représentés d'abord l'homme et la femme nouvellement créés, quand ils habitent le paradis terrestre où Dieu les a placés. Plus loin, le perfide serpent séduit Eve dont le cœur a jusqu'alors ignoré le mal; elle-même tente à son tour son mari qui goûte le fruit défendu; et tous deux, à l'arrivée du Seigneur, cachent leur nudité sous la feuille du figuier. On voit ensuite nos premiers pères travailler péniblement la terre en punition de leur péché; et le frère envieux frapper son frère, non du glaive, mais de sa main cruelle, et faire connaître au monde les premières funérailles. Une suite innombrable de tableaux retracent dans leur ordre tous les faits de l'Ancien-Testament, montre encore les eaux répandues sur toute la surface de l'univers, s'élevant sans cesse, et engloutissant enfin toute la race des hommes; l'arche, par un effet de la miséricorde divine, arrachant au trépas un petit nombre de créatures, et le corbeau et la colombe agissant diversement. On a peint aussi les actions d'Abraham et de ses enfans, l'histoire de Joseph et de ses frères, et la conduite de Pharaon; Moïse délivrant le peuple de Dieu du joug de l'Égypte; l'Égyptien périssant dans les flots qu'Israël traverse à pied sec; la loi donnée par Dieu, écrite sur la double table; l'eau jaillissant du rocher; les cailles tombant du ciel pour servir de nourriture aux Hébreux, et la terre promise depuis si long-temps recevant ce peuple lorsqu'il a pour chef le brave Josué. Dans ces tableaux revit la troupe nombreuse des prophètes et des rois juifs, et brillent dans tout leur éclat leurs actions les plus célèbres, les exploits de David, les œuvres du puissant Salomon, et ce temple ouvrage d'un travail vraiment divin. Le côté opposé représente tous les détails de la vie mortelle qu'a menée le Christ sur la terre quand il y fut envoyé par son père. L'ange descendu des cieux s'approche de l'oreille de Marie, et la salue de ces paroles : « Voici la Vierge de Dieu. » Le Christ, connu depuis long-temps aux saints prophètes, naît, et l'enfant Dieu est enveloppé de langes. De simples bergers reçoivent les ordres pleins de bonté du maître du tonnerre, et les mages méritent aussi de voir le Dieu du monde. Hérode furieux craint que le Christ ne le détrône, et fait massacrer les créatures innocentes que leur enfance seule condamne au trépas. Joseph fuit alors en Égypte, ramène ensuite le divin enfant qui grandit, se montre soumis à la loi, et veut être baptisé, lui qui est venu pour racheter de son sang tous les hommes dévoués depuis long-temps à la mort éternelle. Plus loin, après avoir, à la manière des mortels, supporté un long jeûne, le Christ triomphe par son art de son tentateur, enseigne au monde les saintes et bienfaisantes doctrines de son père, rend aux infirmes la jouissance de leurs anciennes facultés, rappelle même à la vie les cadavres des morts, enlève au démon ses armes, et le chasse loin de la terre. Enfin on voit ce Dieu, livré par un perfide disciple, et tourmenté par un peuple cruel, vouloir mourir lui-même comme un vil mortel ; puis, sortant du tombeau, apparaître au milieu de ses disciples, monter au ciel à la vue de tous, et gouverner le monde. Telles sont les peintures dont les mains exercées d'artistes habiles ont orné toute l'enceinte du temple de Dieu.

Le palais du monarque, enrichi de sculptures, ne brille pas d'un moindre éclat, et l'art y a retracé les plus célèbres faits des grands hommes. On y voit les combats divers livrés dans les temps de Ninus, une foule d'actes d'une cruauté révoltante ; les conquêtes de Cyrus, ce roi exerçant ses fureurs contre un fleuve pour venger la mort de son coursier chéri, et la tête de cet infortuné triomphateur qui venait d'envahir les États d'une femme, ignominieusement plongée dans une outre remplie de sang. Plus loin se présentent les crimes impies du détestable Phalaris faisant périr avec un art atroce des malheureux qui font peine à regarder. Pyrille, cet ouvrier fameux dans l'art de travailler l'airain et l'or, est auprès de lui : le malheureux met sa trop cruelle gloire à fabriquer sur-le-champ pour Phalaris un taureau d'airain dans lequel le monstre puisse enfermer le corps entier d'un homme digne objet de pitié ; mais le tyran précipite l'ouvrier lui-même dans les entrailles du taureau, et cet ouvrage de l'art donne ainsi la mort à celui qui l'a créé. D'un autre côté, Romulus et Rémus posent les fondemens de Rome, et le premier immole son frère à son ambition impie. Annibal, quoique privé d'un de ses yeux, n'en poursuit pas moins le cours de ses funestes guerres. Alexandre soumet par la force des armes l'univers à son empire ; et le peuple romain, d'abord si faible, croissant bientôt, étend son joug jusqu'aux pôles du monde. Dans une autre partie du palais, on admire les hauts faits de nos pères et les œuvres éclatantes d'une piété fidèle dans des temps plus voisins de nous. On y voit Constantin, dépouillant tout amour pour Rome, bâtir lui-même et pour lui Constantinople. On y a aussi représenté l'heureux Théodose, et sa vie illustrée par tant de belles actions. Là sont encore retracés le premier Charles que la guerre rendit maître des Frisons, et tout ce que son courage a fait de grand. Plus loin tu brilles, Pepin, remettant les Aquitains sous tes lois, et les réunissant à ton empire, à la suite d'une heureuse guerre. Là enfin le sage empereur Charles déploie ses traits majestueux et sa tête auguste ceinte du diadême. Les bandes saxonnes osent s'élever contre lui, et tenter le sort des combats ; mais il les massacre, les dompte, et les force à courber la tête sous son joug. Ces faits mémorables et d'autres encore décorent ce palais, et charment les yeux de quiconque souhaite les contempler.

C'est de ce lieu que le pieux César donne ses lois aux peuples soumis à son sceptre, et dirige avec la sagesse qui lui est ordinaire l'immense machine de son Empire.

Cependant cent navires volent sur les eaux du Rhin ; ils sont ornés de voiles blanches artistement arrangées, et chargés de dons offerts par la nation des Danois. Le premier porte le roi Hérold [1]. C'est toi, Louis, qu'il vient chercher, et certes un tel hommage t'est bien dû, à toi qui portes si haut les honneurs auxquels l'Église a de si justes droits. Déjà ces bâtimens approchent de la rive, et entrent dans le port. César les aperçoit du haut de son palais. Dans sa bonté, il ordonne à Matfried de se rendre avec une nombreuse troupe de jeunes gens au devant de ces nouveaux hôtes, et lui-même leur envoie plusieurs

[1] En 826.

coursiers couverts de riches caparaçons de pourpre pour qu'ils puissent se transporter jusqu'à son château. Hérold arrive bientôt monté sur un cheval franc ; sa femme et toute sa maison se préparent à le suivre. César, plein de joie, le reçoit à l'entrée du palais, commande d'apporter des présens, et fait distribuer des mets de toute espèce. Hérold s'incline devant l'auguste monarque, prend le premier la parole, et lui exprime ses vœux en ces termes : « César, si ta toute-
« puissance l'ordonne, je suis prêt à te dire avec dé-
« tail quels motifs ont déterminé moi, ma maison et
« ma famille à venir te trouver dans ton illustre de-
« meure. Suivant depuis longues années les lois de
« mes antiques pères, j'ai jusqu'à ce jour conservé
« leurs mœurs, adressé mes vœux les plus soumis et
« offert, en suppliant, mes sacrifices aux dieux et aux
« déesses qu'ils adoraient ; ce sont ces divinités que
« j'ai jusqu'à présent priées de conserver par leur pro-
« tection le royaume que m'ont transmis mes aïeux,
« mon peuple, notre butin et nos toits domestiques,
« d'éloigner de nous la famine, de nous soustraire par
« leur pouvoir à tous les maux, et de nous accorder,
« à nous leurs adorateurs, d'heureux succès en toutes
« choses. Ebbon, l'un de tes prêtres, est venu sur les
« terres des Normands, nous prêchant et nous prou-
« vant un autre Dieu. Il nous a dit qu'il n'était qu'un
« seul vrai Dieu créateur du ciel, de la terre et de la
« mer, à qui seul tout culte était dû. Ce Dieu, ajou-
« tait-il, a fait d'un limon échauffé l'homme et la
« femme d'où sont sortis tous les hommes qui peuplent
« l'univers. Ce Dieu tout-puissant a envoyé sur la terre
« son fils, dont le côté a rendu des flots d'eau et de

« sang. C'est par ce sang que le fils, dans sa miséri-
« corde, a racheté le monde de toute espèce de crime,
« et lui a assuré après la résurrection le royaume des
« cieux. Ce fils de Dieu est appelé Jésus-Christ. Son
« saint chrême rend heureux tous ceux qui l'adorent
« avec piété. Quiconque ne confessera pas qu'il est le
« maître du tonnerre, et ne recevra pas le don sacré
« du baptême, sera, bien malgré lui, précipité dans
« les gouffres profonds de l'enfer pour y demeurer
« dans la cruelle société des démons. Mais quiconque
« desire monter dans les demeures célestes, qu'il re-
« connaisse que le Christ est véritablement Dieu et
« homme tout ensemble ; qu'il purifie son corps dans
« l'onde sainte du baptême, et efface toutes ses souil-
« lures en se plongeant trois fois dans ces eaux salu-
« taires au nom du Père, du Fils et du Saint-Esprit.
« Ces trois personnes forment un Dieu unique, quoi-
« que leurs trois noms soient divers ; leur puissance
« et leur gloire sont égales, et ce Dieu a été, est et
« sera de toute éternité. Quant à tous ces dieux de
« métal, ouvrage de la main des hommes, ton
« évêque les appelle de vaines idoles, et déclare
« qu'ils ne sont rien. Telle est, bienveillant César,
« la foi que le vénérable prélat Ebbon nous a dit de
« sa propre bouche être la tienne. Touché par ton
« exemple et par ses honorables discours, je crois
« ton Dieu le seul vrai, et rejette à jamais les dieux
« sculptés de la main des hommes. C'est donc pour
« m'associer à ta foi que, me confiant aux ondes, je
« suis venu dans tes États. — Hérold, répond l'em-
« pereur, ce que tu demandes avec ce langage ami,
« je te l'accorde comme je le dois, et j'en rends des

« actions de grâces à Dieu ; c'est par l'effet de sa mi-
« séricorde qu'après avoir si long-temps obéi aux
« ordres du démon, tu sollicites enfin d'être admis à
« la foi des serviteurs du Christ. Allons, ajoute César
« aux siens, courez tous, hâtez-vous de tout disposer
« comme il convient pour répandre sur Hérold, avec
« toutes les solennités d'usage, les dons précieux du
« baptême : qu'on prépare les vêtemens blancs, tels
« que doivent en porter les Chrétiens, les fonts bap-
« tismaux, le chrême et l'onde sainte. »

Tout se fait comme il l'a prescrit ; et dès que tout est prêt pour la cérémonie sacrée, Louis et Hérold se rendent dans le saint temple. César, par respect pour le Seigneur, reçoit lui-même Hérold quand il sort de l'onde régénératrice, et le revêt de sa propre main de vêtemens blancs ; l'impératrice Judith, dans tout l'éclat de la beauté, tire de la source sacrée la reine, femme d'Hérold, et la couvre des habits de chrétienne ; Lothaire déjà César, fils de l'auguste Louis, aide de même le fils d'Hérold à sortir des eaux baptismales ; à leur exemple, les grands de l'empire en font autant pour les hommes les plus distingués de la suite du roi danois qu'ils habillent eux-mêmes, et la tourbe tire de l'eau sainte beaucoup d'autres d'un moindre rang. O grand Louis ! quelle foule immense d'adorateurs tu gagnes au Seigneur ! quelle sainte odeur s'émane d'une telle action et s'élève jusqu'au Christ ! Ces conquêtes, prince, que tu arraches à la gueule du loup dévorant, pour les donner à Dieu, te seront comptées pour l'éternité.

Hérold, couvert de vêtemens blancs et le cœur régénéré, se rend sous le toit éclatant de son illustre parrain. Le tout-puissant empereur le comble alors des plus magnifiques présens que puisse produire la terre des Francs. D'après ses ordres, Hérold revêt une chlamyde tissue de pourpre écarlate et de pierres précieuses, autour de laquelle circule une broderie d'or ; il ceint l'épée fameuse que César lui-même portait à son côté, et qu'entourent des cercles d'or symétriquement disposés ; à chacun de ses bras sont attachées des chaînes d'or ; des courroies enrichies de pierres précieuses entourent ses cuisses ; une superbe couronne, ornement dû à son rang, couvre sa tête ; des brodequins d'or renferment ses pieds ; sur ses larges épaules brillent des vêtemens d'or, et des gantelets blancs ornent ses mains. L'épouse de ce prince reçoit de la reine Judith des dons non moins dignes de son rang, et d'agréables parures. Elle passe une tunique entièrement brodée d'or et de pierreries, et aussi riche qu'ont pu la fabriquer tous les efforts de l'art de Minerve ; un bandeau entouré de pierres précieuses ceint sa tête ; un large collier tombé sur son sein naissant ; un cercle d'un or flexible et tordu entoure son cou ; ses bras sont serrés dans des bracelets tels que les portent les femmes ; des cercles minces et plians d'or et de pierres précieuses couvrent ses cuisses, et une cape d'or tombe sur ses épaules. Lothaire ne met pas un empressement moins pieux à parer le fils d'Hérold de vêtemens enrichis d'or ; le reste de la foule des Danois est également revêtue d'habits francs que leur distribue la religieuse munificence de César.

Tout cependant est préparé pour les saintes cérémonies de la messe ; déjà le signal accoutumé appelle le peuple dans l'enceinte des murs sacrés; dans le chœur brille un clergé nombreux et revêtu de riches ornemens, et dans le magnifique sanctuaire tout respire un ordre admirable. La foule des prêtres se distingue par sa fidélité aux doctrines de Clément [1], et les pieux lévites se font remarquer par leur tenue régulière; c'est Theuton qui dirige avec son habileté ordinaire le chœur des chantres; c'est Adhalwit qui porte en main la baguette, en frappe la foule des assistans et ouvre ainsi un passage honorable à César, à ses grands, à son épouse et à ses enfans. Le glorieux empereur, toujours empressé d'assister fréquemment aux saints offices, se rend à l'entrée de la basilique en traversant de larges salles de son palais resplendissant d'or et de pierreries éblouissantes; il s'avance la joie sur le front et s'appuie sur les bras de ses fidèles serviteurs. Hilduin est à sa droite; Hélisachar le soutient à gauche; et devant lui marche Gerung qui porte le bâton marque de sa charge [2], et protège les pas du monarque dont la tête est ornée d'une couronne d'or. Par derrière viennent le pieux Lothaire et Hérold couverts d'une toge et parés des dons éclatans qu'ils ont reçus. Charles encore enfant, tout brillant d'or et de beauté, précède, plein de gaîté, les pas de son père, et de ses pieds il frappe fièrement le marbre. Cependant Judith, couverte des ornemens royaux, s'avance dans tout l'éclat d'une parure magnifique; deux des grands jouissent du suprême honneur de

---

[1] Dom Bouquet pense qu'il s'agit ici de saint Clément 1er, pape de l'an de Jésus-Christ 91 à l'an 100, et auquel ont été attribués des ouvrages qui contiennent beaucoup de détails sur les devoirs des prêtres.

[2] Celle de portier en chef (*summus ostiarius*) du palais.

l'escorter; ce sont Matfried et Hugues : tous deux, la couronne en tête et vêtus d'habits tout brillans d'or, accompagnent avec respect les pas de leur auguste maîtresse. Derrière elle, et à peu de distance, vient enfin l'épouse d'Hérold étalant avec plaisir les présens de la pieuse impératrice. Après on voit Friedgies[1] que suit une foule de disciples tous vêtus de blanc, et distingués par leur science et leur foi. Au dernier rang, marche avec ordre le reste de la jeunesse danoise parée des habits qu'elle tient de la munificence de César.

Aussitôt que l'empereur, après cette marche solennelle, est arrivé à l'église, il adresse suivant sa coutume ses vœux au Seigneur; sur-le-champ le clairon de Theuton fait entendre le son clair qui sert de signal, et au même instant les clercs et tout le chœur lui répondent et entonnent le chant. Hérold, son épouse, ses enfans, ses compagnons, contemplent avec étonnement le dôme immense de la maison de Dieu, et n'admirent pas moins le clergé, l'intérieur du temple, les prêtres et la pompe du service religieux. Ce qui les frappe plus encore, ce sont les immenses richesses de notre roi, à l'ordre duquel semble se réunir ce que la terre produit de plus précieux. Eh bien, illustre Hérold! dis, je t'en conjure, ce que tu préfères maintenant ou de la foi de notre monarque, ou de tes misérables idoles. Jette donc dans les flammes tous ces dieux faits d'or et d'argent; c'est ainsi que tu assureras à toi et aux tiens une éternelle gloire. Si dans ces statues il s'en trouve de fer,

[1] Chancelier de Louis-le-Débonnaire et abbé de Saint-Martin de Tours.

dont on puisse se servir pour cultiver les champs, ordonne qu'on en fabrique des socs, et, en ouvrant le sein de la terre, elles te seront plus utiles que de telles divinités avec toute leur puissance. Le Dieu véritable est celui auquel les Francs et César lui-même adressent leurs vœux solennels; adore-le, et abandonne le culte de Jupiter. Fais de ce Jupiter des vases et des chaudières d'un sombre airain; le feu leur convient comme au Dieu dont tu les auras fabriqués. Change ton Neptune en fontaines propres à contenir l'eau, et il ne perdra pas l'honneur de maîtriser les ondes.

Cependant on préparait avec soin d'immenses provisions, des mets divers et des vins de toutes les espèces pour le maître du monde; d'un côté, Pierre, le chef des pannetiers, de l'autre Gunton, qui préside aux cuisines, ne perdent pas un instant à faire disposer les tables avec l'ordre et le luxe accoutumés. Sur des toisons dont la blancheur le dispute à la neige, on étend des nappes blanches, et les mets sont dressés dans des plats de marbre. Pierre distribue, comme le veut sa charge, les dons de Cérès, et Gunton sert les viandes. Entre chaque plat sont placés des vases d'or; le jeune et actif Othon commande aux échansons et fait préparer les doux présens de Bacchus.

Dès que les cérémonies du culte respectueux adressé au Très-Haut sont terminées, César, tout brillant d'or, se dispose à reprendre le chemin qu'il a suivi pour se rendre au temple; son épouse, ses enfans, et tout son cortége, couverts de vêtemens resplendissans d'or, et enfin les clercs habillés de blanc, imitent son exemple; et le pieux monarque se rend d'un pas grave à son palais, où l'attend un festin préparé avec un soin digne du chef de l'empire. Radieux, il se place sur un lit; par son ordre la belle Judith se met à ses côtés après avoir embrassé ses augustes genoux; le César Lothaire et Hérold, l'hôte royal, s'étendent de leur côté sur un même lit, comme l'a voulu Louis. Les Danois admirent la prodigalité des mets et tout ce qui compose le service de la table, le nombre des officiers, ainsi que la beauté des enfans qui servent César. Ce jour, si heureux à juste titre pour les Francs et les Danois régénérés par le baptême, sera pour eux dans la suite l'objet de fêtes qui en rappelleront la mémoire.

Le lendemain, à la naissance de l'aurore, dès que les astres quittent le ciel et que le soleil commence à réchauffer la terre, César s'apprête à partir pour la chasse avec ses Francs, dont cet exercice est le plaisir habituel, et il ordonne qu'Hérold l'accompagne. Non loin du palais est une île que le Rhin environne de ses eaux profondes, où croît une herbe toujours verte et que couvre une sombre forêt; des bêtes fauves, nombreuses et diverses, la remplissent, et leur troupe, dont rien ne trouble le repos, trouve dans les vastes bois un asile paisible. Des bandes de chasseurs et d'innombrables meutes de chiens se répandent çà et là dans cette île. Louis monte un coursier qui foule la plaine sous ses pas rapides, et Witon, le carquois sur l'épaule, l'accompagne à cheval. De toutes parts se pressent des flots de jeunes gens et d'enfans, au milieu desquels se fait remarquer Lothaire porté par un agile coursier. Hérold, l'hôte de l'empereur, et ses Danois, accourent aussi pleins de joie pour contempler ce beau spectacle; la superbe Judith, la pieuse épouse de César, parée et coiffée magnifiquement, monte un noble palefroi; les premiers de l'État et la foule des grands précèdent ou suivent leur maîtresse par égard pour leur religieux monarque. Déjà toute la forêt retentit des aboiemens redoublés des chiens; ici les cris des hommes, là les sons répétés du clairon frappent les airs; les bêtes fauves s'élancent hors de leurs antres, et les daims fuient vers les endroits les plus sauvages; mais ni la fuite ne peut les sauver, ni les taillis ne leur offrent d'asiles sûrs; le faon tombe au milieu des cerfs armés de bois majestueux, et le sanglier aux larges défenses roule dans la poussière percé par le javelot. César, animé par la joie, donne lui-même la mort à un grand nombre d'animaux qu'il frappe de ses propres mains; l'ardent Lothaire, dans la fleur et la force de la jeunesse, fait tomber plusieurs ours sous ses coups; le reste des chasseurs tue, çà et là, à travers les prairies une foule de bêtes fauves de toute espèce. Tout à coup une jeune biche que la meute des chiens poursuit avec chaleur, traverse en fuyant le plus épais de la forêt, et bondit au milieu d'un bouquet de saules; là s'étaient arrêtés la troupe des grands, Judith l'épouse de César et le jeune Charles encore enfant; l'animal passe avec la rapidité de l'air; tout son espoir est dans la vitesse de ses pieds; s'il ne trouve son salut dans la fuite, il périt; le jeune Charles l'aperçoit, veut le poursuivre à l'exemple de ses parens, demande un cheval avec d'instantes prières, presse vivement pour qu'on lui donne des armes, un carquois et des flèches légères, et brûle de voler sur les traces de la biche, comme son père a coutume de le faire. Mais vainement il redouble ses ardentes sollicitations; sa charmante mère lui défend de la quitter et refuse à ses vœux la permission de s'éloigner. Sa volonté s'irrite, et comme il arrive à cet âge, si le maître aux soins duquel il est confié et sa mère ne le retenaient, le royal enfant n'hésiterait pas à suivre la chasse à pied. Cependant d'autres jeunes gens volent, atteignent la biche dans sa fuite et la ramènent au petit prince sans qu'elle ait reçu aucune blessure; lui, alors, prend des armes proportionnées à la faiblesse de son âge, et en frappe la croupe tremblante de l'animal; toutes les grâces de l'enfance se réunissent et brillent dans le jeune Charles, et leur éclat emprunte un nouveau lustre de la vertu de son père et du nom de son aïeul. Tel autrefois Apollon, quand il gravissait les sommets des montagnes de Délos, remplissait d'une orgueilleuse joie le cœur de sa mère Latone.

Déjà César, son auguste père, et les jeunes chasseurs chargés de gibier, se disposaient à retourner au palais. Cependant la prévoyante Judith a fait construire et couvrir dans le milieu de la forêt une salle de verdure; des branches d'osier et de buis dépouillées de leurs feuilles en forment l'enceinte, et des toiles la recouvrent. L'impératrice elle-même prépare sur le vert gazon un siége pour le religieux monarque, et fait apporter tout ce qui peut assouvir la faim. César, après avoir lavé ses mains dans l'eau, et sa belle compagne s'étendent ensemble sur un lit d'or; et, par l'ordre de cet excellent roi, le beau Lothaire et leur hôte chéri Hérold prennent place à la même table; le reste de la jeunesse s'asseoit sur l'herbe qui couvre la terre, et repose ses membres fatigués sous l'ombrage de la forêt. On apporte, après les avoir fait rôtir, les entrailles chargées de graisse des animaux tués à la chasse, et la venaison se mêle aux mets apprêtés pour César. La faim satisfaite disparaît bientôt, on vide les coupes, et la soif à son tour est chassée par une agréable liqueur ; un vin généreux répand la gaîté dans toutes ces ames courageuses, et chacun regagne d'un pas plus hardi le toit impérial. A peine y est-on arrivé qu'on puise de nouveau dans les dons de Bacchus une chaleur vivifiante, et que tous ensuite se rendent aux saints offices du soir. Après qu'ils ont été chantés avec le respect et la dignité accoutumés, Louis et sa suite retournent au palais. Bientôt se répandent dans le château des flots de jeunes gens; ils apportent et désirent mettre sous les yeux du monarque les trophées de la chasse; ce sont des milliers de bois de cerf, les têtes et les peaux des ours, les corps entiers de plusieurs sangliers aux longues soies, des chevreuils, et la biche tombée sous les honorables coups du jeune Charles. Le roi, toujours plein de bonté, distribue cette riche proie entre tous ses fidèles serviteurs, sans oublier d'en assigner une part considérable à ses clercs.

Cependant, à l'aspect de toutes ces merveilles, l'hôte de César, Hérold, roule dans son cœur mille pensers divers, quand il voit marcher ensemble, et respectés comme ils doivent l'être, et les droits du trône et les devoirs envers Dieu ; il s'étonne et de la puissance de Louis et de la sincérité de sa foi ; mais à la fin, rejetant loin de lui tous les sentimens incertains qui agitent son esprit, il embrasse le parti que Dieu même lui inspire ; de son propre mouvement, il se prosterne aux pieds de l'empereur, et lui adresse ces paroles où respire une fidélité sans réserve :

« Illustre et puissant César, toi l'adorateur du vrai
« Dieu et l'arbitre des peuples que ce Dieu qui peut
« tout a confiés à tes soins, je reconnais combien,
« grâce à la bonté du Seigneur, tu es justement cé-
« lèbre, patient, fort, religieux, redoutable par les
« armes et clément tout ensemble ; je vois que, com-
« blé outre mesure des biens de ce monde, tu ne te
« montres ni moins libéral envers les indigens, ni
« moins facile et doux envers tes sujets ; toutes les
« vertus, je le confesse, César, coulent chez toi à
« pleine source, et ton cœur est sans cesse trempé de
« la rosée céleste. La douce persuasion qui coule de
« tes lèvres a soumis ma tête au joug du Christ, m'ar-
« rache par ses conseils aux flammes éternelles, retire
« ma maison et moi des voies funestes de l'erreur où
« nous étions engagés, et abreuve nos cœurs des
« eaux de la vérité. Ce n'est pas tout ; tu me renvoies
« l'ame remplie du Seigneur, le corps chargé de ri-
« chesses, comblé de dons divers en armes et en
« objets de tout genre. Qui pourrait faire de telles
« choses, s'il n'était embrasé de l'amour de ce Christ
« qui prodigua tant de biens précieux à un peuple
« ingrat ? J'en suis convaincu, toi seul es sur la terre
« le chef de tous les hommes de bien, et c'est à juste
« titre que tu tiens le sceptre de l'empire des chré-
« tiens. De même qu'à mes yeux toutes les idoles dis-
« paraissent devant le nom du Christ, de même toutes
« les puissances de la terre doivent s'humilier devant
« ton nom. Que la formidable gloire des siècles an-
« tiques s'éclipse donc tant que le maître du tonnerre

« conservera toute sa vigueur à ton empire. Peut-être
« autrefois s'est-il trouvé quelque prince qu'on pour-
« rait égaler à toi pour la munificence et la valeur
« guerrière, mais tu les surpasses tous en amour pour
« Dieu. Au reste, que fais-je? pourquoi, quand il faut
« agir, m'arrêter à de vains discours? Il me suffira de
« peu de mots pour manifester toute mon admira-
« tion. » Il dit, et, joignant les mains, il remet de
lui-même et sa personne et le royaume qu'il tient du
droit de sa naissance en la puissance du roi des
Francs. « Reçois, César, ajoute-t-il, le don de ma
« personne et des pays soumis à mes lois; c'est de ma
« propre volonté que je me soumets à ton obéis-
« sance. » L'empereur alors prend dans ses augustes
mains les mains d'Hérold, et le royaume des Danois
est ainsi réuni à l'empire des Francs si renommés par
leur piété. Aussitôt le victorieux César donne à Hérold des armes et un coursier, comme le veut l'antique usage des Francs, et ce jour brillant voit se
renouveler des fêtes où les Francs et les Danois font
éclater une joie commune.

Cependant Louis, voulant récompenser la piété du
fidèle Hérold, lui prodigue les plus riches présens; il
recule les frontières de ses États et y ajoute des terres
fertiles en toutes sortes de productions, abondantes
en gibier, et où il puisse se maintenir en cas de guerre.
A ces dons le puissant César joint tout ce qui peut
servir à rehausser l'éclat des cérémonies du culte
divin, des vases sacrés, des ornemens pour les clercs
engagés dans les saints ordres, des prêtres, et les
livres reconnus comme catholiques. Sa piété ne s'arrête point là, et il envoie aux Danois des moines qui

s'offrent d'eux-mêmes à conduire ce peuple dans le chemin du royaume des cieux. Dire quels sont ces présens, leur nombre et leur richesse, est au-dessus des forces de mon esprit, et mes chants ne sauroient y réussir.

Cependant les nautonniers versés dans la connaissance des signes que l'onde présente aux navigateurs chargent les vaisseaux de trésors et de vivres, dons d'une munificence vraiment royale ; déjà les zéphyrs invitent la voile à se déployer. Le vent presse le départ et n'y souffre aucun retardement, car l'approche de l'hiver s'annonce par de redoutables présages; aussi, une fois les bâtimens chargés et les voiles renouvelées, Hérold comblé d'honneurs monte sur son navire avec la permission de César; mais son fils et son neveu demeurés dans le palais du roi y font le service militaire et s'acquittent des devoirs imposés aux Francs, tandis que lui-même, sur son bâtiment rempli d'armes et de provisions de toute espèce, regagne à travers les flots incertains de la mer le royaume qu'il a hérité de ses aïeux.

C'est ainsi, Louis, que tu as assuré au Dieu tout-puissant de précieuses conquêtes, et réuni de vastes États à ton Empire ; les pays que les armes de tes ancêtres n'ont pu soumettre par aucun combat se sont donnés à toi volontairement; ce que ni la puissante Rome, ni la valeur des Francs n'ont assujetti, tu le possèdes et le gouvernes en père au nom du Christ. Bien plus, ces orgues dont jamais la France n'avait été enrichie, dont l'empire des Grecs s'enorgueillissait avec trop de hauteur, et par la possession seule desquelles Constantinople se vantait, César, de te surpasser, tu les as maintenant dans ton palais d'Aix-la-Chapelle. Se voir ainsi dépouiller de leur principale gloire, annonce peut-être aux Grecs qu'un jour il leur faudra courber leurs têtes sous le joug des Francs. Applaudis, France, tu le dois, et rends de pieuses actions de grâces à Louis dont les vertus te garantissent, de si grands avantages, et que le Dieu tout-puissant, créateur du ciel et de la terre, permette que le nom de César soit célébré par tout l'univers pendant une longue suite de siècles !

Pendant que je chantais ces vers, tourmenté par les remords de la faute dont je m'étais rendu coupable, je languissais dans les prisons de Strasbourg, de cette cité qui t'a dédié, Vierge Marie, des temples magnifiques, et où la gloire dont tu as joui sur la terre est plus qu'ailleurs l'objet d'un culte respectueux. Souvent, dit-on, les puissances célestes ont visité ces temples ; souvent on a vu les chœurs des anges y apporter leurs hommages à la mère du Christ, et une foule de miracles s'y sont opérés ; on en cite plusieurs, mais contente-toi, muse, d'en raconter quelques uns si la pieuse Vierge daigne t'inspirer.

La garde de l'église consacrée à Marie fut autrefois confiée à Theutram, bien digne de ce nom glorieux : il veillait nuit et jour devant l'autel dédié à la mère de Dieu, et passait la plupart de ses heures à prier le Seigneur ; aussi ce prêtre mérita-t-il, avec le secours de la bonté divine, de voir souvent les anges saints habitans des cieux. Une nuit, après avoir récité les psaumes et les hymnes sacrés, il se jette sur un lit pour donner quelque repos à ses membres épuisés par la fatigue ; tout à coup il voit le temple éclairé d'une lumière semblable à celle du soleil, et telle que la répand cet astre dans le jour le plus serein. Il s'élance hors de son lit, et cherche à savoir d'où peuvent provenir les flots de lumière dont le saint édifice est inondé. Un oiseau de la grandeur d'un aigle couvrait l'autel de ses ailes étendues; mais cet oiseau, ce n'est point la terre qui l'a engendré. Son bec est d'or; ses serres sont d'une matière plus riche que les pierres précieuses; sur ses ailes est répandue la couleur azurée de l'éther, et de ses yeux jaillit une lumière éclatante. Le saint prêtre, frappé d'étonnement, n'ose fixer ses regards sur ceux de l'oiseau, dont il contemple avec admiration et les ailes et le corps, et surtout les yeux étincelans. L'oiseau demeure sur l'autel jusqu'au moment où les trois chants du coq se font entendre, et appellent les religieux à l'office. Alors il prend son vol, et, chose miraculeuse, la fenêtre opposée à l'autel s'ouvre d'elle-même pour lui laisser la liberté de sortir du temple. A peine s'est-il élevé vers les cieux que toute lumière disparaît, et prouve, en s'éclipsant, que cet oiseau était un habitant du royaume de Dieu.

A une autre époque, ce savant prêtre eut une vision semblable, et ce que m'en ont raconté plusieurs religieux commande l'admiration. Il récitait à son ordinaire des psaumes au pied de l'autel de cette même église, et employait à chercher Dieu du fond de son cœur les heures où déjà les ténèbres couvraient la terre. Ceux de ces disciples à qui la garde du temple était confiée pour cette nuit veillaient avec lui, et remplissaient les devoirs auxquels la cloche les appelait. Voilà que tout à coup le fracas du tonnerre et un vent épouvantable ébranlent à coups redoublés les toits élevés du saint édifice. Les disciples tombent renversés dans la poussière; tremblans, et l'esprit égaré par la frayeur, ils se prosternent la face contre terre; mais le prêtre intrépide élève ses mains vers le ciel, et veut s'éclaircir de la cause de ce bruit extraordinaire. Bientôt il voit la voûte du temple sacré s'ouvrir, et donner entrée à trois hommes resplendissans de lumière, couverts de vêtemens blancs, dont les membres surpassent la neige en blancheur, et qui le disputent au lait par celle de leur teint. Celui qui est entré le troisième, plus âgé que les deux autres, s'avance pieusement appuyé sur eux comme sur ses serviteurs. A peine a-t-il touché le sol qu'ils marchent religieusement vers l'autel de la Vierge sainte, et entonnent à haute voix des prières à la manière des simples mortels; ils visitent ensuite les autres autels, récitant des prières toujours à haute voix, et telles qu'elles sont réglées pour chacun de ces autels. A la droite de l'église, il en est un en effet sous l'invocation de Paul; à gauche, un autre porte le nom de Pierre; d'un côté est l'illustre docteur; de l'autre est le dépositaire des clefs du ciel; entre eux brille dans tout son éclat l'auguste mère de Dieu; l'archange Michel et la sainte croix occupent le milieu de la nef, et à l'extrémité se voit dans toute sa gloire Jean donnant le baptême à l'oint du Seigneur. Les habitans des cieux adressent leurs prières à ces saints dont souvent ils voient les ames en présence de Dieu. Qui peut être en effet assez ignorant et insensé pour croire qu'on ne doive aucun culte aux corps des saints fondateurs de l'Église? N'est-ce pas Dieu qu'on adore dans ces serviteurs, objets de son amour, dont l'intercession nous aide à monter au royaume des cieux? Pierre n'est pas Dieu sans doute; mais, je le crois fermement, les prières de Pierre peuvent obtenir que la peine de mes péchés me soit remise. Tant que ces trois hommes demeurent à parcourir le temple dédié à Marie, la voûte de l'église reste ouverte; mais à peine, après avoir accompli leurs saints vœux, sont-ils retournés vers le ciel, que cette même voûte, se refermant d'elle-même, reprend son ancienne forme. Le saint prêtre, voyant ce miracle, va retrouver ses compagnons que la stupeur de leur ame tenait toujours attachés à la terre : « Levez-vous, mes frères, « dit-il; quel est donc le malheur qui peut vous forcer « à dormir ainsi lorsque vous devriez veiller? » A peine peuvent-ils laisser échapper quelques paroles à travers les sanglots qui les suffoquent, et tous déclarent ignorer comment ce sommeil les a surpris. « Courage, reprend leur maître; remarquez avec soin « ce temps et cette heure; peut-être ce qui vient « d'avoir lieu est-il le précurseur de quelque autre « événement. » Sans doute, autant que je puis le croire, ce miracle désignait un saint pontife revêtu d'une des plus honorables dignités de l'Église, que le chœur des anges transportait dans le royaume des cieux. Et en effet, chose vraiment miraculeuse! dans le temps où le saint prêtre eut cette vision mourut le célèbre Boniface, tandis qu'il s'efforçait de courber au joug de la doctrine du Christ les cœurs de fer des Frisons, et de frayer à ce peuple la route du ciel. Cette nation, hélas! profondément gangrenée, immola ce saint homme si capable de guérir le mal qui la dévorait, et lui ouvrit par cette mort les portes du royaume d'en haut. En montant au ciel avec deux compagnons de son martyre, il voulut, Vierge sainte, visiter ton temple.

O toi dont les cieux admirent tant la haute vertu, dont le pouvoir est si grand sur la terre, et qui as été jugé digne de donner naissance au Sauveur du monde; toi dont l'autel a si souvent entendu ma respectueuse prière, accorde-moi ton secours, quelque faibles que soient mes mérites, et mets un terme à mon exil; et si les gloires de ce monde continuent de me fuir et de m'être cruelles, souffre, pieuse Vierge, que, sous ta conduite, je m'élève jusqu'aux sphères célestes.

Ermold, exilé, indigent et malheureux, t'offre, César, cet essai de sa lyre grossière et discordante; faute d'autres dons à te faire, il met ces misérables vers aux pieds de ta toute-puissance, et dans sa pauvreté il n'a que des chants à te présenter. Puisse le Christ qui tient dans sa main les cœurs des rois, les comble de sa grâce, tourne comme il lui plaît leurs pensées, qui a particulièrement fait fleurir dans le tien toutes les vertus, et l'a rempli de la plus éminente piété, t'inspirer, illustre monarque, de jeter un œil favorable sur ma misère, et de prêter une oreille bienveillante à mes supplications! Peut-être la vérité de mes paroles pourra-t-elle te convaincre que je suis moins coupable que tu ne crois du crime qu'on m'impute. Ne crois pas cependant que je cherche à m'excuser de la faute qui m'a précipité dans un cruel exil; je me contente de demander que cette clémence sans bornes qui remet à tant de criminels les châtimens qu'ils ont encourus, daigne se souvenir de l'exil dans lequel je languis. Et toi, belle Judith, digne épouse d'un tel prince, toi qui t'assieds à si juste titre avec lui au faîte de l'Empire, accorde ta protection à ma disgrâce, console un malheureux froissé par la douleur ; relève-moi dans ma chute, brise les fers d'un coupable, et puisse le Dieu qui tonne du haut des cieux, vous conserver tous deux, et vous combler de grandeurs, de richesses, d'honneurs et d'amour pendant de longues années !

FIN DU POÈME D'ERMOLD LE NOIR.

# ANNALES
## DE
# SAINT-BERTIN.

# NOTICE

SUR

## LES ANNALES DE SAINT-BERTIN.

Après la mort de Louis-le-Débonnaire, de Charles-le-Chauve à Louis v, l'histoire de France est encore plus confuse et plus obscure que dans le dernier siècle de la race mérovingienne. La vaste étendue de l'empire de Charlemagne ne fit qu'agrandir le chaos. Le nombre et la mobilité des partages qui en furent faits entre ses descendans, la fréquente similitude de leurs noms, l'enchevêtrement de leurs États, la nullité de leur pouvoir dans la plupart des pays qu'ils étaient censés posséder, leurs continuels efforts pour se ravir réciproquement des provinces ou des royaumes qu'ils occupaient un moment pour les perdre aussitôt après, les progrès de l'indépendance féodale sans que pourtant les fiefs fussent encore des possessions stables et bien déterminées, tout concourt à détruire, dans cette histoire, toute clarté, toute unité; et rien n'est plus difficile que de concevoir nettement quelle était alors la situation relative de tant de souverains et de peuples, ou d'en suivre, à travers tant d'événemens sans résultat, les innombrables vicissitudes.

Les historiens modernes se sont appliqués à porter quelque lumière dans ces ténèbres, quelque ordre dans cette confusion. Ils en ont extrait les faits les plus importans pour les grouper autour des principaux noms propres et les distribuer dans un récit méthodique. Il le fallait bien pour faire une histoire qui pût, sans trop de fatigue, être comprise et retenue par les lecteurs. Mais de là résulte, dans leurs ouvrages, un mensonge peut-être inévitable. Les temps qui y sont décrits, les événemens qui y sont racontés s'y présentent sous une forme beaucoup trop nette et trop régulière. Vainement l'écrivain parle du désordre qui régnait alors, de la mobilité des possessions, du démembrement de la souveraineté, de la nullité des princes; ses réflexions nous entretiennent du chaos, et il s'est efforcé de le bannir de ses récits; il répète sans cesse que tout était confus, obscur, désordonné, et il travaille à tout éclaircir, à tout arranger avec quelque régularité; en sorte qu'il détruit, pour ainsi dire, d'une main ce qu'il fait de l'autre, et que plus il réussit à rendre l'histoire claire et facile à suivre, moins il nous donne une idée juste du temps et de l'état de la société.

Les historiens contemporains n'ont point ressenti cet embarras ni tenté ainsi des efforts contradictoires ; il leur eût été impossible de saisir l'ensemble des événemens qui se passaient sous leurs yeux, de les classer selon leur importance, de les rattacher à un centre commun et d'en composer une narration bien ordonnée ; tous moyens leur manquaient pour une telle œuvre, et la plupart d'entre eux n'en ont pas même conçu l'idée. Le désordre du temps a passé dans leurs écrits ; ils nous ont transmis les faits comme ils les avaient vus ou recueillis, c'est-à-dire pêle-mêle, s'assujétissant à peine à un faible lien chronologique, interrompant le récit incomplet d'une guerre pour parler de la querelle d'un évêque avec son métropolitain ou des délibérations d'un concile sur quelque point de dogme ou de discipline qu'ils indiquent sans l'expliquer, laissant là le concile assemblé pour raconter une incursion de quelque bande de Normands, passant tout à coup des désastres des Normands aux négociations des rois, des négociations des rois à la révolte de quelque duc ou aux débats de quelques comtes, jetant çà et là un miracle, une éclipse, l'état de l'atmosphère, les ravages des loups dans les campagnes, ne prenant nul soin de rien éclaircir, de rien arranger, étrangers enfin à tout travail de composition, à toute suite dans le récit, livrant seulement à leurs lecteurs tous les renseignemens qu'ils ont pu recueillir du fond de leur monastère, et aussi confus, aussi dépourvus d'enchaînement et de régularité que l'étaient alors les actions des hommes et les affaires du monde.

Ce n'est point dans de tels ouvrages qu'on peut commencer à apprendre l'histoire, car il faut l'y chercher laborieusement, l'en exhumer, pour ainsi dire, pièce à pièce, remettre chacune à sa place, et reconstruire ce passé dont les monumens ne nous offrent que des ruines. C'est là ce qu'ont fait les historiens modernes, et c'est seulement après les avoir lus, après avoir bien démêlé, dans leurs livres, la série des principaux faits et la situation des principaux acteurs, qu'on peut aborder avec fruit la lecture des historiens contemporains. Mais alors aussi ces derniers sont indispensables à qui veut vraiment savoir l'histoire ; eux seuls font comprendre, par le caractère même de leurs écrits, l'état réel de la société ; eux seuls, quand la science a fait son œuvre, contraignent l'imagination à faire aussi la sienne en se replongeant dans le chaos qu'ils reproduisent fidèlement. Sans les travaux des modernes, peu de lecteurs prendraient la peine de rechercher eux-mêmes, dans ces récits du temps, les membres épars du squelette de l'histoire; sans la lecture des contemporains, cette histoire ne serait, pour la plupart des lecteurs, qu'un squelette sans vie.

Des chroniques du neuvième siècle, les *Annales de Saint-Bertin* sont peut-être celle à laquelle ceci s'applique avec le plus d'exactitude. Elles portent ce nom, non qu'un moine de Saint-Bertin les ait rédigées, mais parce que le manuscrit en fut trouvé dans ce monastère par le père Rosweid, jésuite, qui en fit faire une copie publiée, pour la première fois, par Duchesne, dans le tome 3ᵉ de sa *Collection des Historiens français*. Elles ont été réimprimées depuis, avec des variantes et quelques additions empruntées à d'autres manuscrits, dans plusieurs collections analogues, entre autres dans celle de Dom Bouquet. Dans leur ensemble, elles s'étendent de l'an 741 à l'an 882, mais sont composées de diverses parties qui ne sont évidemment ni de la même main ni d'une égale valeur. La première partie, de l'an 741 à l'an 814, est transcrite mot à mot des *Annales* dites *de Loisel*; la seconde, de l'an 814 à l'an 830, répète les *Annales d'Eginhard*; la troisième, de l'an

830 à l'an 836, est l'ouvrage d'un anonyme. Ces trois parties n'offrent aucun caractère qui indique qu'elles aient été rédigées par quelque contemporain, et ne contiennent rien d'ailleurs qui ne se trouve, avec plus de détails et sous une forme plus intéressante, dans d'autres écrits, surtout dans ceux que nous avons déjà publiés. Il n'en est pas ainsi de la quatrième et de la cinquième parties; la question de savoir quels en sont les auteurs a donné lieu à de longs débats; mais, en hésitant sur leur nom, on n'a jamais révoqué en doute qu'ils appartinssent au siècle même qu'ils racontent. Il est maintenant à peu près convenu que la quatrième partie, de l'an 836 à l'an 861, est l'ouvrage de saint Prudence, Espagnol d'origine, mais venu en France en bas âge, et mort évêque de Troyes en 861. La cinquième, qui va de l'an 861 à l'an 882, a été attribuée au célèbre Hincmar, archevêque de Rheims; et si elle n'est pas toute entière de sa main, on ne peut guère douter qu'elle n'ait été rédigée sous ses yeux et terminée par quelqu'un de ses élèves[1]. Nul homme,

---

[1] Cette double opinion a été établie, 1°. par deux lettres de M. Lévêque de La Ravalière, insérées dans le *Mercure* en 1736 et 1739; 2°. par une dissertation de l'abbé Lebeuf, intitulée : *Examen critique des trois dernières parties des Annales de Saint-Bertin, avec les preuves démonstratives que Prudence de Troyes*

comme on sait, n'a joué à cette époque, dans l'Etat et dans l'Eglise, un rôle plus actif et plus important qu'Hincmar.

Les quatre premières années de ces deux parties (de l'an 836 à l'an 840) sont les seules que nous ayons omis de traduire; elles ne contiennent que la répétition de ce qui se trouve dans les deux

est auteur de la pénultième partie, et Hincmar de Rheims auteur de la dernière ; et insérée dans ses *Dissertations sur l'Histoire de Paris* (1739), tom. 1, pag. 432—497. « Je serais volontiers de « cet avis, » dit Dom Bouquet dans sa préface du tome 7 de sa *Collection des Historiens français,* « si je n'étais arrêté par une
« grande difficulté; car je ne saurais me persuader que Prudence
« qui favorisait Gothescalc (Gottschalk)...... ait écrit ce qu'on en
« lit dans les *Annales de Saint-Bertin*, à l'an 849. Ayant décou-
« vert ma difficulté à M. l'abbé Lebeuf, et lui ayant objecté que les
« injures que l'Annaliste dit à Gothescalc ne pouvaient se concilier
« avec la protection que lui donnait Prudence, cet habile homme
« me répondit qu'il soupçonnait que l'original de Prudence était
« tombé, après sa mort, entre les mains d'Hincmar, et que cet
« endroit où il est parlé de Gothescalc, et qui avait été écrit autre-
« ment par Prudence, avait été interpolé par Hincmar et changé
« de la manière que nous le lisons présentement. Si cela était ainsi,
« j'embrasserais de tout cœur le sentiment de ce savant abbé, et je
« donnerais à Prudence cette partie des *Annales*. Pour ce qui est
« de la dernière partie, le style de l'auteur, son génie, son éru-
« dition sur les canons et les lois ecclésiastiques, son animosité
« contre Prudence et Gothescalc, et toutes les autres choses que
« détaille M. l'abbé Lebeuf, conviennent parfaitement à Hincmar.
« Mais ce qui est rapporté sur la fin de l'an 882, et qui paraît être
« du même auteur, ne peut guère convenir à Hincmar qui était
« près de mourir, s'il ne l'était pas déjà. Ainsi il faut attribuer
« cette partie à quelqu'un des amis ou des disciples d'Hincmar. »

*Vies de Louis-le-Débonnaire* par Thégan et par l'Astronome. Mais, à partir de l'an 840, les *Annales de Saint-Bertin* sont la chronique contemporaine la plus détaillée et la plus exacte qui nous reste sur le neuvième siècle; elles devaient donc nécessairement entrer dans notre Collection. Je n'ai rien à ajouter à ce que je viens de dire du caractère général des chroniques de cette époque; celle-ci est confuse comme toutes les autres, d'autant plus confuse peut-être qu'elle donne plus de détails sur certains faits, notamment sur les querelles qui agitèrent alors les Eglises de France. La lecture en serait donc quelquefois pénible pour quiconque ne connaîtrait pas déjà assez bien l'obscure histoire des successeurs de Louis-le-Débonnaire; mais tout lecteur muni de cette instruction préliminaire trouvera, dans les *Annales de Saint-Bertin*, beaucoup de renseignemens curieux, et une fidèle image du déplorable état d'un pays constamment en proie aux ravages des Normands, au chaos de la féodalité naissante, aux guerres de princes incapables et aux débats d'évêques ambitieux.

Nous avons ajouté aux *Annales de Saint-Bertin* un fragment qui s'étend de l'an 882 à l'an 903, et termine les *Annales de Metz*. L'auteur de cette dernière chronique, qui commence à l'origine de la monarchie française, était un moine de Saint-Arnoul de Metz, qui vivait encore au commencement du dixième siècle. Cette partie de son ouvrage est donc le récit d'un contemporain; elle ne manque pas d'intérêt et conduit jusqu'à la fin du neuvième siècle l'ouvrage de saint Prudence et d'Hincmar ou de son clerc.

F. G.

# ANNALES
## DE
# SAINT-BERTIN.

[840.] Lothaire, ayant appris la mort de son père, vint d'Italie dans la Gaule, et, transgresseur des lois de nature, orgueilleux du nom d'empereur, s'arma en ennemi contre ses deux frères, Louis et Charles, et les attaqua par les armes, tantôt l'un, tantôt l'autre. Cependant ses succès contre aucun des deux ne répondirent point à son insolence, et, après avoir négocié, il s'éloigna pour un temps de tous deux à certaines conditions; mais, dans la perversité de sa convoitise et de sa cruauté, il ne cessa de machiner contre eux, soit ouvertement, soit en secret.

[841.] Cependant Louis et Charles, l'un au delà, l'autre en deçà du Rhin, soumirent ou se concilièrent, soit par la force, soit par les menaces, soit par des dons, soit à certaines conditions, tous les hommes des pays qui leur étaient échus. Lothaire, pendant les jours du carême, s'avança contre Louis jusqu'à Mayence pour lui livrer combat; mais celui-ci faisant résistance, Lothaire demeura long-temps sans pouvoir traverser le fleuve. Cependant, par l'artifice et la perfidie d'aucuns du parti de Louis, Lothaire ayant passé, Louis se réfugia en Bavière. Un grand nombre des gens de Lothaire s'efforça aussi d'empêcher Charles de passer la Seine ; mais, par la prudence des forts et par le courage des prudens, il arriva de l'autre côté du fleuve. Charles les mit deux ou trois fois en fuite. Lothaire, apprenant la déroute des siens et l'arrivée de Charles, repassa le Rhin, et, ayant placé des gardes pour s'opposer à Louis, marcha contre Charles. Louis, se précipitant sur les troupes que Lothaire avait préparées contre lui, en mit une grande partie à mort et le reste en fuite ; puis il se hâta de s'avancer au secours de son frère Charles.

Cependant les pirates danois, venus des rives du Nord, firent irruption sur le territoire de Rouen, et, promenant partout la fureur du pillage, du fer et des flammes, livrèrent la ville, les moines et le reste du peuple au carnage et à la captivité, dévastèrent tous les monastères, ainsi que tous les autres lieux voisins de la Seine, ou les laissèrent remplis d'effroi, après en avoir reçu beaucoup d'argent.

Charles marcha ensuite, plein d'affection et de desir, à la rencontre de son frère Louis qui s'avançait vers lui ; et tous deux, unis dans la charité fraternelle, aussi bien que dans l'enceinte du même camp, dans leurs repas et conseils communs, adressèrent à leur frère Lothaire de fréquens messages sur le sujet de la paix, de la concorde, et du gouvernement général de leurs peuples et de leurs royaumes ; mais lui, se jouant sans cesse de leurs envoyés et de ses sermens, reçut d'Aquitaine Pepin, fils de son frère Pepin, mort depuis peu, et fit, au lieu dit Fontenaille, dans le pays d'Autun, des préparatifs de guerre pour enlever à ses deux frères leur portion héréditaire du royaume. Ses frères, ne pouvant le ramener à la paix et à l'union fraternelle, marchèrent contre lui, et le 24 juin, jour du samedi, ils le rencontrèrent au matin. Beaucoup tombèrent des deux parts; beaucoup furent mis en déroute, et Lothaire s'enfuit honteusement vaincu.

On massacrait de tous côtés les fuyards, lorsque Louis et Charles, brûlans de piété, ordonnèrent de cesser le carnage; bien plus, par l'intercession du clergé, ils s'abstinrent de poursuivre les fuyards loin du camp, et il fut donné charge aux évêques que le lendemain, jour auquel pour ce faire on campa dans le même lieu, ils missent les morts en la sépulture, selon qu'ils en trouveraient l'occasion.

Dans ce combat fut pris George, évêque de Ravenne, envoyé de la part de Grégoire, pontife romain, à Lothaire et à ses frères en vue de la paix, mais que Lothaire avait retenu, sans lui permettre d'aller trouver ses frères; on le renvoya chez lui avec honneur. Lothaire, se retirant, arriva à Aix, et là, pour pouvoir relever les combats, il s'efforça de se concilier les Saxons et les autres peuples voisins de ces frontières, permettant à cette fin aux Saxons qu'on appelle *Stelling*[1], et dont il se trouve un grand nombre parmi cette nation, de choisir entre les diverses lois et les coutumes des anciens Saxons, celle qui leur plairait le mieux. Toujours enclins au mal, ces gens aimèrent mieux se conformer aux rites des païens que de tenir les sermens qu'ils avaient prêtés à la foi du Christ. A Hérold qui, pour sa cause et au préjudice de son père, avait fait avec les autres Danois tant de maux aux pays maritimes, Lothaire

[1] Voir les *Mémoires de Nithard*.

donna pour ce service Walcheren et les lieux voisins, forfait digne de toute exécration que de soumettre les terres des Chrétiens, les peuples et les églises du Christ, à ceux de qui les Chrétiens avaient reçu du mal ; en sorte que les persécuteurs de la foi chrétienne devinssent les maîtres des Chrétiens, et que les peuples du Christ servissent les adorateurs du démon.

Louis soumit à sa domination, partie par terreur, partie par bienfaits, la plupart des Saxons, des Austrasiens, des Thuringiens et des Allemands. Charles, après avoir ordonné le pays de l'Aquitaine autant que le permit la condition des affaires, traversa la France par le Mans, Paris, Beauvais, et s'en alla au pays d'Hasbaigne, s'attachant les peuples par amour plus que par crainte. Comme Lothaire, après avoir passé le fleuve du Rhin, méditait d'attaquer Louis par les armes, déçu dans ses projets, il se tourna soudainement contre Charles, pensant le vaincre facilement lorsqu'il l'attaquerait séparé et éloigné de son frère Louis. Charles, revenu à Paris, passa le fleuve de la Seine, et s'opposa long-temps aux entreprises de Lothaire. Lothaire, empressé de passer le fleuve, remonta plus haut, et pénétra par le Hurepoix dans le pays de Sens, d'où, sans combat, il arriva au Mans; livrant tout au pillage, à l'incendie, aux outrages, aux sacrilèges, forçant partout au serment, sans arrêter même sa fureur sur le seuil des sanctuaires ; car il n'hésita pas à enlever tout ce qu'il put trouver des richesses qu'on avait déposées, pour les sauver, dans les églises ou dans leurs trésors, sous le serment des prêtres et des autres ordres de clercs; il força même au serment les saintes nonnes vouées au service de Dieu. Charles, après avoir passé un long temps à Paris, alla dans la ville de Châlons célébrer la fête de la Nativité du Seigneur.

[842.] De là il se rendit à Troyes, et, passant par le pays d'Axois[1] et la ville de Toul, il traversa les défilés des Vosges, et rejoignit son frère Louis dans la ville de Strasbourg. Lothaire, sans avoir rien fait pour lui ni pour les siens, après avoir ravagé les parties inférieures de la Gaule, repassa vers Paris le fleuve de la Seine, et retourna à Aix[2]. Il lui fâcha très-fort d'apprendre la jonction de ses frères. Charles et Louis, pour s'attacher fermement l'un à l'autre les peuples soumis à chacun d'eux, se lièrent mutuellement par un serment; leurs fidèles et leurs peuples se lièrent de même à tous deux par des sermens, en telle sorte que si l'un des deux frères machinait contre l'autre quelque dessein sinistre, tous abandonneraient l'auteur de la rupture, et tourneraient à celui qui aurait gardé l'amitié et fraternité.

Ces choses accomplies, ils envoyèrent vers Lothaire pour qu'il fît la paix; mais il ne voulut ni voir ni entendre leurs envoyés, et se prépara lui et les siens à marcher en armes contre ses frères. Lothaire, au palais de Sentzich construit à près de huit milles du fleuve de la Moselle, empêchant le passage du fleuve par les gardes qu'il avait disposés sur les bords, Louis avec ses vaisseaux, Charles avec sa cavalerie, parvinrent à Coblentz, et là, comme ils commençaient bravement à passer la Moselle, tous les gardes mis par Lothaire s'enfuirent au plus vite. Lothaire, épou-

---

[1] Entre Troyes et Bar-sur-Aube.
[2] Aix-la-Chapelle.

vanté de l'arrivée inopinée de ses frères, s'enfuit, ayant enlevé du palais d'Aix tant les trésors de Sainte-Marie que le trésor royal. Il fit mettre en pièces un plat d'argent d'une grandeur et d'une beauté merveilleuses, où brillaient ciselés toute la figure de la terre, l'aspect des astres et les principales constellations séparées par des espaces égaux. Il en distribua les parties aux siens, lesquels, bien qu'il les soudoyât d'un pareil salaire, l'abandonnaient en foule par compagnies; et, s'enfuyant par Châlons, après avoir célébré à Troyes la solennité de Pâques, il prit le chemin de Lyon. Louis célébra cette fête à Cologne, et Charles dans le palais de Herstall, et, cessant pour un temps de poursuivre leur frère, ils recueillirent tous les hommes de ces pays qui venaient se réfugier autour d'eux. En ayant amassé un grand nombre, ils commencèrent à marcher après lui à petits pas; car Lothaire, bien qu'à contre-cœur, se travaillant pour obtenir de nouer avec ses frères un lien de paix, leur envoya des messagers auxquels il avait beaucoup de confiance. On choisit pour cette négociation le voisinage de la ville de Mâcon; on s'en approcha de l'un et de l'autre côté, et, les deux camps étant séparés par la Saône, les deux partis vinrent et se réunirent en un commun colloque dans une certaine île du fleuve. On s'y demanda et on s'y accorda mutuellement pardon des choses faites par le passé; ils se jurèrent les uns les autres paix et fraternité véritable, et arrêtèrent de faire un partage exact et égal de tout le royaume au commencement d'octobre, dans la ville appelée Metz.

En ce temps une flotte des Normands se rua tout à coup au point du o ur dans le pays d'Amiens, pillant, mettant en captivité, ou tuant les personnes des deux sexes, en sorte qu'ils ne laissèrent rien que les édifices rachetés à prix d'argent. Aussi les pirates Maures, apportés par le Rhône près de la ville d'Arles, ravagèrent impunément de côté et d'autre et s'en retournèrent leurs vaisseaux chargés de dépouilles.

Charles passa de Mâcon en Aquitaine, et, l'ayant parcourue, ne manqua point de se rendre au temps et lieu de l'assemblée dont on a parlé. Lothaire reçut à Trèves des envoyés des Grecs, et les ayant congédiés, il résida durant le temps de cette assemblée dans le palais qu'on nomme Thionville.

Louis ayant parcouru toute la Saxe, dompta tellement par terreur tous ceux qui avaient jusqu'alors résisté à lui et aux siens, que s'étant rendu maître de ceux qui avaient commis une telle impiété que d'abandonner la foi chrétienne et résisté si fort à lui et à ses fidèles, il en condamna cent quarante à avoir la tête tranchée, quatorze furent suspendus au gibet, une quantité innombrable furent rendus incapables par l'amputation de quelques membres, et il n'en resta aucun en état de révolte.

Cependant les Bénéventins, se querellant les uns les autres, invitèrent les Sarrasins d'Afrique qui, d'abord auxiliaires, mais tournés ensuite en violens oppresseurs, s'emparèrent par la force de plusieurs de leurs villes.

Charles s'étant rendu au mois d'octobre à la ville de Worms, s'y réunit à son frère Louis. Ils y demeurèrent long-temps ; des messagers passèrent et repassèrent alternativement entre eux et leur frère Lothaire; et ayant long-temps discuté le partage du royaume, on convint de choisir dans tous leurs États trois cents délégués chargés de décrire avec soin tout le royaume pour que, d'après leur description, les trois frères en fissent entre eux le partage égal et irrévocable. Ce choix fait, Louis retourna en Germanie et Lothaire demeura dans les parties moyennes du royaume des Francs. Charles venant au palais de Quierzy, y prit pour femme Hermentrude, nièce du comte Adalhard, et se rendit à la ville du Vermandois, bâtie en mémoire de saint Quentin martyr, pour y célébrer la fête de la nativité et de l'avénement de Notre-Seigneur. Il y eut en ce temps un tremblement de terre dans les Gaules inférieures.

[843.] Lothaire et Louis vivaient en paix, chacun dans les confins de son royaume. Charles parcourut l'Aquitaine; tandis qu'il y était établi, le breton Noménoé et Lambert [1], qui lui avaient récemment retiré leur foi, tuèrent Renaud duc de Nantes et firent plusieurs prisonniers. De là s'élevèrent sans interruption tant et de si grands maux que des brigands ravageant tout de côté et d'autre en beaucoup de lieux de la Gaule, des hommes furent forcés de mêler de la terre avec un peu de farine pour s'en faire du pain et le manger. Un très-exécrable et déplorable fait, c'est qu'aux chevaux des ravisseurs abondait la pâture, tandis qu'aux hommes manquaient même ces morceaux de pain mêlés de terre.

Des pirates Normands arrivés dans la ville de Nantes, après avoir tué l'évêque et beaucoup de clercs et de

---

[1] Comte de Nantes sous Louis-le-Débonnaire, et qui avait passé aux Bretons.

laïcs sans distinction de sexe et avoir pillé la ville, allèrent dévaster les parties inférieures de l'Aquitaine ; enfin arrivés dans une certaine île, ayant fait venir de la terre, ils firent des maisons pour hiverner, et s'y établirent comme en une perpétuelle demeure.

Charles alla trouver ses frères, et ils se réunirent à Verdun, où, le partage fait, Louis reçut pour sa portion tout ce qui est au-delà du Rhin, et en deçà du Rhin Spire, Worms, Mayence et leur territoire; Lothaire, ce qui est entre l'Escaut et le Rhin jusqu'à la mer, et de l'autre côté le Cambrésis, le Hainaut et les comtés qui les avoisinent en deçà de la Meuse jusqu'au confluent de la Saône, du Rhône, et le long du Rhône jusqu'à la mer, ainsi que les comtés contigus; Charles eut tout le reste jusqu'à l'Espagne. Après s'être fait serment, ils se séparèrent.

En ce temps les Bénéventins, d'accord entre eux, chassèrent avec l'aide de Dieu les Sarrasins de leur pays.

[844.] Hiver très-mou jusqu'au commencement de février, varié par quelques intervalles de beau temps. Bernard comte de la Marche d'Espagne, qui méditait depuis long-temps de grands projets et aspirait au plus haut rang, fut déclaré, du jugement des Francs, coupable de lèze majesté, et subit en Aquitaine par l'ordre de Charles la sentence capitale. Grégoire pontife de l'Église romaine mourut, et Serge fut mis en sa place dans ce même siége. Après sa consécration à la chaire apostolique, Lothaire envoya à Rome son fils Louis avec Drogon, évêque de Metz, pour régler qu'à l'avenir, à la mort de l'apostolique [1], aucun autre ne

---

[1] C'est le nom que donnent au pape la plupart des chroniques latines de ce temps. Nous le lui conserverons dans celle-ci.

fût consacré sans ses ordres et la présence de ses envoyés ; ils furent reçus à Rome avec beaucoup d'honneur, et, cette affaire terminée, le pontife romain donna à Louis l'onction qui le consacra roi et le décora du diadême. Il nomma l'évêque Drogon son vicaire dans les Gaules et la Germanie. Siginulphe, duc de Bénévent, se mettant avec tous les siens sous la puissance de Lothaire, se fit redevable envers lui d'un tribut de cinq mille pièces d'or ; ce qu'apprenant ceux des Béneventins qui tenaient auparavant un autre parti, ils se réunirent à Siginulphe et s'efforcèrent de chasser hors de leurs frontières le reste des Sarrasins.

Lambert avec les Bretons attaqua et tua au pont de la Mayenne quelques-uns des marquis de Charles. Pepin, fils du feu roi Pepin, attaqua dans le pays d'Angoulême une armée de Francs allant trouver Charles, lequel assiégeait la ville de Toulouse ; il la défit si promptement et sans perdre aucun des siens, que les premiers ayant été tués, et les autres prenant la fuite avant même d'avoir commencé à combattre, il s'en échappa à peine un petit nombre ; il prit les autres, ou, après les avoir dépouillés et obligés au serment, il leur permit de retourner chez eux. Dans cette attaque imprévue, furent tués Hugues prêtre et abbé, fils du défunt empereur Charlemagne, frère de Louis pareillement empereur, et oncle des rois Lothaire, Louis et Charles ; Richebot abbé et cousin des rois, c'est à savoir petit-fils de l'empereur Charles par une de ses filles, ainsi que les comtes Eckard et Ravan et plusieurs autres : furent pris Ebroïn évêque de Poitiers, Ragenaire évêque d'Amiens, l'abbé Loup et les deux fils du comte Eckard, ainsi que les comtes Lockhard, Guntard et Richwin, et aussi Engilwin et un grand nombre de nobles.

En ce temps le Breton Noménoé, dépassant insolemment les confins qui lui avaient été assignés à lui et à ses prédécesseurs, vint jusqu'au Mans, dépeuplant le pays en long et en large, mettant aussi le feu dans beaucoup d'endroits; mais là ayant appris que les Normands avaient fait irruption en dedans de ses frontières, il fut forcé de revenir.

Le roi Louis, entré dans les terres des peuples Germains et Esclavons, en reçut quelques-uns sous sa domination, en tua quelques autres, et, par force ou par douceur, se soumit presque tous les petits rois de ces pays-là. Les Normands, ayant assailli par les armes l'île de Bretagne en la partie surtout qu'habitent les Anglo-Saxons, et demeurés trois jours vainqueurs dans les combats, allèrent de côté et d'autre pillant, volant, tuant et usant du pays à leur plaisir. Cependant les trois frères, c'est-à-dire Lothaire, Louis et Charles, après de nombreux messages, passant alternativement de l'un à l'autre avec une amitié fraternelle, se réunirent au mois d'octobre à Thionville; et ensuite de quelques jours passés en conférences amicales et intimes, ils se confirmèrent la promesse de ne point manquer, dans le temps à venir, à la fraternité et charité, d'avoir en méfiance et en exécration tous les semeurs de discorde, et de rétablir dans leur intégrité les biens des églises hideusement dilapidés en raison des pressantes nécessités des temps et généralement donnés à des personnes incongrues, c'est-à-dire à des laïcs. Ils décidèrent d'envoyer en commun des messagers à Pepin, à Lambert et à Noménoé, afin que ceux-ci, faisant la paix, ne différassent pas de venir trouver leur frère Charles pour se conduire à l'avenir comme des fidèles obéissans; autrement ils leur annoncèrent qu'en temps opportun ils marcheraient à eux réunis en un puissant corps d'armée pour prendre vengeance de leurs infidélités.

Les Normands s'étant avancés par la Garonne jusqu'à Toulouse, pillèrent impunément le pays de tous côtés; quelques-uns, après l'avoir quitté, entrèrent dans la Galice et périrent, une partie par les arbalêtriers venus à leur rencontre, une partie surpris en mer par la tempête; mais quelques-uns d'entre eux pénétrant plus loin en Espagne, eurent de longs et rudes combats contre les Sarrasins : vaincus cependant ils se retirèrent.

[845.] Hiver très-rude. Les Normands, avec cent vaisseaux, entrèrent le 20 du mois de mars dans la Seine, et ravageant tout de côté et d'autre, arrivèrent sans résistance à Paris. Charles fit dessein d'aller à leur rencontre; mais prévoyant qu'en aucune façon les siens ne pourraient remporter l'avantage, il pactisa aucunement avec eux, et, par un don de sept mille livres, il les empêcha d'avancer et leur persuada de s'en retourner.

Le comte Fulrad et plusieurs autres gouverneurs des provinces de Lothaire se séparèrent de lui et s'emparèrent pour eux-mêmes de toutes leurs provinces. Eurich, roi des Normands, s'avança contre Louis en Allemagne avec six cents vaisseaux le long du fleuve de l'Elbe. Les Saxons vinrent à leur rencontre, leur livrèrent combat, et, par l'aide de Notre-Seigneur

Jésus-Christ, se rendirent vainqueurs; en se retirant, les Normands attaquèrent et prirent une ville des Esclavons.

Une grande disette consuma les pays intérieurs de la Gaule, au point que s'accroissant elle dévora beaucoup de milliers d'hommes. Charles étant venu à Fleury, lieu auquel se trouve situé le monastère de Saint-Benoît, à douze lieues de la ville d'Orléans, y reçut à foi et serment Pepin, fils de Pepin, lequel promit de lui demeurer fidèle à l'avenir tout ainsi qu'un neveu à son oncle, et, en tous ses besoins, lui prêter secours selon ses forces. Charles lui octroya la domination de toute l'Aquitaine, sauf Poitiers, Saintes et Angoulême; en sorte que tous les Aquitains qui jusqu'alors avaient tenu le parti de Charles commencèrent à s'attacher à Pepin.

Les anciennes querelles des Bénéventins et des Sarrasins se renouvelèrent, et ils retombèrent dans leurs discords. Les Normands redescendirent le cours de la Seine, et, retournant à la mer, pillèrent, dévastèrent et livrèrent aux flammes tous les pays de la côte. Mais quoiqu'en sa justice la bonté divine, grandement offensée de nos péchés, eût écrasé de tant de maux les terres et royaumes des Chrétiens, cependant, afin de ne donner lieu que les païens calomniassent plus long-temps impunément d'imprévoyance et d'impuissance le Seigneur tout-puissant et prévoyant, lorsqu'après avoir pillé et brûlé un monastère du nom de Saint-Bertin, ils s'en retournaient à leurs vaisseaux chargés de dépouilles, tellement furent-ils frappés de la justice divine ou aveuglés de ténèbres et de folie, qu'il ne s'en échappa qu'un petit nombre pour annoncer aux autres les voies du Dieu tout-puissant ; d'où l'on rapporte que l'ame de leur roi Eurieh fut changée, et il adressa à Louis, roi des Germains, des ambassadeurs touchant la paix, prêt à délivrer ses captifs et lui restituer, en tant qu'il le pourrait, ses trésors.

Lothaire, entré dans la Provence, la remit presque toute entière sous sa puissance. Les Danois qui, l'année précédente, avaient dévasté l'Aquitaine, revinrent assaillir les gens de Saintes, et, combattus par eux, les surmontèrent et s'établirent tranquillement en ce lieu. Charles marcha imprudemment des Gaules dans la Bretagne avec peu de monde, et, par l'adversité de fortune, vit toutes choses manquant aux siens, retourna en hâte au Mans, refit son armée, et se prépara à recommencer son attaque.

[846.] Les pirates danois viennent dans la Frise, y lèvent à leur gré des contributions, et, vainqueurs dans les combats, demeurent maîtres de presque toute la province. Durant tout le cours de l'hiver, et presque jusqu'au commencement du mois de mai, un vent d'aquilon frappa cruellement les vignes et les moissons ; des loups firent une incursion dans les parties inférieures de la Gaule et dévorèrent audacieusement les hommes ; dans l'Aquitaine, assemblés en corps d'armée jusqu'au nombre de trois cents et marchant en troupe, ils combattaient, dit-on, vaillamment et de commun accord ceux qui voulaient leur résister.

Charles, au mois de juin, tint, contre la coutume, dans la ville de Saint-Remi, du nom d'Epernay, une assemblée générale de son peuple, en laquelle pesèrent si légèrement les salutaires admonitions des évêques de son royaume touchant les affaires de l'église, qu'à peine lisons-nous que, depuis les temps des Chrétiens, on ait jamais à ce point mis de côté le respect de la dignité pontificale. En ces jours-là un certain esclave qu'on trouva s'accouplant avec une cavale fut, par le jugement des Francs, condamné à être brûlé vif. De là Charles marchant avec une armée contre le pays de Bretagne, la paix fut traitée entre lui et Noménoé, duc des Bretons, avec des sermens de part et d'autre. Au mois de mai de cette année, par l'abondance des pluies, une telle inondation se répandit dans la cité d'Auxerre que l'eau pénétrant en l'intérieur des murailles emporta dans l'Yonne des tonneaux remplis de vin; et, ce qu'il y eut de plus merveilleux, une vigne avec sa pièce de terre, les ceps, les sarmens, les arbres et tout, fut charriée par la rivière d'Yonne sans se briser en aucune manière, et replacée toute entière, ainsi qu'elle était, dans un autre champ, comme si elle y eût été naturellement.

Au mois d'août les Sarrasins et les Maures, arrivés à Rome par le Tibre, dévastèrent la basilique de Saint-Pierre, prince des apôtres, et emportèrent, avec l'autel placé sur la tombe du prince des apôtres, tous les ornemens et les trésors, puis allèrent occuper un mont fortifié à cent milles de la ville. Déjà quelques hommes de Lothaire avaient commencé sans scrupule à s'emparer de ces trésors; une partie de cette armée, allant à l'église du bienheureux apôtre Paul, fut vaincue par les gens de la Campanie et tout-à-fait détruite.

Louis, roi des Germains, marcha contre les Esclavons; mais accablé tant par les discordes intestines des siens que par la victoire des ennemis, il fut obligé de revenir. Louis, roi d'Italie, fils de Lothaire, combattit les Sarrasins, et, vaincu, parvint à peine à regagner Rome.

[847.] Des envoyés d'Abdirhaman, roi des Sarrasins, vinrent à Charles, de Cordoue en Espagne, pour lui demander de confirmer leur paix et alliance; il les reçut et congédia honorablement dans la ville de Rheims. Bodon qui, depuis quelques années, renonçant à la vérité du christianisme, s'était abandonné à l'infidélité des Juifs, crût en telle iniquité qu'il s'efforça d'exciter les cœurs des Sarrasins, tant peuples que rois, contre tous les Chrétiens qui habitaient l'Espagne, à telles fins que, délaissant la religion chrétienne, ils se convertissent aux croyances folles et insensées des Juifs ou des Sarrasins, ou qu'on les fît tous mourir sans y manquer. Sur quoi il arriva au roi Charles, et dans son royaume à tous les évêques, une requête lamentable de tous les Chrétiens de ce royaume pour leur demander d'obtenir dudit apostat qu'il cessât de tourmenter les Chrétiens habitant ce pays et de les faire mourir.

Les Danois viennent dans les parties inférieures de la Gaule habitées par les Bretons, et l'emportent trois fois sur eux dans les combats. Noménoé vaincu fuit avec les siens, puis, par des présens qu'il leur envoie, il écarte les Danois de son pays.

Le 27 janvier meurt Serge, pontife de Rome, et Léon est élu à sa place [1]. Les Sarrasins, chargés de l'amas des trésors qu'ils avaient emportés de la basi-

[1] Léon IV, pape de l'an 847 à l'an 855.

lique de l'apôtre saint Pierre, s'étaient efforcés de regagner leurs navires; mais tandis que, voguant sur les eaux, ils insultaient d'une langue empoisonnée Dieu, Notre-Seigneur Jésus-Christ et ses apôtres, voilà que tout à coup s'élève un inévitable tourbillon; les bâtimens se frappent l'un contre l'autre, et tous périssent. On trouva, dans les vêtemens des morts rejetés sur le rivage de la mer, quelques-uns de ces trésors qui furent rapportés à l'église du bienheureux apôtre saint Pierre.

Les Scotes [1], attaqués pendant plusieurs années par les Normands, furent faits tributaires. Les Normands s'emparèrent sans résistance des îles situées dans les environs et s'y établirent. Lothaire, Louis et Charles envoyèrent à Eurich, roi des Danois, des ambassadeurs, lui faisant savoir qu'il devait empêcher les siens d'infester les pays chrétiens, ou autrement ne faire aucun doute qu'ils iraient l'attaquer par les armes. En ce temps les Maures et les Sarrasins s'emparèrent de Bénévent, et ravagèrent le pays jusqu'aux confins du territoire de Rome. Les Danois se jetèrent sur les côtes de l'Aquitaine et les dévastèrent; ils attaquèrent long-temps la ville de Bordeaux. D'autres Danois s'emparèrent du port appelé Duersted et de l'île des Bataves. L'armée de Louis, roi des Germains, eut la fortune si prospère contre les Esclavons qu'il recouvra ce qu'il avait perdu l'année précédente.

[848.] Les Esclavons entrent en armes dans le royaume de Louis, mais par le nom du Christ ils en sont vaincus. Charles vient à la rencontre des Normands qui attaquaient Bordeaux et remporte vaillam-

[1] Les Écossais et aussi les habitans du nord de l'Angleterre.

ment sur eux la victoire. L'armée de Lothaire combat les Sarrasins qui s'étaient emparés de Bénévent, et demeure victorieuse. Les Danois, par la trahison des juifs d'Aquitaine, prennent la ville de Bordeaux, la dévastent et la brûlent. Les Aquitains, forcés par la mollesse et l'inertie de Pepin, s'adressent à Charles, et presque tous les plus nobles du pays réunis dans la ville d'Orléans avec les évêques et les abbés le choisissent pour roi. Il est oint du saint chrême et solennellement consacré par la bénédiction épiscopale. Des pirates grecs dévastent sans résistance la ville de Marseille en Provence, et se retirent impunément. Les Normands dépeuplent le bourg de Melle[1] et le livrent aux flammes. Les Scotes s'étant rués sur les Normands, et par le secours de Notre-Seigneur Jésus-Christ en demeurant vainqueurs, les repoussent de leurs frontières; après quoi le roi des Scotes envoie à Charles des ambassadeurs avec des présens pour lui demander paix et amitié, et le passage pour aller à Rome. Guillaume, fils de Bernard, s'empare plus par ruse que par force d'Ampurias et de Barcelone.

[849.] Lothaire et Charles, usant d'un meilleur conseil, retournent à la paix et concorde fraternelle. Dans la Gaule, durant la nuit qui suivit le 17 février, tandis que les clercs adressaient au Seigneur les prières de la nuit, il se fit un grand tremblement de terre; cependant aucun édifice ne fut renversé.

Un certain Gaulois, nommé Gottschalk, prêtre et moine du monastère d'Orbais dans la paroisse de Sois-

---

[1] Aujourd'hui chef-lieu d'arrondissement dans le département des Deux-Sèvres.

sons, enflé de sa science et adonné à de certaines superstitions, était allé en Italie sous couleur de religion. Honteusement chassé, il vint en Dalmatie, en Pannonie, dans le Norique, soutenant, sous le nom de prédestination, par des discours et écrits empoisonnés, certaines choses entièrement contraires au salut; confondu et convaincu dans le concile des évêques en présence de Louis, roi des Germains, il fut forcé de retourner dans le diocèse de sa ville métropolitaine, Rheims, gouvernée par le vénérable Hincmar, pour y recevoir le châtiment dû à son infidélité[1]. Charles, très-exact observateur de la religion, ayant convoqué l'assemblée des saints évêques desdits diocèses, ordonna qu'il fût amené en leur présence, et, y ayant été conduit, il fut publiquement flagellé et forcé de jeter au feu les livres de ses doctrines.

Louis et Charles, réunis dans la charité fraternelle, parurent tellement enchaînés des liens de l'amour du sang, que, s'embrassant publiquement, ils recommandèrent mutuellement leurs femmes et leurs enfans à celui des deux qui survivrait à l'autre.

Charles marche en Aquitaine. Le Breton Noménoé avec sa perfidie accoutumée s'empare d'Angers et des pays circonvoisins. Les Normands brûlent et dévastent Périgueux, cité de l'Aquitaine, et retournent impunément à leurs navires. Les Maures et les Sarrasins pillent en Italie la ville de Luna, et ravagent sans résistance toutes les côtes de la mer jusqu'à la Provence. Charles,

---

[1] *Quatenus illic dignum suæ perfidiæ....* Ici manquent, selon toute apparence, des mots que l'on a dû suppléer pour compléter le sens de la phrase.

fils de Pepin, après avoir quitté Lothaire, errant en Aquitaine pour tâcher d'y rejoindre son frère Pepin, est pris par les fidèles du roi Charles et conduit en sa présence. Sa perfidie envers son oncle et son père spirituel lui avait mérité la peine capitale, mais, par clémence, la vie lui fut conservée ; en sorte qu'au mois de juin, en une assemblée tenue à Chartres par le roi Charles, après les solennités de la messe, il monta dans la chaire de l'église et apprit à tous de sa propre bouche que, poussé par l'amour du divin servage et sans y être forcé par personne, il voulait se faire clerc. Il fut donc béni par les évêques là présens, et reçut la tonsure cléricale.

Louis, roi des Germains, attaqué de maladie, envoya son armée contre les Esclavons ; honteusement défaite, elle éprouva en périssant et en fuyant combien était dommageable pour elle l'absence de son chef. Charles entra en Aquitaine, et, favorisé du Christ, se soumit presque tous les peuples par les voies de la conciliation. Il ordonna aussi selon son plaisir de la Marche d'Espagne. Le Breton Noménoé se répandit en armes hors de son pays avec son insolence accoutumée.

[850] Guillaume, fils de Bernard, prend par trahison dans la Marche d'Espagne les comtes Aledran et Isambard, mais il est pris lui-même en trahison et tué à Barcelonne. Les Maures dévastent tout sans résistance jusqu'à Arles, mais en s'en retournant ils périssent repoussés par les vents contraires.

Lothaire envoie à Rome son fils Louis qui est reçu honorablement par le pape Léon et sacré empereur. Eurich, roi des Normands, est attaqué par deux de ses neveux qui lui livrent combat. Il fait la paix avec eux en leur donnant une part de son royaume, et Roric, neveu d'Hérold, qui avait dernièrement quitté le parti de Lothaire, prenant avec lui une armée de Normands, vient par le Rhin et le Wahal, avec une multitude de navires, dévaster la Frise, l'île des Bataves et les autres lieux voisins. Lothaire ne pouvant les vaincre les reçoit à serment, et leur donne Duersted et d'autres comtés. D'autres Normands viennent; ceux-ci dévastent Térouanne et d'autres pays maritimes; ceux-là vont dans l'île Bretonne attaquer les Angles qui en demeurent vainqueurs par le secours de Notre-Seigneur Jésus-Christ.

[851] Meurt le Breton Noménoé. Lothaire, Louis et Charles se rassemblent au palais de Mersen, où, après être demeurés fraternellement un petit nombre de jours, ils arrêtent, de l'avis et du consentement de leurs grands, et confirment en y apposant le monogramme de leur nom, les conventions suivantes:

Art. 1. « Soit mutuellement pardonné entre nous, à tous ceux qui les ont commis, tout ce qui s'est fait par le passé de maux, d'hostilités, d'usurpations, de machinations ennemies ou autres actions nuisibles; qu'ils soient entièrement effacés de nos cœurs, ainsi que toute malveillance et ressentiment, afin que, de ce moment, il ne demeure à l'avenir aucun souvenir de vengeance pour ces maux, hostilités ou affronts. »

Art. 2. « Qu'à compter de ce moment il existe entre nous, avec l'aide de Dieu, une telle bienveillance d'affection, de charité véritable, conservées d'un cœur pur, d'une conscience droite, d'une foi sans feintise, tromperie ou dissimulation, qu'aucun de nous ne convoite le royaume de l'un des autres ou ses fidèles, ou ce qui fait la sûreté, la prospérité et l'honneur de son règne, ni ne l'attaque par de mauvais conseils, ni ne consente à écouter les mensonges et les calomnies composées à plaisir par de secrets délateurs. »

Art. 3. « Chacun de nous aidera l'autre lorsqu'il sera nécessaire, et autant qu'il le pourra, de ses secours et de ses conseils, soit par lui-même ou par son fils, ou par ses fidèles, afin qu'il puisse dûment posséder son royaume, ses fidèles, la prospérité et la dignité royale, et que chacun d'eux fasse voir véritablement que le malheur de son frère, si malheur lui arrive, lui cause une tristesse fraternelle, et qu'il se réjouisse de sa prospérité; et avons arrêté de vivre, à compter de ce présent moment, en une telle foi les uns avec les autres que, si quelqu'un de nous meurt, ceux de ses frères qui lui survivront la conserveront à ses enfans. »

Art. 4. « Et comme la paix et la tranquillité des royaumes a coutume d'être troublée par des hommes qui errent de côté et d'autre sans rien respecter, nous voulons que, lorsque quelqu'un de cette sorte viendra à nous cherchant à se dispenser de faire raison et répondre en justice de ce qu'il a commis, aucun de nous ne le reçoive ni le retienne, si ce n'est pour l'engager à faire dûment raison et amende de ses actions; et s'il échappe à la justice qui lui est due, chacun de nous, lorsqu'il viendra dans son royaume, le poursuivra jusqu'à ce qu'il ait été obligé à faire réparation ou disparaisse du royaume. »

Art. 5. « La même chose doit avoir lieu lorsque quelqu'un aura été repris d'un évêque pour quelque crime capital et public, ou que sous le poids d'une excommunication il changera de royaume et de domination, afin de ne pas subir la pénitence qui lui est due, ou, qu'après l'avoir reçue, il se soustraira à son accomplissement légitime, et que cependant il emmènera avec lui, dans sa fuite, ou l'une de ses parentes liées avec lui par l'inceste, ou une religieuse, ou une femme enlevée, ou une adultère, ou quelque autre qu'il ne lui soit pas permis de garder avec lui. Lorsque l'évêque auquel appartient tel soin nous instruira de ces choses, le coupable sera diligemment recherché, afin qu'il ne trouve dans notre royaume aucun lieu pour y demeurer et se cacher, et n'infecte pas de son mal les fidèles de Dieu, aussi les nôtres ; mais il sera contraint par nous ou par les ministres de la république de retourner vers son évêque ainsi que la proie diabolique amenée avec lui, et de recevoir la pénitence due au crime qu'il a commis publiquement, ou, s'il l'a reçue, on le forcera de l'accomplir. »

Art. 6. « Nos fidèles seront, chacun en son ordre et rang, véritablement en sûreté de notre part, en telle sorte qu'à compter de ce moment, aucun d'eux ne condamnerons, déshonorerons ou opprimerons contre la loi et la justice, contre l'autorité et le droit légitime, ou ne tourmenterons par des manœuvres indues; et que, à savoir de ceux qui nous seraient vrais fidèles, nous prendrons le consentement en assemblée générale selon la volonté de Dieu, et pour le salut de tous, en toutes choses relatives au rétablissement de la sainte Église de Dieu et de l'état du royaume, à l'honneur de la royauté et à la tranquillité des peuples qui nous sont commis ; afin que non-seulement ils ne nous veuillent point contredire ou résister dans l'exécution de ces choses, mais nous soient encore fidèles et obéissans, et nous prêtent de bonne foi l'aide et coopération de leurs avis véritables et sincères secours, pour accomplir les choses dont nous venons de parler, ainsi qu'il est du devoir de chacun des princes et seigneurs en son ordre et rang. »

Art. 7. « De même qu'entre nous et nos frères réciproquement, et nous avec nos fidèles et nos fidèles avec nous, nous nous réconcilions tous ensemble avec Dieu, et pour qu'il nous devienne propice, lui présentons en dévote offrande chacun l'aveu de nos fautes sans nous excuser ou justifier, en quelle occasion nous déclarerons devant tous et en détail ce que nous avons fait ou consenti chacun en particulier ou en commun contre ses ordres et décrets, relativement aux affaires de l'Église ou à celles de l'État; et aucun de nous n'épargnera charnellement ni son ami, ni son parent, ni son allié, ni surtout soi-même, afin de pouvoir être épargné spirituellement et dans l'ordre du salut; et, comme nous l'avons déclaré dans le précédent article, nous nous appliquerons de toutes nos forces et en commun à réparer le mal par de véritables avis et secours sincères, autant qu'il sera raisonnablement en notre pouvoir. »

Art. 8. « Et si quelqu'un des sujets, de quelque ordre et rang que ce soit, manque à cette convention ou s'en retire, ou s'oppose à ce décret commun, les seigneurs, avec l'aide de leurs véritables fidèles, l'exécuteront selon la volonté de Dieu et la loi et le droit légitime, soit que le veuille ou non celui qui s'opposera et contredira aux conseils et décrets divins et à cette convention. Et si quelqu'un des seigneurs manque à cette convention ou s'en retire, se réuniront en une assemblée plusieurs des seigneurs, nos fidèles et les premiers du royaume ; et alors, de l'avis de ceux des seigneurs qui auront observé les présentes conventions, ainsi que d'après le jugement et du commun consentement des évêques, nous déciderons avec l'aide de Dieu ce qui devra être fait envers celui qui, dûment averti, aura persévéré dans une incorrigible résistance. Et afin que les capitulaires ci-dessus soient fermement et inviolablement observés par nous avec la grâce de Dieu, comme aussi afin que vous croyiez assurément que nous les observerons, nous les avons souscrits de notre propre main. »

Après ceci, les pirates danois ravagèrent la Frise et la Batavie, et s'étant répandus furieusement jusqu'au monastère de Saint-Bavon appelé Gand, ils mirent le feu à ce monastère ; ils vinrent à la ville de Rouen et poussèrent à pied jusqu'à Beauvais ; après l'avoir brûlée et s'en retournant ils furent arrêtés par les nôtres et en partie détruits.

Hérispoé, fils de Noménoé, vint trouver Charles, et lui ayant donné les mains, en fut accepté et reçut de lui, dans la ville d'Angers, tant les habits royaux que la domination des États de son père auxquels furent ajoutés Rennes, Nantes et Retz.

Les Sarrasins possédaient tranquillement Bénévent et d'autres cités. Le roi Louis dévasta presque tout le pays des Esclavons, et les soumit à sa puissance. L'apostolique Léon, craignant l'irruption des Sarrasins, fortifia d'une muraille l'église de Saint-Pierre, et, conduisant cette muraille jusqu'à la cité, rendit l'église contiguë à la ville de Rome.

[852.] Les Normands arrivent dans la Frise avec deux cent cinquante-deux navires ; après avoir reçu beaucoup d'argent, ils s'en vont ailleurs comme ils en ont décidé.

Les Maures, par la trahison des Juifs, prennent Barcelonne ; après avoir tué presque tous les chrétiens et dévasté la ville, ils se retirent impunément. Charles ayant invité Lothaire à un colloque en la ville du Vermandois, illustrée par le corps de saint Quentin martyr, le reçut fraternellement, le traita honorablement, et lui fit des présens royalement ; et, lorsqu'il s'en retourna, le reconduisit bénignement.

Lambert et Garnier [1], frères, principaux auteurs des discordes, périrent, l'un dans un piége, l'autre par un jugement. Le Breton Salomon se fit un des fidèles de Charles, et reçut en don le tiers de la Bretagne. Sanche, comte de Gascogne, prit Pepin, fils de Pepin, et le conduisit devant Charles. Charles l'ayant conduit prisonnier en France, et après un colloque avec Lothaire, ordonna qu'il fût tondu et renfermé au monastère de Saint-Médard, dans la ville de Soissons.

Louis, fils de Lothaire, allant à Bénévent, attaque la ville de Bari, et, le mur ouvert, abandonne, mal conseillé, ce qu'il avait commencé ; car ses conseillers lui ayant dit qu'il y avait en la ville une bonne partie de trésors dont il serait frustré s'il donnait licence à tous d'entrer de tous côtés, il rentra en son camp, défendant à tous les siens de faire irruption

---

[1] Anciens comtes de Nantes qui avaient pris part aux ravages des Bretons, et quelquefois même des Normands.

dans la ville. Ceux-ci s'étant retirés, les Maures, durant la nuit, garnirent de travées la brèche faite à leurs murailles, de sorte que le lendemain matin, quand les ennemis viendraient, ils n'eussent rien à en redouter. La brèche étant donc réparée à grand travail, Louis avec son armée retourna chez lui.

Abdirhaman, roi des Sarrasins, résidant en Espagne, meurt à Cordoue, et son fils succède à son royaume. Godefroi, fils du danois Hérold, autrefois baptisé à Mayence sous le règne de l'empereur Louis, fait défection de Lothaire, et va trouver les siens; ensuite de quoi, ayant assemblé une puissante troupe, il vient attaquer la Frise avec une multitude de vaisseaux, puis entre enfin dans les territoires voisins du fleuve de l'Escaut. Lothaire et Charles marchent contre lui avec toute leur armée, et assiégent les deux rives du fleuve.

[853.] Durant ce siége ils célèbrent la fête de la Nativité du Seigneur ; mais ceux du parti de Charles ne voulant pas se battre, on se retire sans avoir rien fait. Charles s'attache Godefroi par des traités. Les autres Danois demeurent en ce lieu, sans aucune crainte, jusqu'au mois de mars, et d'autant plus furieusement que plus librement ils pillent, brûlent et mettent en captivité.

Lothaire tient sur les fonts sacrés la fille de Charles, et peu de jours après part pour retourner chez soi.

Les Danois, au mois de juillet, quittent la Seine, vont sur la Loire, et dévastent la ville de Nantes, le monastère de Saint-Florent et les lieux voisins. Charles, au mois d'avril, rassemble à Soissons, dans le monastère de Saint-Médard, un synode d'évêques ; et lui-même, présidant ce synode, fait dégrader par jugement des évêques deux prêtres moines de ce monastère, qui avaient fait dessein d'enlever Pepin, et de s'enfuir avec lui en Aquitaine. Hincmar, évêque de Rheims, par le jugement du synode, dépose tous les prêtres diacres et sous-diacres de son église, ordonnés par Ebbon depuis sa déposition. Pepin prête à Charles serment de fidélité, et prend ensuite l'habit de moine, promettant d'observer les règles selon la manière et coutume des moines. Charles, venant à Quierzy avec certains évêques et abbés de moines, porte quatre capitulaires corroborés de sa propre signature, dont le premier déclare « que personne n'a été prédestiné « de Dieu au châtiment; que Dieu n'a qu'une seule « prédestination appartenant au don de la grâce ou à « la rétribution de la justice. » Le second, « que le « libre arbitre, perdu jadis par nous, nous est rendu « par l'aide et la grâce prévenante du Christ. » Le troisième, « que Dieu a voulu sauver généralement « tous les hommes, bien que tous ne soient pas sau-« vés. » Le quatrième, « que le sang du Christ a été « répandu pour tous, bien que tous ne soient pas ra-« chetés par le mystère de la passion. »

Presque tous les Aquitains abandonnent Charles, et font passer à Louis, roi de Germanie, des envoyés avec des otages pour se donner à lui. Ce même Louis s'irrite violemment contre Charles à cause de certaines conditions convenues entre lui et Charles dans les temps de trouble [1]. Les Wénèdes manquent de foi à Louis avec leur perfidie accoutumée. L'empereur Lothaire, ayant perdu depuis deux ans sa femme, la

---

[1] Il faut probablement ajouter : *Et que Charles n'avait pas observées.*

très-chrétienne reine Hermengarde, avait fait entrer dans son lit deux servantes d'une de ses maisons royales, l'une desquelles, nommée Doda, lui avait donné un fils qu'il fit appeler Carloman. Il lui naquit d'autres fils de semblables adultères. Les pirates danois, passant pour aller dans les parties supérieures du pays de Nantes, viennent impunément à la ville de Tours le 8 novembre, la brûlent, ainsi que l'église de Saint-Martin et les lieux adjacens; mais la chose ayant été sue d'avance avec une évidente certitude, on avait transporté le corps de saint Martin à Cormery, monastère de cette église, et de là dans la cité d'Orléans.

Les Bulgares, s'étant alliés aux Esclavons, et, à ce qu'on rapporte, invités par nos présens [1], attaquèrent violemment Louis, roi de Germanie; mais Dieu combattant avec lui, il remporta la victoire. Les Grecs cependant s'élevèrent contre Louis, roi d'Italie et fils de Lothaire, parce qu'ayant fiancé la fille de l'empereur de Constantinople, il différait d'accomplir le mariage.

Les Romains, pressés par les incursions des Maures et des Sarrasins, se plaignent à l'empereur Lothaire de ce qu'il néglige tout-à-fait de les défendre.

[854.] Charles, soupçonnant la foi de son frère Louis, vint trouver Lothaire dans le pays de Liége, où, après avoir long-temps traité des conditions d'une alliance mutuelle et indissoluble, ils la conclurent en présence de tous les assistans, la jurèrent sur les choses saintes, se recommandant réciproquement leurs fils, leurs grands et leurs royaumes. Cependant Louis, fils adolescent de Louis, roi des Germains, demandé

[1] Les présens de Charles-le-Chauve.

à son père par les habitans de l'Aquitaine, passe la Loire, et est reçu de ceux qui venaient le chercher.

Charles fait au temps du carême un voyage en Aquitaine, et y demeure jusqu'au temps des fêtes de Pâques, et de tout son pouvoir pille, brûle et réduit en captivité tous les habitans de ce pays, sans que son audace et sa cupidité s'arrêtent, même aux églises et autels de Dieu.

Lothaire, sur le Rhin, confère avec son frère Louis touchant une union fraternelle avec Charles. Après s'être piqués mutuellement par des discours pleins d'aigreur, ils se remettent d'accord, et s'unissent d'un lien de paix; de quoi Charles, grandement inquiet, revient d'Aquitaine sans avoir rien terminé, et convie Lothaire à son palais d'Attigny. Là, s'étant réunis, ils confirmèrent ce qu'ils avaient conclu dernièrement.

Les Danois qui habitaient sur la Loire viennent jusqu'au château de Blois et le brûlent, voulant ensuite poursuivre jusqu'à Orléans pour en faire de même; mais Agius, évêque d'Orléans, et Burchard, évêque de Chartres, ayant préparé contre eux des soldats et des vaisseaux, ils abandonnent leur dessein, et regagnent la Loire inférieure. D'autres pirates danois dévastent la Frise dans les parties voisines de la Saxe. Lothaire et Charles adressent à leur frère Louis des envoyés touchant la paix et concorde, et pour qu'il rappelle son fils d'Aquitaine. Charles retourne en Aquitaine. Pepin, fils de Pepin, qui, tondu au monastère de Saint-Médard, y avait pris l'habit de moine et fait serment de demeurer, vient en Aquitaine, où la plupart des peuples courent se réunir autour de lui.

Le roi Charles, s'inquiétant peu de Pepin, force son neveu Louis qui était venu en Aquitaine, de retourner en Germanie vers son père. Charles, frère de Pepin, déjà ordonné diacre, quitte le monastère de Corbie. Le roi Charles consacre son fils Carloman à la tonsure ecclésiastique. Les Danois se livrent entre eux des combats intestins, et enfin, en trois jours d'une bataille furieuse et obstinée, sont tués le roi Eurich et plusieurs autres de leurs rois, et périt presque toute leur noblesse. Les pirates normands, habitant sur la Loire, incendient de nouveau la ville d'Angers.

[855.] Lothaire donne toute la Frise à son fils Lothaire; en sorte que Roric et Godefroi retournent dans le Danemarck leur patrie, espérant y obtenir la puissance royale. Lothaire tombe malade, ce qui donne occasion à ses frères Louis et Charles de rétablir entre eux la concorde. Les Normands s'emparent de Bordeaux, cité d'Aquitaine, et parcourent à leur gré le pays de côté et d'autre. Charles, à la demande des Aquitains, désigne pour leur roi son fils Charles. Charles reçoit aussi honorablement Edelwolf, roi des Anglo-Saxons [1], dans son passage pour Rome, lui rend tous les honneurs royaux, et le fait conduire jusqu'aux confins de son royaume avec les hommages dignes d'un roi. Lothaire se plaint de Charles à l'occasion des soupçons qui s'élèvent sur sa foi. Beaucoup d'opinions contraires à la foi catholique s'élèvent en effet dans le royaume de Charles, et non pas à son insu.

Au mois d'août, étant décédé Léon, évêque du

[1] De 837 à 858.

siége apostolique, Benoît lui succède [1]. Dans ce même mois, on vit du côté de l'occident deux étoiles, l'une plus grande et l'autre moindre, s'avancer vers l'orient; dix fois elles parurent tour à tour, jusqu'à ce que la plus grande demeura, et la plus petite ne se montra plus nulle part. L'empereur Lothaire, saisi de maladie et désespérant de sa vie, se rendit au monastère de Pruym dans les Ardennes. Là, renonçant entièrement au monde et à son royaume, il fut tondu, et prit humblement l'habit et la vie de moine. Il partagea son royaume entre ceux de ses fils qui étaient demeurés auprès de lui. Lothaire, qui portait le même nom que lui, eut la France, et Charles la Provence. Il décéda six jours après, le 28 septembre, et reçut, comme il l'avait desiré, la sépulture en ce monastère.

Les Aquitains, s'étant réunis vers le milieu d'octobre dans la ville de Limoges, reconnurent unanimement pour leur roi Charles, encore enfant, fils du roi Charles, et, après qu'il eut reçu l'onction pontificale, placèrent sur sa tête la couronne, et lui remirent le sceptre. Les Normands, entrés dans la Loire, ayant quitté leurs navires, entreprirent d'aller par terre à la ville de Poitiers; mais les Aquitains vinrent à leur rencontre, et les défirent de telle sorte qu'il ne s'en échappa guère plus de trois cents.

Roric et Godefroi, n'ayant pas eu le succès propice, s'établirent à Duersted, et possédèrent la plus grande partie de la Frise. Louis, roi des Germains, fut tourmenté par les fréquentes défections des Esclavons.

[1] Benoît III, pape de l'an 855 à l'an 858.

[856.] Hiver rigoureux et sec, grande peste qui fait périr une grande partie des hommes. Louis, roi d'Italie, fils de Lothaire, se plaint à ses oncles Louis et Charles du partage qui a été fait des royaumes que son père possédait en France, soutenant qu'il tient l'Italie de la munificence de son aïeul l'empereur Louis. Les Aquitains, méprisant l'enfant Charles qu'ils avaient précédemment élu, délivrent de ses gardes le moine Pepin qui s'était enfui du monastère de Saint-Médard, et s'en font un semblant de roi. Le roi Charles fait la paix avec le Breton Hérispoé, et fiance son fils Louis à la fille de celui-ci, auquel il donne le duché du Mans, jusqu'à la route qui conduit de Paris à Tours. Les grands du royaume de feu Lothaire établissent roi de France son fils Lothaire qui reçoit l'onction sacrée. Le 18 avril, les pirates danois viennent à la ville d'Orléans, la pillent, et s'en retournent impunément. Presque tous les comtes du royaume du roi Charles conjurent contre lui avec les Aquitains, à telle fin qu'ils appellent à eux Louis, roi des Germains; mais Louis ayant été retenu long-temps dans une expédition contre les Esclavons, où il perdit une grande partie de son armée, impatiens de ce retard, ils se réconcilient avec le roi Charles.

Alors les Aquitains, rejetant Pepin, reçoivent de nouveau l'enfant Charles, fils du roi Charles, qu'ils avaient dernièrement rejeté, et le reconduisent en Aquitaine. D'autres pirates danois rentrent de nouveau dans la Seine vers le milieu d'août, et, après avoir dévasté et ruiné les villes des deux bords du fleuve, et même des monastères et des villages plus au loin, s'arrêtent en un lieu proche de la Seine, nommé Jeufosse¹, fort par son assiette, et y passent tranquillement l'hiver. Edelwolf, roi des Angles d'Occident, revenant de Rome, après avoir fiancé au mois de juillet Judith, fille du roi Charles, la prend en mariage au commencement d'octobre, dans le palais de Verberie, et avec la bénédiction d'Hincmar, évêque de Rheims, lui pose le diadême sur la tête, et la décore du nom de reine, selon qu'avaient accoutumé jusqu'alors lui et sa nation. Ce mariage accompli des deux parts avec un appareil et des présens royaux, il s'embarque avec elle pour retourner dans son royaume de Bretagne. Louis, empereur d'Italie, et son frère Lothaire, roi de France, avec Charles leur frère, enfant, se réunissent dans la ville d'Orbe, où sont entre eux de tels discords sur le partage du royaume de leur père, qu'ils en viennent presque aux armes. Cependant Charles, leur frère, que les grands avaient enlevé à son frère Lothaire qui voulait lui imposer la tonsure ecclésiastique, reçoit d'eux, ainsi que l'avait voulu leur père, la Provence et le duché de Lyon.

Les Sarrasins du pays de Bénévent entrent par ruse dans Naples, la dévastent, la pillent, et la bouleversent de fond en comble.

[857.] Le 28 décembre², les pirates danois font une invasion en la ville de Paris, et y mettent le feu. Ceux qui habitaient sur la Loire inférieure dévastent Tours et les lieux environnans jusqu'à Blois. Quelques-uns des Aquitains, à la persuasion de certains Francs unis secrètement en conspiration contre le roi Charles, quittent le parti de l'enfant Charles, et se

---

¹ *Fossa-Givaldi*, à une lieue de Vernon.
² En 856.

rangent au parti de Pepin. Le roi Charles et Lothaire son neveu s'allient avec de mutuels sermens. Louis, roi de Germanie, et Louis, empereur d'Italie, en font autant. Pepin, conjointement avec les pirates danois, dévaste la ville de Poitiers et plusieurs autres lieux de l'Aquitaine. Lothaire, usant illégitimement de concubines, rejette la reine sa femme.

Dans la ville de Cologne, l'évêque Gonthier étant en l'église de Saint-Pierre, elle fut couverte d'une nuée très-épaisse de laquelle sortaient des éclairs redoublés, quand la foudre, entrant subitement par la gouttière en forme de flamme, tua un prêtre, un diacre et un laïque, et s'alla cacher dans les entrailles de la terre. Aussi dans le mois d'août, Theutgaud, évêque de Trèves, célébrant les offices divins avec le clergé et le peuple, survint une nuée très-obscure qui épouvanta l'église de tonnerres et d'éclairs, brisa la tour où sonnaient les cloches, et répandit en l'église de telles ténèbres qu'à peine pouvait-on s'y reconnaître les uns les autres, et l'on vit la terre s'ouvrir tout à coup, et un chien d'une grosseur énorme courir autour de l'autel.

Les Danois habitant sur la Seine dévastent sans résistance tout le pays ; ils viennent à Paris, brûlent la basilique de Saint-Pierre, de Sainte-Geneviève, ainsi que toutes les autres, excepté la maison épiscopale de Saint-Étienne, l'église de Saint-Vincent et Saint-Germain et la cathédrale de Saint-Denis, lesquelles furent préservées du feu au prix d'une grosse somme d'argent. D'autres Danois du port qu'on appelle Duersted s'emparent à main armée de toute l'île Batave, et dévastent les pays limitrophes. Hérispoé, duc des Bretons, est tué par les bretons Salomon et Almar depuis longtemps en querelle avec lui. Quelques-uns des grands du roi Charles, de compagnie avec les Aquitains, font beaucoup de pillages et autres torts. Frébaud, évêque de Chartres, fuyant à pied dans cette cité, poursuivi par les Danois, voulut passer à la nage la rivière de l'Eure, et mourut englouti par les eaux.

[858.] C'est l'année où Charles entra lui-même dans l'île de la Seine du nom d'Oissel [1], où il courut un grand danger, ainsi que beaucoup le surent alors, et où son frère Louis vint sur lui avec tout un armement de guerre ; mais, par un bienfait de la miséricorde de Dieu, il ne s'en tira point à son honneur. Le jour de la fête de la Nativité, il y eut à Mayence, durant la nuit et durant la journée, de forts et redoublés tremblemens de terre qui furent suivis d'une grande mortalité parmi les hommes.

Dans le territoire de ......[2] la mer jeta un arbre arraché avec toutes ses racines, et jusqu'alors inconnu dans les provinces de la Gaule. Il n'avait point de feuilles ; mais au lieu de feuillage il portait de petits rameaux en ressemblance d'herbe et de la même largeur, mais plus longs ; au lieu de feuilles, sur ces rameaux étaient certaines petites figures triangulaires, très-menues, et de couleur d'ongles d'homme ou os de poisson ; elles étaient attachées à la sommité de ces herbes, comme si on les y eût appliquées par dehors, à la manière de ces ornemens de divers métaux que l'on a coutume d'attacher sur le dehors des ceintures des hommes ou des caparaçons des chevaux.

[1] Entre Rouen et le Pont-de-l'Arche.
[2] Le nom est omis dans le texte.

Dans le pays de Sens, le jour du Seigneur, tandis que l'on célébrait les cérémonies de la messe dans l'église de Sainte-Procaire, un loup entra subitement, parcourut l'église, effraya les assistans, en fit autant du côté des femmes, et ensuite disparut.

Edelwolf, roi des Saxons d'occident, meurt, et son fils Edelbold épouse sa veuve, la reine Judith. Bernon, duc de cette portion des pirates qui habitaient sur la Seine, vient vers le roi Charles dans le palais de Verberie, et, mettant ses mains dans les siennes, lui jure fidélité. Une autre partie de ces mêmes pirates prend Louis, abbé du monastère de Saint-Denis, avec son frère Joscelin, et exige pour sa rançon une très-grosse somme, pour laquelle, par l'ordre du roi Charles, on épuise dans son royaume beaucoup des trésors des églises de Dieu ; mais cela n'ayant pas suffi, tous les évêques, abbés, comtes et autres hommes puissans, apportent à l'envi au roi beaucoup d'argent pour compléter ladite somme. Les comtes du roi Charles, unis aux Bretons, font défection de Charles, forcent son fils Louis et ceux qui l'accompagnaient à quitter, pleins de frayeur, le pays du Mans, à passer la Seine, et se réfugier devers son père. Le roi Lothaire confirme son alliance avec son frère Charles, roi de Provence, et lui donne deux évêchés sur la portion de royaume qui lui appartenait, savoir Belley et Moutiers. De son côté, Charles s'engage avec son frère Lothaire à lui laisser son royaume en héritage, dans le cas où il viendrait à décéder avant d'avoir pris femme et procréé des enfans.

Dans le bourg de Liége, où repose le corps de saint Lambert, il survint soudainement au mois de mai une telle inondation causée par les pluies, que la Meuse, se précipitant avec violence hors de son lit, emporta les maisons, les murs de pierre et tous les édifices, avec les hommes, et tout ce qu'elle rencontra, et l'église de Saint-Lambert elle-même.

Les Danois font une irruption dans la Saxe; mais ils sont repoussés. Benoît, pontife romain, meurt, et Nicolas lui succède [1], plutôt par la faveur et la présence de Louis et de ses grands que par le choix du clergé. Le roi Lothaire, forcé par les siens, reprend sa femme qu'il avait renvoyée; cependant il ne la reçoit point dans son lit, mais la tient prisonnière.

Le roi Charles vient au mois de juillet à l'île de la Seine, appelée Oissel, pour assiéger les Danois qui l'occupaient. Son fils, l'enfant Charles, vient vers lui de l'Aquitaine. Avec lui il reçoit Pepin comme laïque, et lui donne en l'Aquitaine un comté et un monastère. Le roi Lothaire arrive au mois d'août à la même île, amenant du secours à son oncle; ils assiègent les Danois sans aucun succès jusqu'au 22 septembre, puis retournent chez eux.

Cependant Louis, roi des Germains, est attiré par les comtes du royaume de Charles qui l'appelaient depuis cinq ans. Arrivé au commencement de septembre dans la résidence royale de Pontion, il vient à Sens par Châlons et Queudes; puis, s'étant rendu dans le pays d'Orléans, après avoir reçu d'Aquitaine et de Neustrie et du pays des Bretons tous ceux qui avaient promis de venir à lui, il retourne jusqu'à Queudes presque par la même route; ce qu'apprenant, le roi Charles vient en hâte par Châlons jusqu'à la ville de

---

[1] Nicolas 1er, pape de l'an 858 à l'an 867.

Brienne, où les premiers de la Bourgogne accourant autour de lui, il attend Louis qui le poursuit. Des messagers cependant vont de l'un à l'autre, mais sans parvenir à aucun accommodement. Enfin, le troisième jour, c'est-à-dire le 12 novembre, chacun des deux partis préparé au combat, Charles, se voyant abandonné des siens, se retire, et marche vers la Bourgogne. Louis, après avoir reçu ceux qui avaient déserté Charles, vient à la ville de Troyes, distribue à ceux qui l'avaient appelé des comtés, des monastères, des maisons royales et des propriétés, puis retourne au palais d'Attigny. Le roi Lothaire vient l'y trouver, et, après avoir renouvelé leur traité, retourne chez lui. Louis se rend par Rheims et le pays de Laon dans la cité du Vermandois, c'est à savoir au monastère de Saint-Quentin, martyr, pour y célébrer la fête de la Nativité du Seigneur.

En ce temps, un moine du monastère de Saint-Vincent, martyr, et Saint-Germain, confesseur, revenant de Cordoue, ville d'Espagne, en rapporta les corps des bienheureux martyrs George et Aurélien, diacres, et la tête de sainte Nathalie, qu'il plaça dans le village d'Aimant pour les y conserver dans des niches.

[859.] Les Danois dévastent les pays au-delà de l'Escaut. Le commun peuple des pays entre Seine et Loire, conjuré entre soi, résiste courageusement aux Danois établis sur la Seine; mais sa conjuration étant conduite sans prudence, il est facilement défait par nos grands. Le roi Charles, ayant repris des forces, attaque inopinément son frère Louis, et le chasse hors des confins de son royaume. Le roi Lothaire vient en diligence vers son oncle Charles, et au commencement du carême, le jour du Seigneur, dans le palais d'Arches, ils se renouvellent publiquement l'un à l'autre les sermens qu'ils s'étaient faits. Charles donne à des laïques certains monastères qui précédemment avaient accoutumé d'être tenus par des ecclésiastiques.

Les pirates danois, ayant fait un long circuit en mer, car ils avaient navigué entre l'Espagne et l'Afrique, entrent dans le Rhône, ravagent plusieurs villes et monastères, et s'établissent dans l'île dite la Camargue. Le roi Charles fait en divers lieux des assemblées d'évêques; mais à quatre milles de Toul, dans le village de Savonnières, assistant avec les rois Charles et Lothaire à un synode d'évêques, il présente une accusation contre Wénilon, évêque métropolitain de Sens; cependant le procès est différé à cause de l'absence de l'évêque Wénilon. De là il se rend à une île sur le Rhin, entre Andernach et Coblentz, pour y entrer en colloque avec son frère le roi Louis. Cette conférence est renvoyée au 25 octobre, dans la ville de Bâle. Louis y vient; mais Charles, en chemin pour y aller, retourne sur ses pas à cause de l'absence de Lothaire. Presque tous les Aquitains se tournent du côté de l'enfant Charles. Pepin s'associe au comte Robert et aux Bretons.

Dans les mois d'août, de septembre et d'octobre, on vit au ciel, durant la nuit, des troupes armées. Une clarté semblable à celle du jour brilla continuellement à l'orient, et s'étendit jusqu'au septentrion, et de là partaient des colonnes sanguinolentes qui parcouraient le ciel. Les Danois vinrent de nouveau au monastère de Saint-Valery et à la ville d'Amiens, et les ravagèrent, ainsi que tous les lieux environnans, par le pillage et l'incendie. D'autres se répandirent avec la même fureur dans l'île Batave sur le Rhin. Ceux qui habitaient sur la Seine vinrent de nuit attaquer la ville de Noyon, prirent l'évêque Immon avec d'autres nobles hommes, tant clercs que laïques, et, après avoir dévasté la cité, les emmenèrent avec eux, puis les tuèrent en chemin. Deux mois auparavant, les mêmes avaient tué en un village Hermenfried, évêque de Beauvais, et l'année précédente ils avaient mis à mort Blatefried, évêque de Bayeux. Par la crainte des Danois, les os des bienheureux martyrs Denis, Rustique et Éleuthère, sont portés du Hurepoix dans la ville de Nogent dépendant de leur juridiction, et le 21 septembre ils sont placés avec soin dans des niches.

Lothaire cède à son frère Louis, roi d'Italie, une certaine partie de son royaume, à savoir, ce qu'il possédait au-delà du mont Jura, c'est-à-dire, les cités de Genève, Lausanne et Sion, avec leurs évêchés, monastères et comtés; il lui cède en outre l'hôpital situé sur le mont Jouy et un autre comté.

Wénilon, évêque de Sens, se réconcilie avec le roi Charles sans avoir comparu en présence des évêques. Nicolas, pontife romain, décide selon la foi, et prononce conformément à la loi catholique sur les dogmes de la grâce de Dieu et du libre arbitre, sur les vérités de la double prédestination et sur le sang du Christ, pour que ces choses soient enseignées à tous les croyans.

[860.] Hiver rude et prolongé par des neiges et

des gelées continuelles depuis le mois de novembre jusqu'au mois d'avril. Lothaire, ayant pris dans une haine implacable sa femme Teutberge, l'oblige [1] à confesser en présence des évêques que son frère Hubert s'est approché d'elle par le péché sodomique ; en sorte qu'elle est condamnée à une pénitence perpétuelle, et renfermée dans un monastère. Le roi Charles, séduit par les vaines promesses des Danois habitant sur la Somme, ordonne une exaction sur les trésors des églises, sur tous les manoirs, et sur les marchands même les plus pauvres, en telle sorte qu'on évalue leurs maisons et tous leurs meubles, et qu'on établisse là-dessus une taxe ; car ces Danois lui avaient promis, s'il voulait leur payer trois mille livres d'argent, de marcher avec lui contre ceux des Danois qui habitaient sur la Seine, et de les tuer ou de les chasser.

Le 4 avril, durant la nuit, la nouvelle lune déjà commencée, une certaine tache obscure, en forme de croissant comme la lune elle-même, parut au milieu, en telle sorte que la lumière paraissait sur les deux bords, mais que le milieu était sombre. On dit de même que le 6 avril, le soleil levé, l'on vit au milieu de son disque une tache noire, et celle-là étant descendue vers les parties inférieures, une autre aussitôt se jeta sur les parties supérieures, et parcourut tout le disque jusqu'en bas. Cela arriva le dixième jour de la lune.

Les Danois qui habitaient sur la Somme, comme on ne leur remettait pas le susdit tribut, prirent des otages, et naviguèrent vers le pays des Anglo-Saxons,

---

[1] Ce mot manque dans le texte.

lesquels défaits et repoussés, ils allèrent chercher d'autres contrées. Ceux de ces Danois qui s'étaient établis sur le Rhône parvinrent, toujours dévastant, jusqu'à la cité de Valence; puis, après avoir ravagé toutes les parties circonvoisines, retournèrent à l'île où ils avaient pris leur demeure.

Les rois Louis, Charles et Lothaire se réunissent dans le château dit de Coblentz. Là, après avoir longtemps entre eux traité de la paix, ils se jurent union et concorde. Louis, empereur d'Italie, est attaqué par une faction des siens, et sévit contre eux et contre les Bénéventins par le pillage et l'incendie.

Les Danois qui étaient sur le Rhône vont vers l'Italie, prennent et dévastent Pise et d'autres cités. Le roi Lothaire, en crainte de son oncle Charles, s'allie à Louis, roi de Germanie, et lui donne, dans la vue de cette alliance, une partie de son royaume, à savoir l'Alsace. La femme de Lothaire, craignant la haine et les embûches de son mari, se réfugie devers son frère Hubert dans le royaume de Charles. Le roi Charles donne à son fils Louis le monastère de Saint-Martin.

[861.] Au mois de janvier, les Danois brûlent Paris et l'église de Saint-Vincent, martyr, et Saint-Germain, confesseur; ils poursuivent et prennent les marchands qui s'enfuyaient par eau en remontant la Seine. D'autres Danois viennent au pays de Térouanne, et le ravagent.

Le 29 mars, après la huitième heure de la nuit, la lune entière s'obscurcit. Le roi Charles ordonne d'enfermer et de faire clerc dans le monastère de Saint-Jean son fils Lothaire. Galinde, surnommé

Prudence, évêque de la cité de Troyes, Espagnol de naissance, et des premiers dans la science des lettres, qui, quelques années auparavant, avait combattu le prédestinatien Gottschalk, violemment irrité ensuite contre quelques évêques qui s'opposaient avec lui à l'hérétique, était devenu lui-même ardent défenseur de cette hérésie. Il mourut après qu'il se fut produit entre eux et lui une quantité non petite d'écrivasseries diverses et contraires à la foi; et, quoique tourmenté d'une longue maladie de langueur, il ne cessa d'écrire qu'au moment où il cessa de vivre.

Carloman, fils de Louis, roi de Germanie, s'allie avec Restic, petit roi des Wenèdes, et, manquant de foi à son père, avec l'aide de Restic, s'empare d'une grande partie de son royaume. Louis prive de ses bénéfices Arnoul, beau-père de son fils Carloman, et chasse de son royaume les petits-fils dudit Arnoul. Eux, avec Adalhard, oncle de la reine Hermentrude et leur proche parent, que poursuivait Lothaire par la volonté de son oncle Louis, vont trouver Charles qui les reçoit bénignement, et les console par des bénéfices; presque tous ceux qui récemment avaient quitté Charles pour Louis retournent à Charles qui leur rend sa familiarité et des bénéfices.

Les Danois qui avaient dernièrement incendié la cité de Térouanne, revenant, sous leur chef Wéland, du pays des Angles, remontent la Seine avec deux cents navires et plus, et assiègent les Normands dans le château qu'ils avaient construit en l'île dite d'Oissel. Charles ordonna de lever, pour les donner aux assiégeans à titre de loyer, cinq mille livres d'argent, avec une quantité non petite de bestiaux et de grains, pour que son royaume n'en fût pas dévasté ; puis, passant la Seine, il se rendit à Méhun-sur-Loire, et y reçut Robert avec les honneurs convenus. Geoffroi et Godefroi, par le conseil desquels Charles avait reçu Robert, en prirent occasion de le quitter avec leurs compagnons, selon l'inconstance ordinaire de leur race et leurs habitudes natives, et se joignirent à Salomon, duc des Bretons. Cependant un autre parti de Danois entra par la Seine avec soixante navires dans la rivière d'Hières, arriva de là vers ceux qui assiégeaient le château, et se joignit à eux. Les assiégés, tourmentés du besoin de la faim et de toutes sortes de misères, donnent aux assiégeans six mille livres, tant or qu'argent, et se joignent à eux ; ils descendent ensemble le long de la Seine jusqu'à la mer, où l'approche de l'hiver les empêche d'entrer ; en sorte qu'ils se partagent en différens ports sur la Seine jusqu'à Paris, selon leurs diverses associations. Wéland remonte la Seine avec ses compagnons jusqu'au château de Melun. Ceux qui avaient tenu le château d'Oissel occupent avec le fils de Wéland le monastère de Saint-Maur-les-Fossés.

Hincmar, archevêque de Rheims, dans un synode de ses évêques suffragans, tenu au monastère de Saint-Crépin et Saint-Crépinien, près de Soissons, prive de la communion, conformément au décret des canons, Rothade, évêque de Soissons, jusqu'à ce qu'il se soumette aux réglemens ecclésiastiques auxquels il refusait d'obéir.

Charles ayant délégué son fils Louis à la garde de son royaume sous la protection d'Adalhard, oncle de la reine Hermentrude, s'avança en Bourgogne avec sa femme jusqu'à la cité de Mâcon. Il était appelé par quelques-uns contre les Normands pour prendre la domination de la Provence, où Charles, fils du feu empereur Lothaire, portait inutilement et dommageablement le nom et les honneurs de la royauté; mais les choses lui étant peu prospères, après avoir fait sur les gens du pays beaucoup de déprédations, il revint à son palais de Pontion. Là il reçut, de la part de Louis son frère et de Lothaire son neveu, des messages apportés par Advence, évêque de la cité de Metz, et le comte Leutard; et, les ayant congédiés, il célébra, selon l'usage, par des fêtes, le jour de la Nativité du Seigneur.

[862.] Judith, veuve d'Édelbold, roi des Angles, après avoir vendu les propriétés qui lui avaient été conférées dans le royaume des Angles, était revenu vers son père qui la tenait dans la cité de Senlis avec des honneurs de reine, mais sous l'autorité paternelle et la garde des évêques, à cette fin que, si elle ne pouvait vivre dans la continence, du moins elle se mariât selon le conseil de l'apôtre, c'est à savoir convenablement et légalement. Charles étant venu par Rheims à la cité de Soissons, des messages certains lui apprirent en ce lieu que Judith s'était prostituée au comte Baudouin, et, du consentement de son frère Louis, le suivait sous un habit d'homme. En même temps Louis, sollicité par Geoffroi et Godefroi, avait quitté les fidèles de son père, et, fuyant durant la nuit accompagné d'un petit nombre de gens, avait passé comme transfuge à ceux qui l'appelaient; en sorte que le roi Charles s'étant consulté avec les évêques et grands de son royaume, après avoir fait juger par les lois du siècle Baudouin et Judith, laquelle courait le monde avec son ravisseur et se rendait complice de l'adultère, demanda aux évêques de prononcer contre eux la sentence canonique selon l'édit de saint Grégoire, « que si quelqu'un enlève une veuve pour l'é-« pouser, et qu'elle y consente, que tous deux soient « anathêmes. » Retirant aussi à son fils Louis l'abbaye de Saint-Martin qu'il lui avait imprudemment donnée, il la donna, de même avec peu de prudence, à Hubert, clerc marié.

Il se rendit de là à Senlis, attendant que le peuple se rassemblât, afin de placer des troupes sur les deux rives de chacune des rivières de l'Oise, de la Marne et de la Seine, pour que les Normands ne pussent aller piller. Il reçut la nouvelle que l'élite des Danois, établis à Saint-Maur-les-Fossés, s'était rendue, sur de petits bâtimens, à la ville de Meaux; il résolut d'y marcher avec ceux qu'il avait près de lui. Comme les Normands avaient détruit les ponts et s'étaient emparés des bateaux, ce qui l'empêchait de les joindre, il prit, par nécessité, le parti de refaire un pont près de l'île de Tribaldou, ce qui empêchait les Normands de redescendre la rivière. Il envoya cependant des troupes garder les deux rives de la Marne; par quoi les Normands, grandement resserrés, envoyèrent à Charles des otages et des messagers pour lui proposer cette condition, qu'ils rendraient sans délai tous les captifs qu'ils avaient faits depuis leur entrée dans la Marne, et qu'à un jour convenu, ils descendraient la Seine avec tous les autres Normands et reprendraient la mer, ou que, si les autres ne voulaient pas s'en aller avec eux, ils se réuniraient à l'armée de Charles pour combattre ceux qui résisteraient; et environ vingt jours après, Wéland lui-même vint vers Charles, se recommanda à lui et lui prêta serment avec ceux qui l'accompagnaient; de là retournant à ses navires, il descendit avec toute la flotte danoise jusqu'à Jumiéges, où ils s'arrêtèrent pour réparer leurs bâtimens et attendre l'équinoxe du printemps. Les bâtimens réparés, les Danois, se divisant en plusieurs flottes, gagnèrent la mer et chacun fit voile de son côté, selon qu'il lui plut. La plus grande partie se mit en route pour aller vers les Bretons qui habitent la Neustrie, sous le commandement de Salomon, et auxquels se joignirent aussi ceux qui avaient été en Espagne. Robert leur prit dans la Loire douze bâtimens que Salomon y avait assemblés contre les conditions du loyer avec lui convenu, et tua tous ceux qui se trouvaient sur la flotte, si ce n'est un petit nombre qui s'échappèrent par la fuite. Cependant Robert n'étant pas en état de se défendre contre Salomon uni aux Normands, comme on l'a dit, sortis de la Seine, il traita avec eux avant que Salomon les eût appelés contre lui, et, des otages donnés de part et d'autre, s'unit à eux contre Salomon pour la somme de six mille livres d'argent. Wéland vint vers Charles avec sa femme et ses enfans, et se fit Chrétien ainsi que les siens.

Louis, roi des Germains, ayant cédé à son fils Carloman la partie de son royaume dont celui-ci s'était emparé, Carloman se remit en paix avec son père et lui fit serment de ne plus s'échapper contre sa volonté. Ensuite Louis, fils du roi Charles, par le conseil de Geoffroi et de Godefroi, va vers Salomon, obtient une grosse troupe de Bretons, et va, à leur tête, attaquer Robert, fidèle de son père. Il dévaste, pille, met à feu et à sang Angers, ainsi que les autres cantons où il peut parvenir. Robert atteint les Bretons qui s'en retournaient faisant de grands ravages, en tue plus de deux cents des plus considérables et leur enlève leur butin. Louis revient de nouveau l'attaquer; mais il est mis en fuite et ses compagnons dispersés; il s'échappe à grand'peine. Charles, roi d'Aquitaine, fils du roi Charles, âgé de moins de quinze ans, épouse, à la persuasion d'Étienne, sans l'aveu et à l'insu de son père, la veuve du comte Humbert. Louis, souvent mentionné, frère de Charles, suivant ses traces, épouse, au commencement du saint carême, de l'avis de beaucoup des siens, la fille du feu comte Hardouin, sœur d'Eudes. Vers le commencement de juin, Charles leur père fait venir tous les grands de son royaume, beaucoup d'ouvriers et de chariots au lieu qu'on appelle Pistre[1], où d'un côté la rivière d'Andelle et de l'autre la rivière d'Eure viennent se jeter dans la Seine, et là il fait fortifier la Seine pour fermer le passage aux navires normands, soit à monter, soit à descendre la rivière; puis avec sa femme, serment prêté par les siens, il parle à son fils Charles en un lieu nommé Méhun, et Charles presqu'aussitôt, soumis de paroles, mais d'une ame rebelle, se soulève et retourne en Aquitaine, et Charles revient à Pistre où il avait réuni une assemblée et un synode, et, parmi ses travaux, il traite avec ses fidèles des affaires de la sainte Église et de celles de son royaume. Là Rothade, évêque de Soissons, homme d'une singulière folie, légalement privé de la communion par les évêques assem-

[1] Ou Pistes, auprès du Pont-de-l'Arche.

bles et le synode provincial, se présenta, avec l'esprit de rébellion qui lui était propre, devant le concile des quatre provinces. L'assemblée de ses confrères, pour ne le pas déposer tout-à-fait, décida qu'il serait retenu en attendant l'issue de son appel au siége apostolique. Mais après le jugement de ce même concile dont il avait appelé, Rothade voulut toujours se rendre à Rome : alors douze juges furent constitués pour exécuter le jugement du synode; mais lui, nouveau Pharaon par la dureté de son cœur, image des temps anciens, et changé en bête féroce par les excès qu'on voit consignés dans l'histoire de ses actions, ne voulut pas se corriger et fut déposé dans un faubourg de la cité de Soissons.

En ce temps-là, il arriva un miracle dans la ville de Térouanne : le matin de l'Assomption de sainte Marie, le serviteur d'un citoyen de cette ville commençait à repasser un vêtement de lin vulgairement appelé *chemise*, afin qu'il fût prêt pour que son maître le pût mettre allant à la messe ; lorsqu'ayant appuyé le fer à repasser, il voulut le retirer, le vêtement se trouva teint de sang, en sorte qu'à mesure que le serviteur tirait le fer, des traces de sang le suivaient, tant qu'enfin le vêtement se trouva tout couvert d'un sang jaillissant. Honfroi, évêque de cette ville, se fit apporter le vêtement, et ordonna qu'il fût conservé en cette église pour servir de témoignage ; et comme cette fête n'était pas chômée par les habitans de son diocèse, il ordonna qu'elle fût solennisée et chômée de tous avec les honneurs qui lui étaient dus.

Louis, qui avait abandonné son père, retourna à lui, et lui demandant pardon, ainsi qu'aux évêques, des fautes qu'il avait commises, s'obligea par les plus étroits sermens à demeurer à l'avenir fidèle à son père. Son père, lui donnant le comté de Meaux et l'abbaye de Saint-Crépin, commanda qu'il vînt vers lui de Neustrie avec sa femme. Ses fidèles le priant de ne point faire la guerre contre Honfroi que Warengaud avait accusé d'infidélité, il y consentit et réconcilia Honfroi avec Warengaud.

Louis, roi de Germanie, ayant appelé à Mayence Lothaire son neveu, lui demanda de marcher en armes avec lui contre un des petits rois des peuples dits Wénèdes. Lothaire promit d'abord d'y aller, mais ensuite manqua à sa promesse. Louis cependant, laissant dans son pays son fils Charles, parce qu'il avait dernièrement épousé la fille du comte Ercanguaire, alla contre les Wénèdes, conduisant avec lui son fils Louis. Là, ayant perdu quelques-uns de ses grands, et ses affaires ne prospérant point, il retourna, après avoir reçu des otages, au palais de Francfort-sur-le-Mein.

Les Danois pillent et dévastent par le fer et le feu la plus grande partie de son royaume ; il est aussi ravagé par d'autres ennemis nommés Hongrois, jusqu'alors inconnus à ses peuples.

Lothaire, l'esprit troublé, à ce qu'on rapporte, par les maléfices de sa concubine Waldrade, et poussé d'un amour aveugle pour cette prostituée, en faveur de laquelle il avait renvoyé sa femme Teutberge, la couronne avec l'appui de son oncle Luitfried et de Wultaire qui, à cause de cela, étaient près de lui en grand crédit, et, ce qui est honteux à dire, du consentement de quelques évêques de son royaume ; et il la prend pour femme et reine, à la grande douleur et malgré l'opposition de ses amis.

Le roi Charles étant venu à Rheims, Hincmar, évêque de cette ville, convoque les évêques ses suffragans, et dédie en l'honneur de sainte Marie l'église métropolitaine de cette province, ainsi qu'elle lui était depuis long-temps consacrée.

Louis, roi de Germanie, envoie à son frère Charles des messagers portant de douces paroles pour l'engager à venir à sa rencontre dans le territoire de Toul; et comme Charles n'avait pas voulu conférer avec Lothaire avant d'avoir dit à son frère les choses qu'il désapprouvait dans la conduite de son neveu, il s'éleva de là en paroles des querelles non petites.

Cependant Charles, avec les évêques qui l'accompagnaient, montra à Louis et aux évêques réunis avec lui un écrit contenant sommairement les raisons pour lesquelles il ne voulait pas communiquer avec Lothaire, à moins que celui-ci ne promît ou de rendre dûment raison de sa conduite, ou d'y apporter un méritoire amendement, selon qu'il lui avait été ordonné. Sur cette promesse et autres conditions, Charles et les évêques qui étaient avec lui reçurent Lothaire à la communion; mais lorsqu'on eut mis par écrit et que les conseillers leur eurent communiqué l'annonce qu'on devait faire aux peuples de ce qui était convenu entre eux, Louis et Lothaire la rejetèrent, principalement par le conseil de Conrad, leur conseiller et oncle de Charles, qui, à son ordinaire, étala dans cette occasion l'orgueil et la vanité de sa science, sans utilité pour lui ni pour les autres.

La cause de ce refus était qu'on voulait laisser ignorer au public les raisons pour lesquelles Charles rejetait Lothaire; mais Charles, malgré eux, fit connaître pleinement à tous que c'était parce que, contre l'autorité évangélique et apostolique, il avait renvoyé sa femme et en avait pris une autre; et comme ils avaient communiqué avec la femme de Boson et avec Baudouin qui avait enlevé la fille de Charles pour l'épouser, et étaient excommuniés, il ne voulut pas communiquer avec Lothaire avant qu'on eût fait la susdite promesse; en sorte que, convenant de se réunir au mois d'octobre suivant sur les confins des comtés de Mouson et de Vouzy, tous se séparèrent. Louis se rendit en Bavière pour faire la paix ou se battre avec son fils Carloman qui, avec l'aide de Restic, roi des Wénèdes, s'était révolté contre lui; et Charles, passant par Pontion, vint de Toul à Quierzy, près des bords de la Marne. Là, il célébra avec beaucoup de respect le jour de la Nativité de Notre-Seigneur.

[863.] Au mois de janvier, une flotte des Danois remonte le Rhin vers Cologne, et, ayant dévasté le port de Duersted et la ville de Nomnodoque [1], dans laquelle s'étaient réfugiés les Frisons, tué un grand nombre de marchands frisons, et réduit en captivité une multitude considérable, ils parviennent jusqu'à une certaine île près de Nuits. Là, Lothaire arrive avec les siens d'un côté du Rhin, et les Saxons de l'autre côté, et il les assiège jusque vers le commencement d'avril; en sorte que, par le conseil de Roric, les Danois s'en retournent comme ils étaient venus.

Charles, fils de l'empereur Lothaire et roi de Pro-

---

[1] *Nomnodoca.* Il y a lieu de croire que ce mot a été défiguré par les copistes; on ignore quelle ville il désigne.

vence, depuis long-temps tourmenté d'épilepsie, meurt, et son frère Louis, appelé empereur d'Italie, vient en Provence, et attire à lui tout ce qu'il peut des grands du royaume. Lothaire, ayant appris ces nouvelles, s'y rend aussi, et, par la médiation de leurs domestiques et de leurs amis, ils conviennent de s'en retourner, et de traiter du sein de leur pays touchant ce royaume. Louis reprend donc le chemin d'Italie, et Lothaire celui de ses États.

Le roi Charles se rend à la cité du Mans, et de là continue sa route jusqu'au monastère d'Entrame, où Salomon, duc des Bretons, vient à sa rencontre avec les premiers de sa nation, se recommande à lui, lui jure fidélité, fait jurer tous les grands de Bretagne, et lui paie, selon l'ancienne coutume, le cens de ces pays. Charles, en récompense de sa fidélité, lui donne en bénéfice une partie des terres dites *entre deux eaux* et l'abbaye de Saint-Albin. Il reçoit en grâce Godefroi, Roric, Hérivée, et plusieurs autres qui récemment et fréquemment lui avaient manqué de fidélité, et, avec son pardon, leur accorde des bénéfices. Il retourne au Mans, et y célèbre la pâque du Seigneur. Honfroi, marquis de Gothie, selon la coutume des Toulousains, sujets, dans cette ville, à supplanter leurs comtes, chasse, au moyen d'un parti, Raimond à l'insu du roi Charles, et se met à sa place. Le roi Charles, revenant des pays au-delà de la Seine, reçoit Liutard, évêque de Paris, qui venait lui demander la paix de la part de Louis, empereur d'Italie, Gebhard, évêque de Spire, de la part de son frère Louis, roi de Germanie, et le comte Nanthaire de la part de Lothaire son neveu. Charles avait toujours desiré garder la paix, autant que le lui permettaient les attaques de ses adversaires. Il reçut aussi de la part de son frère Louis un autre envoyé du nom de Blitgaire, qui le pria de ne pas recevoir, dans le cas où il viendrait le trouver, Carloman, fils de Louis, qui l'avait quitté, et s'était enfui près de Restic, roi des Wénèdes. Peu de temps après, trahi et abandonné des siens, Carloman fut reçu sous serment par Louis, son père, qui le tint près de lui gardé librement.

Charles reçoit avec honneur à Soissons, dans le monastère de Saint-Médard, Rodoald, évêque d'Ostie, et l'évêque Jean, envoyés de Nicolas l'apostolique. Il les retint quelque temps avec lui, et, après leur avoir accordé le pardon qu'ils étaient venus demander pour Baudouin qui s'était réfugié en l'église des Apôtres, il les renvoya avec des lettres et des présens vers le siége apostolique. Ils se rendirent, comme légats dudit siége, à Metz, pour y tenir vers le milieu du mois de juin, d'après les ordres apostoliques, un synode à l'occasion du divorce qui avait eu lieu entre Lothaire et sa femme Teutberge, et de son mariage avec sa concubine Waldrade qu'il avait prise pour femme contre les lois ecclésiastiques et les lois civiles. Dans ce synode, les deux envoyés, corrompus par des présens, cachèrent les lettres du seigneur apostolique, et n'accomplirent rien de ce qui leur avait été commandé par l'autorité sacrée. Cependant, afin de paraître avoir fait quelque chose, ils envoyèrent à Rome, pour que leur affaire y fût réglée par le jugement du souverain apostolique, Gonthier, archevêque de Cologne, et Theutgaud, évêque de Trèves, avec des permissions que signèrent dans ce synode, par les soins d'Haganon, les évêques avides et corrompus qui siégeaient dans les pays d'Italie appartenant à Lothaire. Le seigneur apostolique, pleinement instruit des choses qui s'étaient faites, et voulant condamner aussi l'évêque Rodoald qui, avec son confrère Zacharie, s'était laissé corrompre à Constantinople par une cupidité semblable, convoqua un synode ; ce qu'apprenant, Rodoald s'enfuit durant la nuit et disparut ; mais Gonthier et Theutgaud, étant parvenus à Rome, furent condamnés par l'apostolique, d'abord en synode, puis dans l'église Saint-Pierre, comme on le verra dans la pièce suivante.

« Nicolas, évêque, serviteur des serviteurs de Dieu,
« à nos très-révérends et très-saints confrères Hincmar,
« archevêque de Rheims, et Wénilon, archevêque de
« Rouen, et à tous nos confrères archevêques et évê-
« ques habitant le royaume du glorieux roi Charles.
« C'est chose manifeste aux yeux de tous que le crime
« commis avec deux femmes, Teutberge et Waldrade,
« par le roi Lothaire, si cependant on peut véritable-
« ment nommer roi celui qui ne sait point gouverner
« par une règle salutaire les appétits de son corps, et
« qui plutôt, par une faiblesse dissolue, cède à leurs
« mouvemens illicites. Presque tous ceux qui, de la
« terre et de la mer, affluaient vers notre église ou
« siége apostolique, nous rapportaient que les évêques
« Theutgaud et Gonthier lui avaient été fauteurs et sou-
« tiens dans une telle action. Les absens en informaient
« par écrit notre apostolat : cependant nous refusions
« de le croire, ne pensant pas que nous pussions ja-
« mais ouïr telles choses sur des évêques, jusqu'à ce
« qu'eux-mêmes, étant venus à Rome dans le temps

« du concile, ont été reconnus, en notre présence et
« en la présence du saint synode, pour tels que beau-
« coup nous les avaient très-souvent annoncés ; tel-
« lement qu'on leur a pris des écrits dressés de leurs
« mains, et qu'ils voulaient nous faire autoriser par
« notre seing; et tandis qu'ils s'efforçaient de tendre
« des piéges aux innocens, ils ont été déjoués dans
« leurs artifices. Ainsi s'est accompli par la puissance
« de Dieu ce qu'on lit dans les Proverbes : *C'est en vain*
« *qu'on jette le filet devant les yeux de ceux qui ont*
« *des ailes* [1], de manière qu'ils ont été enlacés et sont
« tombés. Et nous qu'on avait dit faussement avoir
« participé à cette infamie, par la toute volonté de
« Dieu et la justice de nos défenseurs, nous nous
« sommes relevé de cette accusation, et nous nous
« trouvons debout. Ainsi donc, par notre décret et
« celui du saint synode et en notre présence, ils ont
« été déposés et excommuniés des fonctions sacerdo-
« tales, et deviennent, sans aucun doute, étrangers
« au gouvernement de leur épiscopat. Que votre fra-
« ternité donc, gardienne de la règle des canons, et
« observant les saints décrets, se garde d'oser re-
« prendre dans le catalogue des prêtres ceux que
« nous en avons rejetés. Vous trouverez annexés ci-
« dessous la sentence de la déposition prononcée
« contre les susdits Theutgaud et Gonthier, ainsi que
« les autres articles que nous avons promulgués et
« sanctionnés d'accord avec le saint concile. »

Art. 1er. « Le synode rassemblé dernièrement, c'est-
« à-dire, sous le très-pieux empereur Louis, à la on-
« zième indiction du mois de juin, dans la ville de

[1] Proverb. chap. 1, v. 17.

« Metz, par les évêques, ayant anticipé sur notre juge-
« ment, et violé témérairement les règles du siége
« apostolique, est par nous déclaré cassé dès mainte-
« nant et dans l'éternité, rejeté, et de notre autorité
« apostolique nous le prononçons condamné à perpé-
« tuité, et le décrétons ne devoir être appelé synode,
« mais bien lieu de prostitution propice à l'adultère. »

Art. 2. « Sur le rapport à nous fait des actes de
« Theutgaud, évêque de Trèves et primat des provin-
« ces belgiques, et de Gonthier, évêque de Cologne,
« maintenant amenés devant nous et le saint synode,
« touchant la manière dont ils ont connu et jugé de
« l'affaire relative à Lothaire et à ses deux femmes,
« Teutberge et Waldrade, et les mêmes nous ayant
« présenté sur cela un écrit signé de leur propre main,
« et ayant affirmé de leur propre bouche, en présence
« d'un grand nombre, qu'ils n'ont fait ni plus ni moins
« ni autrement que ce dont on les accuse, et ayant
« confessé publiquement et de vive voix avoir violé
« la sentence que notre très-saint frère Thaddée, ar-
« chevêque de Milan, et autres de nos collègues les
« évêques, ont demandée au siége apostolique contre
« Ingiltrude, femme de Boson, et qu'enflammé du
« zèle de Dieu, nous avons rendue canoniquement
« sur instance d'anathême; dans toutes lesquelles
« choses nous avons trouvé qu'ils avaient transgressé
« de plusieurs manières les décrets canoniques et
« apostoliques, et violé témérairement la règle de
« l'équité : nous avons prononcé par le jugement du
« Saint-Esprit et l'autorité de saint Pierre résidante
« en nous, qu'ils devaient demeurer exclus de toutes
« fonctions épiscopales, et étrangers à tout gouver-

« nement de l'épiscopat; que si, d'après leur pré-
« cédente coutume, ils osaient accomplir, comme
« évêques, quelques-unes des fonctions du sacré mi-
« nistère, il ne leur sera permis d'espérer en aucune
« manière leur rétablissement dans aucun autre sy-
« node, ni aucun moyen de faire réparation ; mais
« tous ceux qui communiqueront avec eux seront
« rejetés de l'Église, surtout si, ayant appris la sen-
« tence portée contre eux, ils se hasardaient à aucune
« communication. »

Art. 3. « Que les autres évêques qu'on a rapportés
« être complices des susdits Theutgaud et Gonthier,
« s'ils s'unissent avec eux dans des séditions, conju-
« rations ou conspirations, ou s'ils se mettent héréti-
« quement en dissentiment avec le chef, c'est-à-dire,
« avec le siége de saint Pierre, soient liés par la même
« condamnation; que si l'on apprend, d'ailleurs, par
« eux-mêmes, ou par des envoyés qu'ils nous feront
« parvenir, chargés d'écrits de leur main, qu'ils se
« tiennent attachés au siége apostolique, d'où leur épis-
« copat a manifestement son principe; qu'ils sachent
« que la permission de venir à nous ne leur sera pas
« refusée, et qu'ils ne craignent en aucune manière
« de perdre leurs dignités pour des témérités ou des
« signatures dont ils se seraient rendus coupables dans
« des actes sacriléges, mais qu'ils auraient rétractés. »

Art. 4. « Nous avons dernièrement anathématisé
« régulièrement, ainsi que ses fauteurs, Ingiltrude,
« fille du feu comte Matfried, qui, après avoir quitté
« Boson, son mari, court le pays depuis environ sept
« ans, vagabondant de côté et d'autre; mais, à cause
« de sa contumace, nous ordonnons qu'elle soit liée

« des nœuds d'un anathême réitéré. Ainsi donc, au
« nom du Père et du Fils et du Saint-Esprit, seul et
« vrai Dieu, et de tous les saints Pères, et de toute
« la sainte Église catholique et apostolique de Dieu,
« qu'elle soit anathême avec tous ses complices, tous
« ceux qui communiquent avec elle et lui prêtent as-
« sistance; en sorte que, comme nous l'avons déjà dé-
« crété, si quelqu'un osait communiquer ou s'entre-
« tenir avec elle en quelque manière que ce soit; si
« c'est un clerc, que, lié du même lien, il soit dé-
« pouillé des fonctions cléricales; que les moines aussi
« et les laïques, s'ils désobéissent au présent décret,
« soient également anathématisés. Cependant, si cette
« femme retournait à son mari, ou se rendait à Rome
« au siége apostolique de saint Pierre, très-certaine-
« ment nous ne lui refuserions pas le pardon après
« qu'elle aurait dûment satisfait; mais que jusque-là
« elle demeure sous les liens de l'anathême que nous
« lui avons imposé alors et maintenant. Si cependant
« quelqu'un communiquait sans le savoir avec ladite
« Ingiltrude lorsqu'elle serait en route pour se rendre,
« dans ce dessein, au siége apostolique de saint Pierre
« à Rome, ou, la connaissant, lui prêtait secours pour
« s'y rendre, il ne tombera pas pour cela sous les
« liens de l'anathême. »

Art. 5. « Si quelqu'un méprise ces préceptes, man-
« dats, interdiction, ordonnances ou décrets salutai-
« rement promulgués par le chef du siége apostolique
« pour la foi catholique, la discipline ecclésiastique,
« la correction des fidèles, l'amendement des cou-
« pables, ou la prévention des maux imminens ou à
« venir, qu'il soit anathême. »

« Nous souhaitons à Votre Sainteté en Jésus-Christ
« une bonne santé. »

Le 25 octobre, Charles tint dans le palais de Verberie un synode, où il réclama par les lois, sur Robert, évêque de la ville du Mans, l'abbaye de Saint-Calais que celui-ci voulait retenir dans la juridiction de son évêché. Par droit de recommandation apostolique, il envoya aussi à Rome, avec des lettres et des messages de lui et des évêques, comme le lui avait fait dire le pape, Rothade récemment déposé. A la recommandation du souverain apostolique, il reçut à réconciliation sa fille Judith, et reçut aussi avec solennité l'envoyé de Mahomet, roi des Sarrasins, venu à lui avec de grands présens et des lettres, énonçant desir de paix et d'une alliance amicale. Il ordonna qu'ils attendissent avec honneur et toutes les protections nécessaires, et dûment défrayés, dans la ville de Senlis, le moment où il pourrait les renvoyer honorablement à leur roi. De là il se dirigea en armes vers l'Aquitaine avec une troupe considérable pour y reprendre par la force son fils Charles, s'il ne voulait pas revenir autrement, et arriva jusqu'à la cité d'Auxerre. Là, comme le lui avait demandé le souverain apostolique, et par le conseil de ses fidèles, il permit à sa fille Judith de s'unir régulièrement en mariage à Baudouin qu'elle avait suivi. De là il se rendit à la cité de Nevers, où il reçut son fils Charles qui venait vers lui, lui fit promettre par serment fidélité et soumission, et fit de nouveau jurer la même chose aux grands de l'Aquitaine.

Deux des Normands qui, dernièrement avec Wéland, étaient sortis de leurs navires, demandant par feinte, comme on le dit alors et comme la suite l'éclaircit, à être faits Chrétiens, accusèrent Wéland d'infidélité; comme il le niait, l'un d'eux, selon la coutume de sa nation, le combattit en présence du roi les armes à la main et le tua. Cependant on apprit la triste nouvelle que les Normands étaient venus à Poitiers : la ville fut préservée en se rachetant ; mais ils brûlèrent l'église du grand confesseur saint Hilaire. Le roi célébra la Nativité du Seigneur proche de la ville de Nevers, dans le lieu où il avait reçu son fils.

[864.] Charles ayant levé une armée d'Aquitains, leur ordonna d'aller contre les Normands qui avaient brûlé l'église de Saint-Hilaire, et se rendit à Compiègne conduisant son fils Charles de même nom que lui ; il envoya ses messagers pour recevoir des villes et châteaux dans la Gothie. Les Normands marchent vers la cité d'Auvergne où, après avoir tué Étienne, fils de Hugues, avec un petit nombre des siens, ils retournent impunément à leurs navires. Pepin, fils de Pepin, qui, de moine, s'était fait laïque et apostat, s'allie aux Normands et suit leur religion. Charles le jeune, que son père avait dernièrement reçu venant d'Aquitaine, et conduisait avec lui à Compiègne, retournant de la chasse la nuit dans la forêt de Cuise, tandis qu'il ne songeait qu'à s'amuser avec d'autres jeunes gens de son âge, fut, de l'œuvre du diable, frappé à la tête par le jeune Alboin d'un coup de dague qui lui pénétra quasi jusqu'au cerveau. Le coup, entré par la tempe gauche, traversa jusqu'à la mâchoire droite.

Lothaire, fils de Lothaire, fit lever sur chaque manoir de son royaume quatre deniers, dont, sous le nom de loyer, il paya au Normand Rodolphe, fils de Hérold, et aux siens, une somme d'argent, avec un tribut annuel de beaucoup de farine, de brebis, de vin et de bière.

Louis, qu'on appelait empereur d'Italie, invité par Gonthier, prit pour injure à lui personnelle que l'apostolique eût, comme on l'a dit ci-dessus, dégradé les messagers de son frère Lothaire, envoyés à Rome sur sa foi et par son intervention; et, ne pouvant contenir sa fureur, il marcha vers Rome avec sa femme et accompagné des envoyés Theutgaud et Gonthier, dans l'intention de forcer le pape de Rome à les rétablir dans leurs évêchés; ou, s'il ne le voulait pas, de mettre les mains sur lui à son grand dommage. Ce qu'ayant appris, l'apostolique indiqua un jeûne avec des litanies générales pour lui et les Romains, afin que Dieu, par l'intercession des apôtres, mît en l'esprit dudit empereur de bons desseins et du respect pour le culte divin et l'autorité du siége apostolique. L'empereur cependant arriva à Rome, et tandis qu'il logeait près la basilique de Saint-Pierre, le clergé et le peuple romain se rendirent à l'église de Saint-Pierre avec des croix et célébrant le jeûne et les litanies. Comme ils commençaient à monter les degrés de la basilique, les hommes de l'empereur les renversèrent à terre, les frappèrent de toute sorte de coups, brisèrent les croix et les drapeaux, et ceux qui en purent échapper prirent tous la fuite. Dans ce tumulte fut brisée et jetée en la rue la vénérable et merveilleuse croix qu'avait fait fabriquer très-proprement Hélène, de sainte mémoire, y enfermant du bois de la croix miraculeuse, et dont ensuite elle avait fait à Saint-Pierre un grand présent. Elle fut, à ce qu'on rapporte, ramassée par quelques hommes de la nation des Angles et rendue au gardien. L'apostolique apprit ce forfait dans le palais de Latran qu'il habitait, et, peu après, sut de science certaine qu'on voulait se saisir de lui; il entra secrètement en un bateau et se transporta sur le Tibre dans la cathédrale de Saint-Pierre, où il demeura deux jours et deux nuits sans manger et sans boire.

Cependant l'homme qui avait eu l'audace de briser la très-sainte croix mourut, et l'empereur fut pris de la fièvre; à cause de quoi sa femme envoya vers l'apostolique. Sur la foi de son injonction, celui-ci vint vers l'empereur; et, après qu'ils eurent discouru entre eux, l'apostolique, ainsi qu'il fut convenu, rentra à Rome au palais de Latran, et l'empereur ordonna à Gonthier et à Theutgaud de s'en retourner en France dégradés comme ils étaient venus. Alors Gonthier envoya à l'apostolique, par le clerc Hilduin son frère, soutenu de ses hommes, ces articles diaboliques qu'il avait adressés, avec leur préface, aux évêques du royaume de Lothaire, lorsque, comme nous l'avons dit, il revint à Rome à la suite de Louis, et dont jusque-là on n'avait pas pris connaissance. Il ordonna à Hilduin, si l'apostolique ne voulait pas recevoir son écrit, de le jeter sur le tombeau de saint Pierre.

« A nos saints et vénérables frères et collègues les
« évêques, Gonthier et Theutgaud, en Notre-Seigneur,
« salut. Nous prions avec supplication votre très-
« chère fraternité d'employer incessamment l'assis-
« tance de vos saintes prières en faveur de nous qui
« prions assidûment pour vous, et de ne pas vous
« troubler ni vous effrayer des choses sinistres que
« peut-être la renommée proclame de nous et de vous.

« Nous avons cette confiance en la très-clémente
« bonté de Notre-Seigneur, qu'avec l'aide de Dieu
« les embûches de nos ennemis ne prévaudront pas
« sur notre roi ni sur nous, et que nos adversaires
« n'auront pas sujet de se réjouir de nous, bien que le
« sire Nicolas, qui se dit pape, se déclare apôtre entre
« les apôtres, et se fait empereur de tout le monde,
« ait voulu nous condamner à l'instigation et selon
« le desir de ceux dont il est connu pour favoriser
« les conspirations ; cependant de toute manière, par
« l'aide du Christ, il a trouvé des résistances à sa folie,
« et n'a pas eu ensuite médiocrement à se repentir de
« ce qu'il avait fait. Nous vous envoyons les articles
« écrits ci-dessous, afin que vous connaissiez nos su-
« jets de plainte contre ledit pontife. Cependant, après
« être sortis de Rome et nous en être fort éloignés,
« nous sommes de nouveau rappelés à Rome, et c'est
« en commençant à y retourner que nous vous avons
« écrit ces petites lettres pour que vous ne vous éton-
« niez pas de notre retard. Visitez et reconfortez sou-
« vent le seigneur notre roi, tant par vous-mêmes
« que par vos messages et vos lettres, et conciliez-
« lui tout ce que vous pourrez d'amis et de fidèles ; ne
« cessez pas surtout d'inviter, par vos admonitions, le
« roi Louis, et recherchez soigneusement avec lui le
« lien commun, car de la paix de leur royaume dé-
« pend notre paix. Soyez, nos seigneurs et frères,
« calmes d'esprit et tranquilles de cœur, car, Dieu
« voulant, nous espérons vous annoncer de telles
« choses que, guidés par l'esprit du Seigneur, vous
« pourrez sans erreur y discerner ce que vous devez
« faire et comment vous devez le faire. Cependant

« ayez soin de soutenir de toute manière ledit roi par
« vos avertissemens, en telle sorte qu'au milieu des
« suggestions diverses il demeure immuable jusqu'à
« ce qu'il connaisse par lui-même les motifs des choses.
« D'ailleurs, frère très-zélé, il est nécessaire et louable
« de conserver inviolablement la fidélité que nous
« avons promise à notre roi en présence de Dieu et
« des hommes. Que Dieu tout-puissant daigne vous
« maintenir en son saint service! »

Art. 1er. « Écoute, sire pape Nicolas; nos pères et
« frères les évêques nos collègues nous ont envoyés
« vers toi, et nous sommes venus de notre propre
« mouvement consulter ton autorité sur les choses
« que nous avons jugé comme il nous a paru conve-
« nable et selon les lumières de ceux qui nous ont
« aidés et approuvés; et nous avons apporté des écrits
« montrant les autorités et les raisons que nous avons
« suivies, afin que ta sapience, après avoir examiné
« toutes choses, nous apprît ton sentiment et ta vo-
« lonté; et si ta Sainteté trouvait quelque chose de
« mieux, nous lui demandons de nous instruire et de
« nous guider, prêts, ainsi que nos confrères, quelque
« chose que tu veuilles suggérer conformément à la
« justice et à la raison, à nous soumettre à tes sages
« instructions. »

Art. 2. « Mais durant trois semaines que nous avons
« attendu ta réponse, tu ne nous as déclaré rien de
« certain ni aucune doctrine, mais seulement un jour
« en public tu as dit que, d'après les affirmations con-
« tenues dans notre écrit, nous paraissions excusables
« et innocens. »

Art. 3. « A la fin, appelés par toi, nous avons été

« conduits en ta présence, ne soupçonnant aucune
« inimitié. Là, les portes fermées, par une conspira-
« tion à la manière des brigands, au milieu d'une mul-
« titude assemblée et mêlée de clercs et de laïques, tu
« t'es efforcé de nous opprimer par la violence et sans
« synode, sans examen canonique, personne ne nous
« accusant, personne ne témoignant contre nous, sans
« aucun délai donné aux éclaircissemens de la discus-
« sion, sans alléguer les autorités, sans confession de
« notre bouche, et en l'absence des autres évêques
« métropolitains et diocésains nos confrères; et, in-
« dépendamment du consentement de tous, tu as
« voulu nous condamner par ta seule volonté et fureur
« tyrannique. »

Art. 4. « Mais ta sentence maudite, contraire à toute
« paternelle bénignité, étrangère à toute fraternelle
« charité, injustement et sans raison portée contre nous,
« en contradiction aux lois canoniques, n'a point été
« acceptée de nous; et, avec toute l'assemblée de nos
« frères, nous la méprisons et rejetons comme un avor-
« ton maudit; et toi-même, à cause de la faveur et
« communion que tu accordes à des damnés et ana-
« thématisés, rejetant et méprisant la sainte religion,
« nous ne te voulons pas recevoir dans notre commu-
« nion et société, et sommes très-satisfaits que tu te
« séquestres de toute communion et société fraternelle
« avec l'Église que tu dédaignes en t'élevant au dessus
« d'elle, et dont tu te rends indigne par l'enflure de
« ton orgueil. »

Art. 5. « Tu as donc, par ta légèreté téméraire, in-
« fligé sur toi-même, par ta propre sentence, la peste
« de l'anathème lorsque tu t'es écrié : *Que celui qui*

« *n'observe pas les préceptes apostoliques soit ana-
« thême!* car tu es connu pour les avoir violés nombre
« de fois, annulant, autant qu'il est en toi, à la fois
« les lois divines et les sacrés canons, et ne voulant
« pas suivre les traces de tes prédécesseurs les pon-
« tifes romains. »

Art. 6. « Maintenant donc, nous qui avons éprouvé
« ta fourberie et tes artifices, nous sommes, non pas
« irrités de l'outrage que tu as fait tomber sur nous,
« mais enflammés de zèle contre ton iniquité, et, sans
« songer à notre personne indigne, nous avons devant
« les yeux la généralité de notre ordre, envers lequel
« tu veux user de violence. »

Art. 7. « Pour résumer ici en peu de mots notre
« proposition spéciale, la loi divine et la loi cano-
« nique nous apprennent très-clairement, et il est aussi
« stipulé par les vénérables lois du siècle, qu'il n'est
« permis à personne de livrer une vierge libre en
« concubinage à un homme, surtout si la fille ne veut
« pas consentir à cette conjonction illicite ; et lors-
« qu'elle est unie à un homme sien, du consentement
« de ses parens, de foi, d'effet et par l'affection con-
« jugale, on doit certainement la regarder comme sa
« femme, et non sa concubine. »

L'apostolique, instruit d'avance de la chose, ne
voulut pas recevoir leurs articles; cependant ledit
Hilduin armé, et avec les hommes de Gonthier, en-
tra sans aucun respect dans l'église de l'apôtre saint
Pierre, et, comme le lui avait ordonné son frère
Gonthier, si l'apostolique refusait de recevoir le dia-
bolique écrit, voulut le jeter sur le tombeau de saint
Pierre. Les gardiens s'y opposant, lui et ses complices

commencèrent à charger de coups ces gardiens, tant qu'il y en eut un de tué. Alors il jeta l'écrit sur le tombeau de saint Pierre, et, mettant l'épée à la main pour se défendre lui et ceux qui étaient venus avec lui, ils sortirent de l'église, et, cet acte déplorable accompli, retournèrent vers Gonthier.

Peu de jours après, l'empereur sortit de Rome où sa suite avait commis beaucoup de déprédations, détruit beaucoup de maisons, pollué des religieuses et d'autres femmes, tué des hommes et violé des églises. Il vint à Ravenne, où il célébra la Pâque du Seigneur avec autant de grâces de Dieu et des apôtres qu'il en avait mérité.

Gonthier, étant arrivé à Cologne lors de cette même cène du Seigneur, osa, comme un homme qui n'avait point de Dieu, célébrer la messe et bénir le saint chrême; mais Theutgaud s'abstint avec respect du saint ministère, ainsi qu'il lui avait été ordonné. Enfin les autres évêques s'étant employés auprès de Lothaire, il ôta à Gonthier son évêché sans consulter personne, le donna à Hugues, fils de Conrad, oncle du roi Charles et de sa tante maternelle, tonsuré clerc, sous-diacre seulement par le degré de son ordination, mais, par ses mœurs et sa vie, peu semblable à un fidèle laïque. Gonthier, irrité de cela, emportant tout ce qui restait dans cette ville du trésor de l'église, retourna à Rome pour y exposer par ordre au pape toute la suite de l'affaire de Lothaire avec Teutberge et Waldrade. Mais les évêques du royaume de Lothaire adressèrent à l'apostolique des envoyés portant par écrit des paroles de pénitence et des professions canoniques, confessant que, dans l'affaire de Teutberge et de Waldrade, ils avaient grandement dévié de la vérité évangélique et des règles sacrées de l'autorité apostolique. Cependant Lothaire, après avoir envoyé à l'apostolique Raoul, évêque de la ville de Strasbourg, avec des écrits, où, selon sa coutume, il s'excusait et promettait faussement un amendement volontaire, alla par Gondreville et Remiremont à la rencontre de son frère au lieu qu'on appelle Orbe.

Charles envoie à Rome avec des lettres Robert, évêque de la ville du Mans, pour y conduire Rothade, ainsi que l'avait ordonné l'apostolique; mais les évêques de son royaume ayant adressé au siége apostolique leurs vicaires avec les lettres synodales sur l'affaire de ce même Rothade, Louis leur refuse le passage. Ces envoyés, tant du roi que des évêques, firent connaître secrètement au pape les causes de l'impossibilité où ils étaient de se rendre à Rome. Rothade, feignant une maladie, demeura à Besançon; les autres retournèrent dans leur patrie; et Rothade, revenant après eux par Coire, protégé de Lothaire et Louis, roi de Germanie, ses fauteurs, alla vers Louis, empereur d'Italie, afin de pouvoir par son secours parvenir à Rome.

Les envoyés du roi Charles revinrent sans avoir rien fait dans l'affaire pour laquelle ils avaient été envoyés; et Honfroi, chassé de Toulouse et de la Gothie, ayant passé en Italie par la Provence, Charles envoya de nouveau à Toulouse et en Gothie d'autres messagers pour y reprendre ses terres et ses châteaux.

Louis, roi de Germanie, marche en armes contre le chagan des Bulgares qui avait promis de vouloir se faire chrétien. Louis comptait, s'il réussissait, aller de là rétablir l'ordre sur la frontière des Wénèdes. Les Normands étaient venus en Flandre, apportés par une nombreuse flotte; mais les gens du pays leur faisant résistance, ils remontent le Rhin, et dévastent, dans les royaumes de Louis et de Lothaire, toutes les parties voisines des deux rives du fleuve. Charles tient, au commencement de juin, dans le lieu nommé Pistre, une assemblée générale, en laquelle il reçoit cinq cents livres en argent de don annuel et cens du pays de Bretagne, que lui envoie Salomon, duc des Bretons, conformément à l'usage de ses prédécesseurs. Il ordonne de fortifier la Seine, afin que les Normands ne puissent remonter ce fleuve; et, par le conseil de ses fidèles, et conformément à l'usage des rois ses prédécesseurs et ancêtres, il décrète trente-sept capitulaires qu'il ordonne d'observer comme lois dans tout son royaume.

Pepin l'apostat est enlevé, par l'adresse des Aquitains, du milieu des Normands, et présenté dans cette assemblée aux grands du royaume comme traître au pays et à la chrétienté; en raison de quoi il est de tous unanimement condamné à mort, et renfermé dans la ville de Senlis dans une étroite captivité. Bernard, fils par la chair et les mœurs du feu tyran Bernard, part de l'assemblée avec la permission du roi, comme pour retourner dans ses bénéfices; mais la nuit, revenu à main armée, il se cache dans une forêt, attendant le lieu et l'heure de tuer méchamment, les uns disent le roi, qui, par le jugement des Francs, avait fait tuer son père, et selon les autres Robert et Ramnulphe, fidèles du roi. Le roi, en ayant eu connaissance, envoya des gens pour le prendre et le conduire en sa présence, en sorte qu'il prit le parti de la fuite. Le roi, en conséquence, par le jugement de ses fidèles, reprit les bénéfices qu'il lui avait donnés, et les conféra à Robert, son fidèle.

Egfried, qui, dans les temps passés, de concert avec Étienne, avait soustrait à l'obéissance paternelle le fils du roi, de même nom que son père, est pris par Robert, et présenté au roi dans cette même assemblée. Le roi, à la prière de Robert et de ses autres fidèles, lui pardonne ce qu'il avait commis contre lui, et, après qu'il a prêté serment, lui permet de s'en aller sans avoir reçu aucun mal et avec des présens. Charles, du lieu nommé Pistre, vient à Compiègne vers le commencement de juillet, renvoie honorablement l'envoyé de Mahomet, roi des Sarrasins, qui était venu le trouver avant l'hiver, après lui avoir fait passer par ses messagers de grands et nombreux présens. Carloman, fils de Louis, roi de Germanie, qui habitait près de son père avec une garde, feignant d'aller à la chasse, se dérobe par la fuite à son père, et s'empare des Marches qu'il lui enlève avec le consentement des marquis par lesquels elles lui sont livrées. Son père, suivant ses traces, le fait venir à lui sous condition de fidélité, et lui confère des bénéfices. De là, revenant vers le palais de Francfort, il tombe de cheval en chassant un cerf en une forêt, et, blessé dans les côtes, il est porté en un monastère voisin, et envoie devant lui son fils Louis audit palais de Francfort où était déjà sa femme, et où, bientôt guéri, il se rend lui-même.

Le pape Nicolas envoie de nouveau à tous les archevêques et évêques des provinces de la Gaule, de la Germanie et de la Belgique, pour confirmer la déposition de Theutgaud, archevêque de Trèves, et de Gonthier, archevêque de Cologne; mais il pardonne, comme il l'avait promis dans l'écrit ci-dessus, aux autres évêques du royaume de Lothaire qui, après avoir consenti au divorce avec Teutberge et au mariage avec la concubine Waldrade, lui avaient envoyé des lettres contenant la confession de leur faute. Il convoque un synode à Rome vers le commencement de novembre, annonçant qu'on y confirmera de nouveau la déposition des deux archevêques, et qu'on y traitera de l'affaire de Lothaire et de celle d'Ignace, évêque de Constantinople, déposé l'année précédente, et en la place duquel un laïque avait été tonsuré et ordonné évêque. Les susdits Theutgaud et Gonthier vinrent de leur plein gré à ce synode, pensant que, par l'intervention de l'empereur Louis, ils obtiendraient de l'apostolique qu'il les rétablît dans leurs siéges.

Louis, dit empereur d'Italie, est grièvement blessé par un cerf en rut qu'il avait voulu percer de ses traits. Arsène, apocrisiaire, demande à Nicolas, pontife du siége de Rome, de lui permettre d'adresser des messagers à Charles pour certaines affaires ecclésiastiques. Mais le pape le refuse, pensant que c'est à trompeuse intention et contre lui qu'Arsène veut envoyer des messagers en France. Hubert, clerc marié et abbé du monastère de Saint-Martin, est tué par les hommes de Louis, empereur d'Italie, contre la volonté duquel il tenait l'abbaye de Saint-Maurice et d'autres bénéfices dépendans de lui; et Teutberge, sa sœur, renvoyée par Lothaire, vient se remettre sous la protection de Charles. Charles lui donne le monastère d'Avenay, et confère l'abbaye de Saint-Martin à Ingelwin, diacre de son palais. Robert, comte d'Angers, ayant attaqué deux troupes de Normands qui résidaient sur le fleuve de Loire, tue presque tous les hommes d'une de ces troupes, à l'exception de quelques-uns qui s'échappent par la fuite; mais l'autre troupe, plus forte, arrivant par derrière, le blesse; en sorte qu'il prend le parti de se retirer, ayant perdu un petit nombre des siens, et il guérit peu de jours après.

[865.] Le roi Charles célèbre, dans le palais de Quierzy, la Nativité de Notre-Seigneur. Il vient à la ville de Ver, et environ le milieu de février, il reçoit honorablement, en la ville de Douzy, son frère Louis et les fils de celui-ci. Là, après en avoir consulté avec leurs fidèles, ils envoient à leur neveu Lothaire, par les évêques Altfried et Erchanrat, un message portant que, comme il avait dit souvent qu'il devait aller à Rome, il devait d'abord, selon les exhortations de l'apostolique et les leurs, s'amender en ce qu'il avait commis contre les lois divines et humaines, et au mépris de l'Église qu'il avait scandalisée par ses transgressions; et qu'alors, après avoir mis ordre aux affaires de son royaume, il irait, s'il lui plaisait, à l'église des apôtres pour demander et obtenir son pardon. Mais Lothaire, pensant qu'ils lui voulaient enlever son royaume et le partager entre eux, envoya à son frère, l'empereur d'Italie, Luitfried son oncle, le priant d'obtenir de l'apostolique qu'il écrivît à ses oncles des lettres pour les engager à lui garder la paix et à ne point apporter de trouble dans son royaume; ce qu'obtint l'empereur Louis.

Cependant, par un jugement de Dieu, les Normands

qui habitaient sur la Loire, favorisés du vent, voguent avec la plus grande impétuosité jusqu'au monastère de Saint-Benoît, dit de Fleury, y mettent le feu, et, en revenant, livrent aux flammes la ville d'Orléans, ses monastères et tous les édifices environnans, excepté l'église de la Sainte-Croix, que la flamme, bien que les Normands y missent grand travail, ne put jamais dévorer; puis ils retournent au lieu de leur résidence, descendant de même le long du fleuve et ravageant les lieux voisins.

De Douzy, Louis prit sa route vers la Bavière, et Charles, son fils, réconcilié avec lui et rentré dans sa maison, lui rendit les Marches qu'il lui avait enlevées et revint au palais de Francfort. Charles, venu par Attigny à Servais[1], y célèbre le saint carême et la Pâque du Seigneur, et envoyant dans la Gothie Bernard, né de feu Bernard et de la fille du comte Rorigon, il lui confie une partie de ses Marches; et venant ensuite à la ville de Ver, il y reçoit des évêques et d'autres grands de l'Aquitaine qui étaient venus à sa rencontre, et, sur leurs nombreuses demandes, permet à son fils Charles, encore mal corrigé, de retourner en Aquitaine avec le nom et le titre de roi.

Le pape Nicolas envoie aux deux frères, Louis et Charles, ainsi qu'aux évêques et aux premiers du royaume, Arsène, évêque d'Ostie et son conseiller, avec des lettres de lui portant la demande que Lothaire, par son frère, l'avait prié de leur faire, non pas dans ces termes de civilité et ces expressions de douceur apostolique dont les évêques de Rome avaient coutume, dans leurs lettres, d'honorer les rois, mais

[1] Près de La Fère.

avec des menaces pleines de malveillance. Ce même Arsène étant allé par Coire et par l'Allemagne trouver Louis, roi de Germanie, dans le palais de Francfort, lui porta les lettres de l'apostolique, et de là se rendit à Gondreville près de Lothaire. Là il lui remit, et aux évêques et premiers de son royaume, des lettres du pape portant que, s'il ne reprenait pas sa femme Teutberge et ne renvoyait Waldrade, Arsène devait le rejeter de toute société chrétienne, le pape l'ayant déjà excommunié en plusieurs épîtres précédentes et très-souvent déclaré exclu de la société des Chrétiens. De chez Lothaire Arsène venant, vers le milieu de juin, dans le palais d'Attigny, remit de même assez honorablement, aux rois Louis et Lothaire, deux lettres semblables entre elles. Il ramena aussi avec lui et présenta à Charles Rothade, destitué canoniquement par les évêques des cinq provinces de Rheims, et rétabli par le pape Nicolas, non régulièrement, mais de sa propre autorité; car les sacrés canons disent que, si un évêque dégradé de son rang par les évêques des provinces se réfugie vers l'évêque de Rome, l'évêque de Rome doit écrire aux évêques des provinces frontières et voisines pour qu'ils s'enquièrent soigneusement de toute l'affaire et lui en rendent compte fidèlement selon la vérité; et si l'évêque de Rome leur renvoie de nouveau celui qui a été dépouillé, il doit leur adresser des légats *à latere* ayant autorité pour accomplir cette mission, afin qu'ils jugent avec les évêques; ou, autrement, il doit regarder les évêques comme suffisans pour terminer l'affaire. L'apostolique ne voulut faire ni l'un ni l'autre; et, méprisant le jugement des évêques qui, selon les sacrés règlemens, après avoir prononcé sur l'apparence des faits, s'en étaient référés au siége apostolique de toutes les choses jugées, il rétablit Rothade de sa propre autorité. Il renvoya donc à Charles l'évêque rétabli avec des lettres portant que si quelqu'un, sans exception, s'opposait en quelque chose à Rothade, soit dans la possession de sa dignité ou celle des biens de l'évêché, il serait anathême; ainsi, sans avoir consulté les évêques qui l'avaient déposé et sans leur consentement, Rothade fut rétabli dans son siége par le légat Arsène.

Après cela Arsène alla à Douzy, à la rencontre de Lothaire, conduisant Teutberge qui, depuis quelque temps, habitait honorablement dans le royaume de Charles; et, après avoir reçu le serment que prêtèrent, au nom de Lothaire, douze de ses hommes, il lui rendit en mariage cette même Teutberge, sans lui demander, comme l'ordonnaient les canons, aucune réparation ecclésiastique pour son adultère public.

On prêta aussi à Teutberge, au nom de Lothaire, un serment dicté et apporté de Rome par Arsène : « Je « jure et promets, par les quatre saints évangiles du « Christ que je touche de mes mains, et par ces re- « liques des saints, que mon seigneur le roi Lothaire, « fils de feu Lothaire, le sérénissime empereur, de « pieuse mémoire, recevra à l'avenir et désormais, et « tiendra en toutes choses Teutberge sa femme pour « épouse légitime, et se conduira en tout avec elle « comme il convient à un roi envers la reine sa femme, « et que jamais, à cause des discordes survenues entre « eux, il ne lui arrivera aucun mal, ni dans sa vie, ni « dans ses membres, de la part de mondit seigneur

« Lothaire, ni de quelque homme que ce soit, à son
« instigation, avec son aide ou de son consentement ;
« mais qu'il la tiendra, ainsi qu'il convient à un roi de
« tenir sa femme légitime ; à cette condition qu'elle
« aura soin désormais de lui rendre en toutes choses
« l'honneur qui convient à une femme envers son sei-
« gneur. » Suivent les noms de ceux qui prêtèrent
ce serment. Parmi les comtes, Milon, Rataire, Roland,
Theutmar, Werembold, Roculf ; entre les vassaux,
Herbold, Wulfried, Eidulf, Berthmond, Nithard, Arnoul. Ils jurèrent sur les quatre évangiles de Dieu
et le très-précieux bois de la sainte croix du Seigneur
et d'autres reliques des saints, le troisième jour du
mois d'août, indiction treizième, dans le lieu nommé
Vanderesse. Cela se fit au temps du sire apostolique,
trois fois bienheureux et co-angélique Nicolas, par le
moyen et les soins du vénérable Arsène, évêque,
messager et apocrisiaire du suprême saint-siége catholique, revêtu de l'autorité apostolique, et légat
dudit sire apostolique Nicolas. Noms des évêques
présens et intervenans : Hardwick, archevêque de
Besançon ; Remède, archevêque de Lyon ; Adon,
archevêque de Vienne ; Roland, archevêque d'Arles ;
Advence, évêque de Metz ; Atton, évêque de Verdun ; Franc, évêque de Liége ; Ratald, évêque de
Strasbourg ; Fulcric, chapelain et envoyé de l'empereur. Y furent aussi du royaume de Charles, Isaac,
évêque de Langres, et Ercanrat, évêque de Châlons,
des mains desquels la reine Teutberge fut reçue, de la
part du roi Charles, par Arsène, vénérable évêque
et légat du siége apostolique, et par les susdits archevêques et évêques. Furent présens en ce lieu, pour

voir et ouïr publiquement ces choses, les hommes nobles de divers royaumes avec une multitude de peuple, desquels nous ne pouvons remplir ici les pages.

Le même jour Arsène, évêque et légat du siége apostolique, et tous les susdits archevêques, remirent et donnèrent, entre les mains du roi Lothaire, la reine Teutberge, non seulement avec la recommandation susdite, mais avec adjuration et sous peine d'excommunication, déclarant que si, en toutes choses, il n'observait pas ce qui a été ci-dessus mentionné, il lui en serait demandé compte non seulement dans la vie présente, mais dans la vie éternelle, au terrible jugement de Dieu, accompagné de saint Pierre, prince des apôtres, et qu'il serait, par ce jugement, damné à toute éternité pour brûler dans les flammes perpétuelles.

Cependant Lothaire envoya vers Charles des messagers, promettant et lui demandant de s'allier mutuellement d'une solide affection; ce qu'il obtint par l'intervention de la reine Hermentrude; et venant à Attigny, il y fut amicalement et honorablement accueilli par Charles, et fut reçu dans l'alliance qu'il sollicitait. Arsène, revenant vers eux, leur apporta une épître du pape Nicolas pleine de terribles imprécations, inconnues jusqu'alors à la modestie du siége apostolique, contre ceux qui, dans les années précédentes, avaient enlevé par violence à ce même Arsène de grands trésors, s'ils ne s'efforçaient de le satisfaire en lui rendant ce qu'ils lui avaient pris. Après avoir laissé cette épître et une autre contenant l'excommunication d'Ingiltrude qui, ayant quitté son mari Boson, s'était réfugiée avec un adultère dans le royaume de

Lothaire, et après avoir reçu de Charles la métairie de Vandœuvre, que l'empereur Louis, de pieuse mémoire, avait donnée à saint Pierre, et qu'un certain comte Viddon retenait depuis plusieurs années, l'évêque Arsène ayant obtenu de Charles les choses pour lesquelles il était venu vers lui, se rendit à Gondreville avec Lothaire que Teutberge y avait précédé. Il y demeura quelques jours pour attendre Waldrade qu'on devait lui amener en ce lieu pour la conduire avec lui en Italie. Là, en présence de Lothaire et Teutberge parés et couronnés avec toute la dignité royale, il célébra la messe le jour de l'Assomption de sainte Marie, et de là prit, avec la susdite Waldrade, la route d'Orbe, où l'on disait que l'empereur Louis, roi d'Italie, devait venir à la rencontre de Lothaire; puis il se rendit à Rome, passant par l'Allemagne et la Bavière pour recouvrer les patrimoines de l'église de saint Pierre situés dans ces deux pays.

D'Attigny, Charles marcha en armes contre les Normands qui étaient entrés dans la Seine avec cinq cents navires. Durant cette route, il perdit, par la négligence des gardiens, trois couronnes très-belles, de nobles bracelets et plusieurs autres choses précieuses. Mais il retrouva le tout peu de jours après, excepté un petit nombre de pierres qui furent pillées dans un tumulte. Les Normands qui résidaient sur la Loire marchent par terre en troupes de gens de pied, sans aucun empêchement, sur la cité de Poitiers, la brûlent et reviennent impunément à leurs navires. Mais Robert ayant tué, sans perdre aucun des siens, cinq cents de ces Normands établis sur la Loire, envoie à Charles des enseignes et des armes normandes.

Charles, venu jusqu'à Pistre où étaient établis les Normands, prend soin, par le conseil de ses fidèles, de refaire les ponts de la rivière de l'Oise et de la Marne à Auvers et à Charenton, car les habitans qui, au temps passé, avaient construit ces ponts, ne pouvaient les reconstruire, empêchés par les incursions des Normands. A cause donc de l'imminente nécessité du moment, Charles ordonna, à ceux qui étaient envoyés des parties les plus éloignées pour venir travailler à fortifier la Seine, de refaire ces ponts, avec cette condition que ceux qui les reconstruiraient alors ne seraient à l'avenir, en aucun temps, soumis à l'obligation de participer à un pareil travail; et ayant envoyé des hommes pour garder les deux rives, il vint, au milieu du mois de septembre, à Orreville pour y chasser.

Cependant, comme les gardes n'étaient pas encore arrivés en deçà de la Seine, les Normands envoyèrent à Paris environ deux cents des leurs qui, n'y trouvant pas le vin qu'ils étaient venus chercher, retournèrent sans profit vers ceux qui les avaient envoyés. Plus de cinq cents d'entre eux voulant, de l'autre côté de la Seine, pénétrer jusqu'à Chartres pour piller, sont attaqués par les gardes du rivage; et, après avoir perdu quelques-uns des leurs, et en avoir eu aussi quelques-uns de blessés, ils retournèrent à leurs navires.

Charles envoie en Neustrie son fils Louis, sans lui rendre ni lui interdire le nom de roi. Cependant il lui donne le comté d'Angers, l'abbaye de Marmoutiers et les métairies qui en dépendent. Il donne à Robert, marquis d'Angers, le comté d'Auxerre et le comté de

Nivernois à unir aux autres dignités qu'il possédait.

Louis, roi des Germains, reçoit son armée qu'il avait envoyée contre les Wénèdes, et qui avait eu des succès. Son fils, du même nom que lui, fiance, contre sa volonté, la fille d'Adalhard, dont l'ame de son père est grandement offensée. Charles se rend à Cologne, à la rencontre de son frère Louis, pour y jouir de sa conversation, et, dans leurs entretiens, il apaise, par ses discours, entre le père et le fils, les discords excités par cette témérité ; mais à cette condition que Charles n'épouserait pas la fille d'Adalhard. Louis retourne à Worms et Charles à Quierzy ; il apprend en route que le 19 octobre les Normands étaient entrés dans le monastère de Saint-Denis, où ils étaient demeurés vingt jours, conduisant chaque jour du butin à leurs navires, et qu'après beaucoup de ravages, ils étaient retournés sans empêchement à leur camp situé non loin de ce monastère.

Cependant, les Normands établis sur la Loire, unis aux Bretons, marchent vers la cité du Mans ; et, après l'avoir pillée impunément, retournent à leurs navires. Les Aquitains combattent les Normands établis sur la Charente, sous la conduite de Siegfried, et en tuent environ quatre cents ; les autres s'enfuient sur leurs navires.

Charles reçoit à Compiègne les messagers qu'il avait envoyés l'année précédente à Mahomet, en la ville de Cordoue, et qui reviennent lui rapportant beaucoup de présens, à savoir, des chameaux, des lits, des tentes, diverses espèces d'étoffes et beaucoup de senteurs. De là étant venu à Roufy, il ôte à Adalhard, qu'il avait chargé de défendre le pays contre les Normands, et à ses proches, Hugues et Bérenger, qui n'avaient rien fait contre eux, les bénéfices qu'il leur avait donnés, et les confère à diverses personnes.

Les Normands qui avaient pillé, comme on l'a dit, le monastère de Saint-Denis, sont saisis de diverses maladies. Les uns sont pris de la rage, d'autres de la gale; d'autres meurent rendant par l'anus leurs intestins et leurs boyaux. Charles envoie des gardes contre les Normands et retourne à Senlis pour y célébrer les fêtes de la Nativité du Seigneur. Il y reçoit la nouvelle de la mort de son fils Lothaire, abbé du monastère de Saint-Germain.

[866.] Le 29 décembre [1], une partie des Normands qui résidaient sur la Loire, allant au pillage en Neustrie, rencontre et combat les comtes Godefroi, Hérivée et Roric. Dans ce combat, Roric, frère de Godefroi, est tué, et les Normands, après avoir perdu beaucoup des leurs, s'en retournent fuyant à leurs navires. Rodolphe, oncle du roi Charles, meurt d'une douleur de colique. Les Normands remontent le lit de la Seine, viennent jusqu'à Melun et marchent sur les gardes placés par le roi Charles des deux côtés de ce fleuve. Les Normands, s'élançant de leurs navires contre une troupe qui paraissait plus forte et plus nombreuse, et à la tête de laquelle étaient Robert et Eudes, la mettent en fuite sans combat et s'en retournent chargés de butin. Charles convient avec les Normands de leur payer quatre mille livres d'argent, et ordonne dans tout son royaume, pour acquitter ce tribut, une contribution de six deniers par chaque manoir libre, trois de chaque manoir servile, un de chaque habitant, un

[1] En 865.

sur deux chaumières, et dix de ceux qu'on tenait pour marchands ; on met sur les prêtres une taxe conforme aux moyens de chacun, et l'on exige de chaque Franc l'impôt appelé *hériban*[1]. On prit ensuite à chaque manoir, tant libre que servile, un denier, et enfin chacun des premiers du royaume apporta, par deux fois, tant en argent qu'en vin, une contribution proportionnée à ce qu'il avait de bénéfices, pour payer ce qui avait été convenu avec les Normands. Outre cela, tous les serfs pris par les Normands, qui, après ce traité, s'enfuirent de leurs mains, leur furent ou rendus ou rachetés au prix qu'il leur plut, et si quelqu'un des Normands était tué, on était obligé de payer une somme pour le prix de sa vie.

Louis, empereur d'Italie, avec sa femme Engelberge, marcha à Bénévent contre les Sarrasins. Lothaire ayant repris à Hugues l'évêché de Cologne, le confia, par l'intervention, à ce qu'on suppose, de l'empereur Louis son frère, à Hilduin, frère de Gonthier, pour qu'il fût censé le gouverner. Mais l'administration en demeura effectivement aux mains de Gonthier, excepté en ce qui touche les fonctions épiscopales. Cette métropole et celle de l'église de Trèves furent long-temps sans pasteur, contre les règlemens sacrés et au grand péril de beaucoup de fidèles.

Charles donne au comte Robert l'abbaye de Saint-Martin, ôtée à Engilwin, et, par son conseil, il par-

---

[1] L'*hériban* (heer-bann) était originairement l'amende imposée à ceux qui négligeaient de se rendre à l'armée ; plus tard, et à l'époque dont il s'agit ici, ce mot fut vaguement appliqué à divers impôts payés par les propriétaires tenus au service militaire.

tage entre ses compagnons les bénéfices situés au-delà de la Seine. Louis, par le conseil du même Robert, donne à son fils, pour l'enrichir, le comté d'Autun, pris à Robert par Bernard, fils de Bernard.

Les Normands s'éloignent au mois de juillet de l'île située proche du monastère de Saint-Denis, et descendant la Seine, gagnent un lieu commode pour réparer leurs navires et en faire de neufs; ils attendent là ce que l'on devait leur payer. Charles marche en armes vers Pistre avec des ouvriers et des chariots pour y faire des ouvrages qui empêchent les Normands de remonter de nouveau la rivière. Louis, roi de Germanie, assemble une armée pour aller, dans la Marche qui confine aux Wénèdes, contre quelques-uns des siens qui s'étaient mis en révolte; et, la précédant, il réduit en peu de temps les rebelles sans combat, et envoie l'ordre à son armée, à peine mise en mouvement, de demeurer où elle était. Les Normands prennent la mer au mois de juillet; et une partie d'entre eux s'établit pendant quelque temps dans un canton d'Italie, et, par un accord passé avec Lothaire, en jouit à sa volonté.

Charles va avec sa femme au-devant de Lothaire à une métairie de l'abbaye de Saint-Quentin; et, d'après quelques conventions, à ce qu'on dit, après avoir confirmé leur alliance, il reçoit en don de Lothaire l'abbaye de Saint-Waast. Charles va, au mois d'août, à la cité de Soissons et siége au synode convoqué par le pape Nicolas, où, selon la recommandation dudit apostolique, on suspendit le procès de Vulfade et de son collègue, ordonnés par Ebbon, ci-devant archevêque de Rheims, après sa déposition; et comme on ne pouvait pas, en faveur de Vulfade et par égards pour quelques-uns, contrevenir ouvertement aux saints règlemens, et que le roi et plusieurs autres agissaient fortement pour Vulfade, bien que les papes Benoît et Nicolas eussent confirmé, par leur signature, la dégradation des susdits régulièrement prononcée par un synode des évêques des cinq provinces, ne pouvant éviter autrement le schisme et le scandale, on imagina, conformément à l'indulgence dont avait usé le concile de Nicée envers ceux qu'avait ordonnés Mélèce après sa condamnation, et d'après la tradition du concile d'Afrique sur les donatistes, de les rétablir dans leur rang, pourvu cependant qu'il plût au pape Nicolas de changer la sentence qu'il avait confirmée. Ainsi donc le concile, ayant envoyé au pape Nicolas, selon la condition prescrite, des lettres par Egilon, archevêque de Sens, chargé aussi de plusieurs autres, se sépara sans qu'il s'élevât de discorde dans le clergé; et comme, d'après les décrets d'Innocent, ce qui a été commandé de cette manière par la nécessité des temps, la nécessité cessant, doit également cesser, parce que autre chose est la règle légitime, autre chose est l'usurpation qui force d'agir ainsi dans le présent, on fit ainsi parce qu'on ne pouvait faire autrement. Mais comme on demandait absolument que, de manière ou d'autre, Vulfade pût être fait évêque, il parut à plusieurs qu'on pouvait, pour éviter la sédition, adopter le milieu qu'exigeait la nécessité; comme on lit dans saint Paul que, par le conseil de Jacob et des anciens de Jérusalem, on aima mieux exercer le culte avec Timothée, circoncis depuis l'abolition de la loi, que d'exciter un tumulte dans l'Église et dans le gouvernement.

Les choses étant en cet état avant que la cause eût été jugée, Charles, de sa pleine autorité, nomma ledit Vulfade à la métropole de Bourges, à la place de l'archevêque Rodolphe, mort dernièrement. Avant que les évêques quittassent la ville de Soissons, Charles leur demanda de sacrer reine sa femme Hermentrude; ce qu'ils firent, à sa demande, dans la basilique de Saint-Médard, et ils leur mirent à tous deux la couronne sur la tête. De ce lieu, le roi se rendit avec la reine à la rencontre de Lothaire au palais d'Attigny, où ils rappelèrent Teutberge, femme de Lothaire, seulement de nom, et qui avait eu la permission de se rendre à Rome. Là ils envoyèrent en commun un message au pape Nicolas, Charles par Egilon, archevêque de Sens, Lothaire par Adon, archevêque de Vienne, et par Waltaire son confident. Ils mandèrent secrètement au pape ce qui leur plaisait. Après quoi Charles envoya son fils Carloman, abbé du monastère de Saint-Médard, pour remettre à Vulfade la métropole de Bourges. Celui-ci arriva après le concile séparé, comme on l'a dit, et après que le même concile eut envoyé au pape Nicolas des lettres par l'archevêque Egilon. Aussitôt, dans le mois de septembre, par la faiblesse de quelques évêques moins instruits des lois ecclésiastiques qu'ils n'auraient dû l'être, gagnés par la faction dudit Vulfade, et pliant sous les menaces que leur faisait Carloman au nom de son père, Vulfade, contre toutes les lois ecclésiastiques, fut, au lieu de l'ordination épiscopale, investi de la malédiction comme d'un manteau. Celui qui avait présidé à ce désordre, plutôt qu'ordination, fut, au milieu de la cérémonie même, saisi de la fièvre et mourut bientôt après.

Charles, fils de Charles et roi d'Aquitaine, dont le cerveau avait été ébranlé par la blessure qu'il avait reçue à la tête quelques années auparavant, long-temps tourmenté d'épilepsie, mourut le 29 septembre, en un village proche de Busençay, et fut enseveli par Carloman son frère et par Vulfade, en l'église de Saint-Sulpice près de Bourges. Charles fit décapiter, près de la cité de Senlis, Guillaume son cousin issu de germain, fils de feu Eudes, comte d'Orléans, et arrêté en Bourgogne par quelques-uns des siens pour avoir agi contre la république.

Environ quatre cents Normands, mêlés de Bretons, venus de la Loire avec des chevaux, arrivent à la cité du Mans, et, après l'avoir pillée, viennent en s'en retournant jusqu'à un lieu nommé Briserte, où les comtes Robert et Ramnulphe, Godefroi et Hérivée les attaquent; et que Dieu eût été avec eux !

Le combat commencé, Robert est tué, et Ramnulphe, frappé d'une blessure dont il mourut peu après, est mis en fuite; Hérivée est aussi blessé et d'autres tués; le reste s'en retourne chacun de son côté: et comme Ramnulphe et Robert n'avaient pas voulu châtier précédemment ceux qui, contre leurs ordres, avaient osé s'emparer, l'un de l'abbaye de Saint-Hilaire, l'autre de l'abbaye de Saint-Martin, il était juste que le châtiment en tombât sur eux.

Louis, fils de Louis, roi de Germanie, par le conseil de Warnaire et de quelques autres à qui son père avait ôté leurs bénéfices à cause de leur infidélité envers lui, se met en guerre contre lui, excitant le Wénède Restic à porter la dévastation jusqu'en Bavière, afin que son père et ses fidèles étant occupés de ce côté, il pût poursuivre sans obstacle ce qu'il avait commencé. Mais Carloman, à qui son père avait donné cette Marche, repousse par ses efforts Restic dans ses États. Louis l'ancien, que l'expérience avait rendu prudent en de telles affaires, se porte promptement au palais dit de Francfort, et son fils et lui s'étant mutuellement donné des gages, il le fait venir vers lui, et ils se promettent de conserver la paix jusqu'au 27 octobre; en sorte que Louis retourne promptement défendre ses Marches contre Restic, pour revenir huit jours avant la fête de Saint-Martin près de la ville de Metz à la rencontre de son frère Charles et de son neveu Lothaire. Charles avait annoncé aux siens qu'il irait au secours de Louis avec une armée telle qu'il avait pu la rassembler, levée en grande partie par les évêques. Il donna au clerc Hugues, son oncle, fils de Conrad, comte de Tours et d'Angers, l'abbaye de Saint-Martin et d'autres abbayes, et l'envoya en Neustrie à la place de Robert : et faisant de l'abbaye de Saint-Waast comme il avait fait auparavant de l'abbaye de Saint-Quentin, il en retint pour lui le chef-lieu et les meilleures métairies, et partagea le reste aux siens, bien moins à leur profit qu'au préjudice de son ame ; puis, avec l'armement qu'il avait annoncé, il se rendit par Rheims, avec sa femme, à la ville de Metz, et parvint jusqu'à Verdun. Là, il reçut des messagers de son frère Louis, lui annonçant qu'il n'avait pas besoin qu'il se rendît vers lui avec son armée, parce qu'il s'était réconcilié avec son fils, comme il en avait eu l'intention, que la sédition soulevée contre lui était complétement apaisée, et qu'il ne lui était pas opportun en ce moment de venir le trouver à Metz, parce que certaines affaires de son royaume le hâtaient de se rendre en Bavière.

Charles, s'étant arrêté à Verdun pendant vingt jours environ, pilla cette ville et tous les lieux circonvoisins, comme l'aurait pu faire un ennemi, en attendant l'arrivée de Lothaire qui travaillait à Trèves auprès des évêques de son royaume, afin que Teutberge fût de nouveau faussement accusée et prît le voile ; ce qu'il ne put obtenir. Cependant Charles reprit chemin par où il était venu ; les siens pillant sur la route tout le pays, il arriva à Rheims, et de là à Compiègne, où il célébra la Nativité du Seigneur.

Le roi des Bulgares, qui, l'année précédente, par l'inspiration de Dieu, et averti par différens miracles et les afflictions de son peuple, avait projeté de se faire chrétien, reçut le saint baptême : ce que voyant avec déplaisir, les grands de son royaume soulevèrent le peuple contre lui afin de le tuer. Ainsi donc tous les habitans des dix comtés se réunirent autour de son palais ; mais lui, ayant invoqué le nom du Christ, avec quarante-huit hommes qui, zélés pour la foi chrétienne, étaient demeurés avec lui, marcha contre toute cette multitude. Aussitôt qu'il fut sorti de la porte de la ville, lui et ceux qui étaient avec lui virent apparaître sept clercs tenant chacun à la main un cierge allumé, et qui se mirent à marcher devant le roi et ses compagnons : et ceux qui s'étaient soulevés contre lui crurent voir une grande maison tout en feu tomber sur eux, et les chevaux de ceux qui étaient avec le roi paraissaient à leurs ennemis marcher debout, et les frapper de leurs pieds de devant. Ils furent saisis d'une telle crainte que, ne songeant ni à fuir, ni à se défendre, ils tombèrent à terre sans pouvoir se remuer. Le roi tua cinquante-deux des grands qui avaient le plus contribué à soulever le peuple contre lui ; il laissa aller le reste du peuple sans lui faire de mal ; et, ayant envoyé vers Louis, roi de Germanie, avec lequel il était uni par une alliance, il lui demanda un évêque et des prêtres, et lorsqu'ils lui eurent été envoyés, il les reçut avec la vénération qui leur était due. Louis cependant, envoyant vers Charles son frère, lui demanda des vases sacrés et des habits sacerdotaux pour l'usage des clercs ; en sorte que Charles ayant levé une somme assez considérable sur les évêques de son royaume [1]......

Le roi des Bulgares envoya à Rome son fils et plusieurs des grands de son royaume ; il fit passer à Saint-Pierre, avec d'autres dons, les armes dont il était revêtu, lorsque, par la vertu du nom du Christ, il avait triomphé de ses adversaires, adressa au pape Nicolas plusieurs questions touchant la foi aux sacremens, et lui demanda de lui envoyer des évêques et des prêtres, ce qu'il obtint. Mais Louis, empereur d'Italie, ayant appris ces choses, envoya au pape Nicolas l'ordre de lui faire passer les armes et les autres dons que le roi des Bulgares avait envoyés à Saint-Pierre, desquels le pape Nicolas lui fit remettre une partie par Arsène, à Bénévent où il habitait, et s'excusa de lui envoyer les autres.

[867.] En cette année du Seigneur 867, Louis, abbé

[1] Il y a ici, dans le manuscrit, une lacune dont on ne connaît pas l'étendue, mais qui ne peut être considérable.

du monastère de Saint-Denis, et petit-fils de l'empereur Charles par sa fille aînée Rotrude, mourut le 9 janvier, et Charles retint pour lui cette abbaye, dans le dessein de faire gérer, sous sa recommandation, les affaires et les soins économiques du monastère par le supérieur, le doyen et le trésorier, et les affaires relatives au service militaire par son maire du palais. Vers le milieu du carême, il se rendit sur la Loire en une terre où il manda les grands d'Aquitaine et son fils Louis, et, après avoir ordonné le service de son palais, il fit Louis roi d'Aquitaine. En revenant, il célébra la Pâque du Seigneur dans le monastère de Saint-Denis; de là il se rendit à Metz pour conférer avec son frère Louis, roi de Germanie; et le 19 mai, vint à sa rencontre dans le palais de Samoucy Égilon, archevêque de Sens, avec des lettres du pape Nicolas pour le rétablissement des clercs de l'église de Rheims, à savoir Vulfade et ses collègues; lequel pape Nicolas, agissant avec beaucoup d'activité, afin de les faire rétablir dans leur rang, alléguait dans ces lettres, contre Hincmar, archevêque de Rheims, beaucoup de choses évidemment fausses. Ledit archevêque apporta aussi au seigneur Charles des lettres dudit pape à Lothaire et aux seigneurs de son royaume sur l'affaire de ses deux femmes, à savoir Teutberge et Waldrade, ordonnant d'envoyer Waldrade à Rome. Charles donna, de la part de l'apostolique, ces lettres à Lothaire qui le vint trouver au palais d'Attigny; de là il se rendit auprès de son frère; puis, à son retour, il revint par la forêt des Ardennes où était Lothaire : et, ayant ordonné qu'on levât une armée dans tout son royaume pour marcher en Bretagne contre Salomon, duc des

Bretons, il convoqua son assemblée pour le commencement d'août dans la ville de Chartres. Cependant des messagers furent envoyés de part et d'autre pour traiter de la paix; et l'on convint que Charles, ayant donné des otages, Passwithen, gendre de Salomon, et par les conseils duquel celui-ci se conduisait en plusieurs choses, viendrait vers ledit commencement d'août trouver Charles à Compiègne, et que ce qu'ils auraient conclu et promis en cette conférence serait effectué; que cependant ceux à qui on avait ordonné de se lever en armes demeureraient dans leurs maisons, mais tout prêts, afin que, s'il en était besoin, et si le roi les demandait, ils pussent venir en armes à Chartres le 23 juin.

Louis, roi de Germanie, envoie son fils Louis, avec les Saxons et les Thuringiens, combattre les Obotrites, et ordonne à tout le reste des peuples de son royaume de se tenir préparés, afin de pouvoir marcher en armes aussitôt qu'il le leur ordonnerait.

Lothaire, redoutant Charles qui revenait d'auprès de Louis, quitte la ville de Metz, et marche vers Francfort, où il fait la paix avec lui, qui auparavant lui était assez contraire; il donne à Hugues, son fils, qu'il avait eu de Waldrade, le duché d'Alsace, et le recommande à Louis, à qui il confie le reste de son royaume, pour aller à Rome, où il avait d'abord envoyé Waldrade. En revenant de Rome, il ordonne dans son royaume la levée d'une armée pour la défense du pays contre les Normands, pensant que Roric, expulsé de la Frise par les habitans, revenait avec l'aide des Danois.

Charles, après avoir donné des otages, reçoit à

Compiègne, au commencement d'août, Passwithen, envoyé de Salomon, et lui donne pour Salomon le comté du Cotentin avec tous les domaines, résidences royales et abbayes situés dans ce comté, et toutes les choses en dépendant, excepté l'évêché. Il confirme ce don par le serment des grands de son royaume. Du côté de Salomon, ledit envoyé prête en son nom serment de fidélité et de paix, promet qu'il portera secours à Charles contre ses ennemis, et que Salomon et son fils, ainsi que les pays qu'ils avaient auparavant, et ceux qui leur reviennent en raison de ce don, demeureront fidèles à Charles et à son fils. Cette affaire conclue, Charles, par l'autorité du pape Nicolas, indique à Troyes un concile pour le 23 septembre, et décide de s'arrêter à l'abbaye de Saint-Waast et à sa métairie d'Orreville et aux environs pour chasser et passer l'automne.

Le concile des provinces de Rheims, Rouen, Tours, Sens, Bordeaux et Bourges, se rassemble à Troyes le 25 octobre. Certains évêques, comme c'est l'usage, y favorisant Vulfade à cause du roi Charles, commencèrent par fabriquer, contre l'autorité des saints canons et contre la vérité, plusieurs choses au préjudice d'Hincmar; mais Hincmar, ayant opposé à leurs manœuvres le droit et l'autorité, l'emporta au jugement de la pluralité; et, d'un commun consentement, les évêques, qui se trouvaient d'accord entre eux, adressèrent au pape Nicolas une lettre écrite par Actard, vénérable évêque de Nantes, contenant le récit des faits dont il se traitait, laquelle lettre renfermait les mêmes choses que celle qu'Hincmar avait envoyée à Rome, au mois de juillet précédent, par ses clercs vêtus en pèlerins, pour éviter les embûches de ses adversaires. Actard prit, pour l'emporter, cette lettre composée dans ledit synode, et revêtue du sceau des archevêques qui s'étaient réunis au même avis, et retourna vers Charles avec quelques autres évêques, ainsi que lui-même l'avait ordonné. Charles cependant, oubliant la fidélité et les travaux d'Hincmar, durant plusieurs années, pour son honneur et le soin de son royaume, obligea Actard à lui donner la lettre, et, brisant le sceau des archevêques, prit connaissance de ce qui s'était fait dans le concile; et, comme Hincmar n'avait pas été repoussé dans le concile comme il lui plaisait, il fit dicter en son nom une lettre au pape Nicolas, en opposition à celle d'Hincmar, la revêtit de son nom et de son sceau, et l'envoya à Rome par ce même Actard avec la lettre du concile.

Les susdits clercs d'Hincmar, arrivant à Rome dans le mois d'août, avaient déjà trouvé le pape Nicolas très-malade, et grandement occupé de la dispute qu'il soutenait contre les empereurs grecs Michel et Basile et contre les évêques d'Orient; ce qui les avait fait demeurer à Rome jusqu'au mois d'octobre. Cependant le pape Nicolas reçut très-favorablement ce que lui avait écrit Hincmar, et lui répondit qu'il était satisfait de tout point; mais il lui écrivit une autre lettre, ainsi qu'aux archevêques et évêques du royaume de Charles, pour leur notifier les calomnies que les empereurs grecs et les évêques d'Orient élevaient contre la sainte Église Romaine, et contre toute Église faisant usage de la langue latine, parce que nous jeûnons le samedi, que nous tenons que le Saint-Esprit procède du Père et du Fils, et que nous défendons aux prêtres de se

marier. Les Grecs disent que nous autres Latins faisons le saint chrême avec de l'eau de la rivière; ils nous reprennent de ne pas nous abstenir, comme eux, de chair pendant les huit semaines qui précèdent la Pâque, et pendant sept de fromage et d'œufs; ils prétendent aussi que le jour de Pâques, à la manière des Juifs, nous offrons et bénissons sur l'autel un agneau en même temps que le corps du Seigneur; ils se fâchent encore contre nous de ce que nos clercs se rasent la barbe; ils prétendent que parmi nous un diacre est ordonné évêque sans avoir passé par l'office de prêtre. L'apostolique ordonna à tous les métropolitains des différentes églises et à leurs suffragans de répondre sur toutes ces choses, s'exprimant de cette manière à la fin de sa lettre à Hincmar : « Lorsque ta charité
« lira cette épître, frère Hincmar, qu'elle s'applique à
« la faire également porter aussitôt aux archevêques
« et évêques du royaume de notre fils le glorieux roi
« Charles, et ne néglige pas de les exciter, afin que
« chacun d'eux, dans son diocèse, en confère en as-
« semblée avec ses suffragans, en quelque royaume
« que soit situé leur siége, et aie soin de nous faire
« savoir ce qu'ils auront reconnu, afin qu'exécutant
« avec soin nos intentions, tu règles tout ce qui a rap-
« port aux diverses affaires contenues dans notre pré-
« sente épître, et nous en expose dans tes écrits le
« récit sincère et prudent. »

Donné le 10 des calendes de novembre [1].

Hincmar, ayant reçu cette lettre vers le milieu de décembre, la relut avec plusieurs évêques dans le

---

[1] Le 23 octobre.

palais de Corbery [1], où habitait le roi Charles, et s'occupa, comme il en avait reçu la mission, de la faire parvenir aux autres archevêques. Le pape Nicolas était mort vers le milieu du mois précédent [2]. Le pape Adrien [3] lui succéda au pontificat par le choix des clercs et le consentement de l'empereur Louis; et Actard, arrivant à Rome avec la lettre ci-dessus mentionnée, le trouva déjà installé sur le siége apostolique.

Cependant Arsène, homme très-artificieux et d'une grande cupidité, séduisant Theutgaud et Gonthier de la fausse espérance de leur rétablissement, afin d'en obtenir des présens, les fit venir à Rome. Ils y demeurèrent long-temps, et y perdirent presque tous leurs gens. Theutgaud y mourut, et Gonthier n'y évita qu'à grand'peine la mort corporelle.

Lothaire envoya à Rome sa femme Teutberge afin qu'elle s'accusât elle-même, pour qu'il pût se séparer d'elle; mais le pape Adrien ne voulut pas croire à ces sortes de fables, et il fut ordonné à Teutberge de retourner vers son mari.

Charles, du consentement de son frère Louis, ordonna d'assembler à Auxerre, pour le commencement de février suivant, quelques évêques, afin qu'ils y traitassent de l'affaire de Lothaire. Ensuite Charles, ayant reçu, ainsi que beaucoup l'ont dit, des présens considérables d'Egfried qui possédait déjà l'abbaye de Saint-Hilaire et plusieurs autres très-grands bénéfices, ôta le comté de Bourges au comte Gérard, sans l'en-

---

[1] Dans le diocèse de Laon.
[2] Le 13 novembre 867.
[3] Adrien II, pape de 867 à 872.

tendre, sans même qu'il fût accusé d'aucune faute, et le donna à Egfried ; mais Egfried ne put parvenir à évincer Gérard du comté ; à cause de quoi Charles, passant par la ville de Rheims, vint à Troyes, et de là à Auxerre, où il célébra la Nativité du Seigneur.

[868.] L'an 868, Charles se rendit d'Auxerre sur la Loire dans un de ses domaines. Cependant les hommes du comte Gérard se rassemblèrent en grand nombre en un village où était Egfried ; et, comme Egfried ne voulait pas sortir d'une maison très-bien fortifiée dans laquelle il s'était renfermé, ils y mirent le feu, et, l'en ayant ainsi chassé, lui coupèrent la tête, et rejetèrent son corps dans les flammes. Alors Charles, pour punir ce crime, se rendit au pays de Bourges, et là il se commit tant de crimes, soit violation des églises ou oppression des pauvres, ou autres forfaits et dévastations de tout genre, que la langue ne pourrait le raconter, et qu'il a été prouvé par témoignage qu'ensuite de ces ravages beaucoup de milliers d'hommes moururent de faim. Non seulement il ne fut pris aucune vengeance de Gérard et de ses compagnons, mais ils ne furent pas même expulsés du pays de Bourges. Ensuite, après avoir retiré au fils de Robert ceux des bénéfices de son père qu'il lui avait cédés après la mort de celui-ci, et après avoir ôté aussi au fils de Ramnulphe les bénéfices de son père, et donné à Frothaire, archevêque de Bordeaux, l'abbaye de Saint-Hilaire qu'avait eue ledit fils de Ramnulphe, Charles se rendit au commencement des jeûnes, avant le saint carême, au monastère de Saint-Denis, et de là à Senlis.

Les Normands remontent la Loire, parviennent à Orléans, et, après avoir butiné, s'en retournent impunément à leur résidence. Charles se rend le samedi d'avant le dimanche des Rameaux au monastère de Saint-Denis, et y célèbre la Pâque; et, avant d'aller de là à Servais, le second jour des Rogations, par Advence, évêque de Metz, et Grimland, chancelier de Lothaire, porteurs de lettres du pape Adrien, il en reçoit une à lui adressée, dans laquelle ce pape lui ordonne de s'abstenir de toute attaque au royaume de l'empereur Louis et à celui de Lothaire. Les messagers apportèrent aussi, aux évêques du royaume de Charles, des lettres contenant l'absolution de Waldrade, et dirent que des lettres pareilles avaient été envoyées aux évêques des royaumes de Louis et de Lothaire : cependant l'absolution de Waldrade était à cette condition qu'elle ne cohabiterait en aucune façon avec Lothaire.

Charles, arrivé à Servais, y reçut Actard, évêque de Nantes, revenant de Rome, d'où il lui rapportait des lettres, l'une desquelles faisait réponse à celle qu'il avait écrite au pape Nicolas contre Hincmar. Dans cette réponse, l'apostolique lui enseignait, entre autres choses, qu'il devait laisser à l'avenir et pour toujours assoupies ces inutiles questions. Actard en apporta une autre à Hincmar remplie de louanges et dilections sur sa fidélité, et pour le faire délégué de l'apostolique en ces pays concernant les affaires de Lothaire. Il apporta une troisième lettre pour les archevêques et évêques cisalpins, afin que, s'il survenait vacance en quelque ville dépendant de leur métropole, ce même Actard, à qui les incursions des païens et l'oppression des Bretons ne permettaient pas d'habiter sa ville, en fût nommé pasteur par l'autorité apostolique des évêques de la province.

A la quatrième férie après le commencement du carême, Éleuthère, fils d'Arsène, par le moyen de son père, trompa et enleva par ruse la fille du pape Adrien, fiancée à un autre, et l'épousa; de quoi le pape fut grandement contristé. Arsène, se rendant à Bénévent près de l'empereur Louis, est pris de maladie; et, après avoir remis ses trésors entre les mains de l'impératrice Ingelberge, et avoir conversé, dit-on, avec les démons, il s'en va, sans communion, se rendre en son lieu. Après sa mort, le pape Adrien obtient de l'empereur des envoyés pour juger selon les lois romaines le susdit Éleuthère; mais ce même Éleuthère, à ce qu'on rapporte, par le conseil de son frère Anastase, qu'au commencement de son pontificat Adrien avait fait bibliothécaire de Rome, tue Stéphanie, femme de ce pontife, et sa fille qu'il avait enlevée, et lui-même est tué par des gens envoyés de l'empereur. Le pape Adrien, ayant rassemblé un synode, renouvela de la manière suivante les condamnations déjà portées contre ledit Anastase.

Voici quelles étaient ces condamnations:
Sur le côté droit du tableau représentant le concile qui les avait prononcées, il était écrit:

« Sous le règne de nos seigneurs les empereurs Lo-
« thaire et Louis, augustes, le seizième du mois de
« décembre [1], Léon, évêque, serviteur des serviteurs
« de Dieu:

« Soit à compter de ce jour, par notre autorité et
« l'autorité apostolique, privé de la communion, se-

[1] En 850.

« lon les institutions canoniques de Dieu tout-puissant
« et de l'apôtre saint Pierre, jusqu'à ce qu'il compa-
« raisse en ma présence spéciale pour y être jugé ca-
« noniquement, Anastase, prêtre, que nous avons or-
« donné au titre de Saint-Marcel, et qui, l'ayant quitté,
« a passé, sans nous en donner connaissance, à d'autres
« paroisses, que nous avons rappelé par des messages
« et par lettres, et pour lequel nous avons envoyé aux
« seigneurs empereurs des messagers, les suppliant de
« lui ordonner de retourner dans sa paroisse, et qui
« maintenant, vagabondant çà et là, a persisté deux
« ans dans son émigration, a été appelé par deux
« conciles sans s'y rendre, et sans qu'on puisse le
« trouver; en sorte que, comme on l'a dit, errant à la
« manière des animaux, il habite secrètement, par la
« persuasion du diable, des contrées étrangères; et
« que, s'il ne vient pas, il soit à jamais exclu de la
« communion. »

« Après le pontife romain, ont concouru à cette excommunication l'archevêque de Ravenne, celui de
Milan, et d'autres au nombre de soixante-quinze. »

Sur le côté gauche du tableau, était écrit ce qui suit :

« Léon, serviteur des serviteurs de Dieu, à tous
« les évêques, prêtres, diacres, sous-diacres, et tout
« le clergé et peuple chrétien. Vous savez, mes chers
« frères, que nous sommes très-bien et très-pleine-
« ment avec vous; maintenant, par précaution, et
« pour être transmis à la mémoire des temps futurs,
« nous voulons qu'il soit connu à votre dilection
« comment, à l'instigation et persuasion du diable,
« Anastase, prêtre, que nous avons ordonné au titre
« de Saint-Marcel, ayant, contre les statuts des Pères,

« déserté cette église et la province, erre depuis cinq
« ans, à la manière des bêtes, dans des paroisses étran-
« gères. Appuyé de l'autorité canonique, nous l'avons
« rappelé trois et quatre fois par des lettres aposto-
« liques ; et, comme il a refusé de revenir, nous avons
« rassemblé à cause de lui deux conciles d'évêques,
« et, ne pouvant parvenir à le voir ni à le faire com-
« paraître en notre présence spéciale, nous l'avons,
« dans cette assemblée, par notre commune sentence,
« privé de la sainte communion, le voulant, par ce
« jugement d'excommunication, forcer à revenir au
« giron de la sainte mère Église qu'il a abandonnée.
« Mais, enveloppé dans les ténèbres de l'erreur, et
« méprisant les avertissemens apostoliques et ceux du
« saint concile, il n'a aucunement voulu s'y rendre ;
« en sorte que, habitant à Ravenne, nous l'avons pro-
« clamé de notre propre bouche, dans l'église de
« Saint-Vital, martyr, le dix-neuvième jour du mois de
« mai [1], et le proclamons de nouveau dans l'église de
« Saint-Pierre l'apôtre, le dix-neuvième jour du mois
« de juin, anathême de par les saints Pères et de par
« nous, et que tous ceux qui voudraient, ce qu'à Dieu
« ne plaise, lui prêter secours ou assistance quelconque
« pour être choisi ou parvenir à la dignité pontificale,
« soient assujétis au même anathême. »

« Après le pontife romain, ont concouru à cet anathême Jean, archevêque de Ravenne, Nothing et Sigefroi, évêque du seigneur empereur, et six évêques
suffragans dudit archevêque, dont nous ne faisons
point mention ici, et d'autres tant de la ville de Rome
que d'ailleurs, au nombre de cinquante-six, sans

[1] En 853.

compter les prêtres et diacres de la sainte Église romaine. »

Il était en outre écrit sur les battans d'argent du tableau :

« Au nom du Père et du Fils et du Saint-Esprit.
« La quatrième année du pontificat du très-saint, uni-
« versel et co-angélique pape Léon VII, et l'an qua-
« rante-deuxième de l'empire des très-invincibles em-
« pereurs Louis et Lothaire[1], le huitième jour du
« mois de décembre, a commencé le saint et véné-
« rable synode assemblé par la grâce de Dieu et la vo-
« lonté de sa divine sagesse dans l'église de l'apôtre
« saint Pierre. Dans ce très-saint et vénérable synode,
« après avoir pompeusement célébré la grâce secou-
« rable du Seigneur, et après diverses admonitions et
« exhortations pieuses et salutaires des évêques, des
« prêtres ou clercs et de tous les chrétiens, a été dé-
« posé justement et canoniquement Anastase, prêtre,
« au titre de Saint-Marcel, parce que, contre l'auto-
« rité canonique, il a abandonné sa propre paroisse,
« et est demeuré jusqu'à présent dans une paroisse
« étrangère, et qu'appelé, excommunié, enfin anathé-
« matisé, comme il est démontré dans la véritable
« peinture de ce synode, il n'a point voulu venir dans
« deux conciles d'évêques assemblés à cause de lui ;
« en raison de quoi le souverain pontife et les évêques
« présidant au synode, au nombre de soixante-sept,
« l'ont, comme nous l'avons dit, à cause de son au-
« dace insensée, déposé et privé de la dignité sacerdo-
« tale en l'année, le mois et le jour ci-dessus men-
« tionnés. »

[1] En 853.

Tout ce qui précède avait été écrit par l'ordre du pontife Léon. Après la mort dudit Léon, évêque de digne mémoire, ce même Anastase, anathématisé et déposé, revenant, par la puissance séculière, des lieux cachés où il vagabondait comme un larron, séduit par une fraude diabolique, et enveloppé de ténèbres, à la manière des larrons, s'empara, comme un païen et un barbare, de l'église en laquelle il ne lui était pas permis d'entrer, et, pour la perdition et perte de son ame, accompagné de ses détestables compagnons et complices, détruisit et même arracha le tableau de ce vénérable synode. Le bienheureux et illustre pape Benoît le restaura et l'orna de couleurs brillantes. L'apostolique Adrien rendit ensuite le décret suivant :

« Adrien, évêque, serviteur des serviteurs de Dieu.
« Il est connu à toute l'Église de Dieu ce qu'a fait
« Anastase du temps des pontifes nos prédécesseurs ;
« tout le monde a su ce qu'avaient décidé contre lui
« Léon et Benoît, très-éminens évêques de sainte mé-
« moire, desquels l'un l'a déposé, excommunié, ana-
« thématisé ; et l'autre le reçut, dépouillé de ses
« vêtemens sacerdotaux, à la communion comme
« laïque. De même, après lui, notre très-saint prédé-
« cesseur le pape Nicolas, comme s'il se fût conduit
« fidèlement envers la sainte Église romaine, le reçut
« de la même manière dans le sein de cette Église.
« Cependant son infidélité est apparue maintenant,
« en ce qu'après avoir pillé notre palais patriar-
« chal, effacé les écritures du synode, où se trou-
« vaient les décrets portés en divers temps par les
« saints pontifes, tant sur lui que sur ses pareils, et

« les institutions faites dans le vénérable synode par
« ces saints pontifes, et retouchées avec l'addition d'un
« nouvel anathême, il les a fait violer en nous les
« enlevant, et a forcé des hommes à venir dans les murs
« de cette ville, à la manière des voleurs, pour semer
« des discordes entre des princes très-pieux, et dans
« l'Église de Dieu, et a engagé à priver des yeux et
« de la langue un certain Adalgrim qui s'était réfugié
« dans l'église ; mais, de plus, comme beaucoup de
« vous l'ont appris, ainsi que moi, d'un prêtre son
« parent, nommé Adoin, et comme cela nous a été
« révélé par d'autres voies, oubliant nos bienfaits, il a
« envoyé à Eleuthère un homme pour l'exhorter à com-
« mettre des meurtres qui, comme vous le savez, ô
« douleur ! ont été accomplis ; et, à cause de toutes
« ces choses et autres qu'il a faites en grand nombre,
« et par lesquelles il a frappé et blessé l'Église de
« Dieu, que jusqu'à présent il n'a cessé d'attaquer
« par ses machinations artificieuses, de l'autorité du
« Dieu tout-puissant et de tous les saints Pères et
« des vénérables conciles et des susdits pontifes, en
« même temps par la sanction de notre jugement,
« nous ordonnons que ce même Anastase soit soumis
« à ce qu'ont solennellement prononcé sur lui les sei-
« gneurs pontifes Léon et Benoît, sans rien ajouter ni
« retrancher à leur anathême, et voulons qu'il demeure
« privé de toute communion ecclésiastique, jusqu'à
« ce qu'il soit venu nous faire raison, en présence du
« synode, de toutes les choses dont il est accusé ; et
« soit enveloppé dans la même excommunication qui-
« conque communiquera avec lui, soit en paroles,
« soit en mangeant ou buvant : car notre Église a

« suffisamment murmuré et murmure encore de ce
« que, aspirant à des choses trop élevées pour lui,
« il a témérairement usurpé ce qui lui était interdit,
« et est entré dans le lieu défendu. Si, tandis qu'il a
« été éloigné de la ville de Rome, il a osé rechercher
« ou recevoir soit l'ordre de prêtrise, ou quelque rang
« que ce soit dans la cléricature ou dans le saint mi-
« nistère, ce qui est contre les ordres desdits pontifes
« et contre le droit, car il avait promis de ne jamais
« s'éloigner de la ville de quarante milles, et de ne
« jamais chercher à reprendre le grade de prêtre ni
« de clerc, qu'il soit à jamais anathême avec tous ses
« fauteurs, complices et satellites. »

« Porté en présence de toute la sainte Église romaine,
et devant ce même Anastase, en l'an premier du pontificat du seigneur Adrien, suprême pontife, le quatre
des ides d'octobre [1]. »

Lothaire, se méfiant de Charles, alla de nouveau
vers Louis, et obtint qu'il lui ferait faire serment en
son nom de ne lui nuire en aucune manière s'il pre-
nait pour femme Waldrade; ensuite de quoi il vint
au palais d'Attigny parler avec Charles, et convint
avec lui qu'après le prochain commencement d'octobre, ils conféreraient de nouveau ensemble. Charles,
séjournant dans les domaines royaux situés dans le
pays de Laon, ordonna à Hincmar, évêque de Laon,
sans qu'aucun évêque de ses suffragans en fût instruit,
d'envoyer son avocat plaider sa cause devant la justice séculière, parce qu'il avait enlevé des bénéfices
à quelques-uns de ses hommes. Cependant l'évêque
réclama, et dit qu'il n'osait pas, renonçant au jugement

[1] Le 12 octobre 867.

ecclésiastique, se rendre devant la justice séculière, comme il lui était ordonné, et il ne vint pas au lieu où se tenait la justice séculière, mais fit savoir au roi les causes de son impossibilité. Cependant le roi Charles, ordonnant à des personnes infâmes de juger de cette affaire, comme le susdit évêque, ayant juré qu'il ne pouvait venir, n'avait envoyé personne, et n'avait pas présenté d'avocat devant la justice séculière, par le jugement desdites personnes, l'évêque fut privé de tous les biens et propriétés ecclésiastiques qu'il avait, et qui étaient spécialement destinés à l'usage de l'évêché. Ensuite le roi étant venu à Pistre au milieu du mois d'août, y reçut son tribut annuel, et, mesurant le château, donna à chacun des hommes de son royaume la portion de travail qui lui était assignée.

Cependant Hincmar, archevêque de Rheims, conduisant avec lui Hincmar, évêque de Laon, alla vers le roi à Pistre avec d'autres évêques, et montra au roi, par paroles et par écrit, combien ce qui s'était fait apportait de préjudice à l'autorité épiscopale et à toute l'Église. Il obtint que l'évêque fût remis en possession des choses dont il avait été dépouillé, et que, comme l'ordonnent les lois sacrées, l'affaire fût terminée dans l'assemblée ecclésiastique de la province où elle devait être jugée, par l'arrêt de juges choisis, et, s'il était nécessaire, par l'examen d'un synode.

Dans cette même assemblée, le roi reçut trois marquis, à savoir, Bernard de Toulouse, un autre Bernard de Gothie, et encore un troisième Bernard. Il reçut aussi les messagers de Salomon, duc des Bretons. Par ces messagers, Salomon lui faisait dire de ne pas marcher lui-même pour attaquer les Normands qui résidaient sur la Loire, parce que Salomon était prêt à les attaquer avec une grosse troupe de Bretons, pourvu seulement que Charles lui envoyât du secours. Le roi lui envoya d'abord Angelram, son camérier et maître des armées et l'un de ses conseillers intimes, et ensuite son fils Carloman, diacre et abbé, avec une couronne ornée d'or et de pierres précieuses, et toutes les parures à l'usage de la royauté, et suivi d'une troupe comme le lui avait fait demander Salomon; puis il alla chassant à sa maison d'Orreville. La troupe, à qui le roi Charles avait fait passer la Seine avec Carloman, dévasta quelques pays, mais revint, par l'ordre du roi Charles, sans avoir rien fait contre les Normands qu'elle était allée combattre, et ainsi chacun retourna chez soi.

Les gens de Poitiers, ayant fait un vœu à Dieu et à saint Hilaire, furent, pour la troisième fois, attaqués par les Normands, desquels ils tuèrent plusieurs et mirent le reste en fuite; et, après avoir prélevé sur le butin leur offrande volontaire, ils consacrèrent à saint Hilaire la dixième partie du reste. Le roi Charles étant revenu vers le commencement de décembre à Quierzy où il avait mandé plusieurs grands de son royaume, tant évêques que d'autres, et déjà irrité contre Hincmar, évêque de Laon, parce qu'il avait envoyé à Rome à son insu, et avait obtenu des lettres l'autorisant à ne se pas rendre devant lui, fut grandement offensé de ce que cet évêque continuait à lui résister avec opiniâtreté; en sorte que ledit évêque, souvent sommé de comparaître devant lui, et refusant d'y venir, se rendit à son siége sans la permission du roi, et excita sa colère plus que ne le requiert la gravité épiscopale. Charles venant à Compiègne, y célébra la Nativité du Seigneur.

[869.] Comme ce même évêque Hincmar, sommé par d'autres évêques de venir les trouver, refusait d'obéir à leur injonction, Charles envoya à Laon une troupe levée par plusieurs des comtes de son royaume, afin qu'ils lui amenassent par violence ledit évêque. L'évêque se plaça avec son clergé auprès de l'autel, et quelques autres évêques s'étant entremis, il arriva que ceux qui avaient été envoyés ne l'arrachèrent point de l'église, mais retournèrent vers Charles sans lui, et il se fit prêter serment par tous les hommes libres de son évêché. Charles cependant, grandement irrité, convoqua, à Verberie, le 24 avril, un synode de tous les évêques de son royaume, et ordonna que Hincmar fût sommé d'y comparaître; pour lui, il se rendit au bourg de Cosne avec beaucoup d'incommodités, à cause du temps qu'il faisait et de l'excès de la famine. Là quelques Aquitains vinrent à sa rencontre; mais trois marquis, savoir, les trois Bernard qu'il pensait devoir s'y rendre, n'étant pas venus, il retourna à Senlis, non sans inquiétude et sans avoir rien fait. De là il alla au monastère de Saint-Denis, à la quatrième férie avant le commencement du carême, y accomplit le jeûne du saint carême, y célébra la Pâque du Seigneur, et commença à construire, dans l'intérieur même du monastère, une forteresse de bois et de pierre. Avant d'aller à Cosne, il avait envoyé partout son royaume des lettres ordonnant à tous les évêques, abbés et abbesses, d'avoir soin, au prochain commencement de mai, de lui apporter l'état de leurs bénéfices et la liste de ce qu'ils possédaient de domaines. Les vassaux du roi avaient ordre de dresser l'état des bénéfices des comtes, et les comtes des bénéfices des vassaux, afin qu'ils apportassent cet état à ladite assemblée; et le roi ordonna que l'on envoyât à ladite convocation de Pistre sur cent manoirs un serf, et sur mille manoirs un char avec deux bœufs, ainsi que les autres redevances dont est très-fort chargé son royaume, afin que les serfs achevassent et gardassent ce château qu'il avait ordonné de construire en pierres et en bois.

Lothaire, envoyant vers Charles et vers Louis, les pria de n'apporter aucun trouble dans son royaume jusqu'à ce qu'il revînt de Rome; cependant il ne reçut de Charles aucune promesse : mais ayant eu de Louis l'assurance qu'on a dite, il s'achemina pour Rome, après avoir parlé d'abord avec son frère l'empereur Louis, pour qu'il obtînt, s'il était possible, du pape Adrien, qu'il pût renvoyer Teutberge et reprendre Waldrade, et il ordonna à Teutberge de venir après lui à Rome. Mais, à ce qu'on disait, l'empereur Louis, attaqué par les Sarrasins, ne devait pas s'éloigner pour accomplir la demande de son frère, le roi des Grecs lui ayant envoyé en toute hâte plus de deux cents navires pour le secourir contre ces mêmes Sarrasins. Lothaire, voulant continuer le voyage qu'il faisait à Rome à cause de ses femmes, et qu'il avait entrepris en un temps peu propice, à savoir au mois de juin, arriva à Ravenne où il rencontra des messagers de son frère qui lui conseillait de ne pas aller plus loin et de ne pas demeurer plus long-temps dans son royaume, mais de retourner chez lui, pour se réunir ensuite dans un lieu plus commode et un temps plus opportun et y traiter de ce qu'il voudrait. Lothaire, laissant Rome de côté, parvint vers son frère à Bénévent; et, au moyen de beaucoup de sollicitations, de présens et de peines, obtint de lui, par sa femme Ingelberge, que ladite Ingelberge revînt avec lui, Lothaire, jusqu'au monastère de Saint-Benoît, situé sur le Mont-Cassin. Il y fit aussi venir vers lui et Ingelberge, par un ordre de l'empereur, le pape Adrien; et, lui ayant fait beaucoup de présens, obtint de lui, toujours par Ingelberge, que le pape lui chantât la messe et lui donnât la sainte communion; moyennant cette assurance qu'après que le pape Nicolas eût excommunié Waldrade, il n'avait eu avec elle aucune cohabitation ni commerce charnel, ni aucune sorte d'entretien. Ce malheureux, à la manière de Judas, feignant une bonne conscience et l'impudence sur le front, ne craignit ni ne refusa d'accepter à cette condition la sainte communion. Lui et ses fauteurs la reçurent du pape, et, parmi eux, la reçut au nombre des laïques Gonthier, auteur et défenseur de ses adultères publics, après avoir fait au pape Adrien, devant tous, la déclaration qu'on va lire :

« Moi, Gonthier, en présence de Dieu et des saints,
« je déclare à mon seigneur Adrien, suprême pontife
« et pape universel, et aux vénérables évêques à lui
« subordonnés, et au reste de l'assemblée, que je ne
« repousse pas, mais accepte humblement la sentence
« de déposition portée canoniquement contre moi par
« le seigneur Nicolas; en raison de quoi je ne me
« permettrai pas d'exercer le saint ministère, à moins
« que, par votre miséricorde, vous ne veuilliez venir
« à mon secours; et ne veux jamais soulever aucun

« scandale ni opposition contre la sainte Église ro-
« maine ou son pontife, mais proteste que je me mon-
« trerai et demeurerai dévot et obéissant envers la
« sainte mère Église et à son chef. Moi, Gonthier, ai
« souscrit de ma propre main cette déclaration faite
« par moi. Donné aux calendes de juillet, en l'église
« du saint Sauveur, située au monastère de Saint-
« Benoît, sur le Mont-Cassin. »

Le pape ayant reçu cette déclaration de Gonthier, qui se tenait placé parmi les laïques, la lui fit relire à haute voix, en présence de tous, au milieu des laïques, et lui dit : « Et moi je te concède la communion laïque,
« à cette condition que tu observeras aussi long-temps
« que tu vivras ce que tu as promis en cette ma-
« nière. »

Ingelberge étant ensuite retournée vers l'empereur son mari, le pape Adrien retourna à Rome où Lothaire le suivit de près, et le pape Adrien étant rentré à Rome, Lothaire se rendit à la cathédrale de Saint-Pierre, où nul du clergé ne vint au-devant de lui. Il arriva seulement accompagné des siens jusqu'au sépulcre de saint Pierre, et étant entré pour y habiter dans un pavillon près de l'église de Saint-Pierre, il ne le trouva pas seulement nettoyé avec le balai. Il s'était imaginé que le lendemain, à savoir un dimanche, car il était venu le samedi à la basilique de Saint-Pierre, la messe lui serait chantée, mais il ne put l'obtenir dudit pontife. Ensuite entrant à Rome dans la deuxième férie, il prit son repas avec le pape dans le palais de Latran; et, après lui avoir fait présent de vases d'or et d'argent, il obtint que le pape lui donnerait une lionne, une palme et une baguette, lesquels présens furent interprétés en cette façon par lui et les siens, à savoir, que la lionne signifiait qu'il reprendrait Waldrade, la palme qu'il se montrerait victorieux en ce qu'il avait entrepris, la baguette qu'en persistant il contraindrait de se soumettre à sa volonté les évêques qui lui résistaient. Mais ce n'avait pas été là l'intention du pape et des Romains, car ce pontife résolut d'envoyer dans le pays de Gaule l'évêque Formose et un autre évêque, afin qu'ils traitassent, avec la pluralité des évêques, de ce que demandait Lothaire, et reportassent au synode les résolutions prises au commencement de mars, et par lui proclamées à Rome à la même époque. Il ordonna aussi, par ses lettres, que quatre évêques du royaume de Louis, roi de Germanie, y vinssent avec les envoyés dudit roi, et quatre évêques du royaume de Charles avec ses envoyés, et quelques évêques du royaume de Lothaire, afin de confirmer, au nom des autres, les choses qui auraient été jugées ou ordonnées par le synode, tant sur les affaires d'Orient que sur celles d'Occident. Il espérait que les messagers qu'il avait envoyés dernièrement à Constantinople, à cause de la querelle qui s'était élevée entre le pape Nicolas et les Orientaux, seraient alors revenus.

Lothaire, s'en retournant fort joyeux de Rome, arriva à Lucques où il fut pris de la fièvre, et la contagion se déclara parmi les siens qu'il voyait mourir par tas devant ses yeux. Mais ne voulant pas comprendre le jugement de Dieu, il continua son chemin jusqu'à Plaisance, où il arriva le 6 août. Il s'y arrêta à cause du jour du Seigneur; et vers la neuvième heure il tomba soudainement privé de mouvement, perdit l'usage de la parole, et, le lendemain, mourut à la seconde heure du jour, et fut porté en terre dans un pauvre monastère voisin par le petit nombre des siens qui avaient survécu à la contagion.

Charles habitait alors à Senlis, où lui et sa femme Hermentrude, revenus de Pistre, répandaient en aumônes aux églises et aux saints lieux leurs trésors et tout ce qu'ils avaient de biens, les rendant ainsi au Seigneur de la main duquel ils les avaient reçus.

Ayant appris la nouvelle non douteuse de la mort de son frère, il quitta cette ville et vint à Attigny. Là il reçut de certains évêques et de quelques-uns des principaux du royaume de feu Lothaire des messagers qui lui étaient envoyés pour qu'il demeurât en ce lieu et n'entrât pas dans le royaume qui avait appartenu à Lothaire jusqu'à ce que son frère Louis, roi de Germanie, fût revenu d'une expédition qu'il avait faite à main armée contre les Wénèdes, contre lesquels souvent, durant cette année et l'année précédente, il avait combattu de près sans en tirer aucun profit, mais plutôt à son grand dommage; ils demandèrent donc à Charles qu'il envoyât des messagers au palais d'Ingelheim où résidait Louis, et lui fît savoir où et quand ils pourraient se réunir pour traiter du partage du royaume. Plusieurs, par un plus sage conseil, lui mandèrent qu'il devait faire en sorte, quand il le pourrait commodément, de se rendre à Metz, et qu'ils avaient déterminé de venir à sa rencontre tant sur le chemin que dans cette ville. Charles, comprenant que leur conseil était le meilleur et le plus salutaire, se hâta de faire ce qu'ils lui proposaient, et étant donc venu jusqu'à Verdun, il y reçut plusieurs de ce royaume, ainsi que Hatton, évêque de cette ville, et Arnoul, évêque de la ville de Toul, qui se recommandèrent à lui. De là venant à Metz vers le 8 septembre, il y reçut à recommandation Advence, évêque de cette ville, Francon, évêque de Tongres, et beaucoup d'autres; en sorte que le 9 du même mois, dans la basilique de Saint-Étienne, les évêques qui se trouvaient présens, et tous ceux qui y étaient venus avec eux, firent de la manière suivante les actes et déclarations que l'on va voir.

« L'an de l'Incarnation du Seigneur 869, indiction 2, le 5 des ides de septembre, dans la ville de Metz, église de Saint-Étienne, martyr, devant le roi, et les évêques présens, Advence, évêque de cette ville, annonça publiquement au peuple, par ses paroles et ses écrits, le capitulaire suivant :

« Vous savez, et il est connu de beaucoup en plu-
« sieurs royaumes, quels et combien d'événemens nous
« avons eu à soutenir en commun pour affaires très-
« notoires durant le temps du maître que nous avons
« eu jusqu'à ce jour, et de quelle douleur, de quelle
« angoisse sa mort funeste nous a dernièrement frap-
« pés au cœur; en sorte que, privés et tristement dé-
« laissés de notre roi et prince, nous avons considéré
« que, pour nous tous, l'unique refuge, le seul et sa-
« lutaire conseil était de nous tourner, avec jeûnes et
« oraisons, vers celui qui donne secours dans les né-
« cessités et les tribulations, à qui est le conseil, à qui
« est le royaume, et de qui il est écrit : *Il donnera à*
« *qui il voudra;* vers celui en la main duquel sont
« les cœurs des rois, qui réunit en une même maison
« ceux d'un même esprit, brisant les murailles qui

« les séparent, et faisant de deux choses une seule;
« nous le devons prier, dans sa miséricorde, de nous
« donner un roi et un prince selon son cœur, qui nous
« gouverne en droit et justice, ordre et protection,
« nous sauve et nous défende conformément à sa vo-
« lonté, et appelle et unisse à lui unanimement tous
« nos cœurs; un roi qu'il ait choisi et prédestiné se-
« lon sa miséricorde pour notre salut et notre avan-
« tage. Enfin donc, comme, d'un accord unanime,
« nous avons reconnu que la volonté de Dieu qui fait
« la volonté de ceux qui le craignent et entend leurs
« prières, est que nous ayons pour héritier légitime
« de ce royaume, c'est à savoir, pour notre maître,
« roi et prince actuel, Charles, à qui nous nous sommes
« remis volontairement pour qu'il nous gouverne et
« nous soit à utilité; nous désirons donc, s'il vous
« plaît, que, par un signe certain, tel que nous vous
« le ferons connaître après qu'il aura parlé, nous
« montrions que nous le regardons comme choisi de
« Dieu et donné par lui pour notre prince, et que
« nous ne soyons pas ingrats envers ce Dieu libéral
« à notre égard pour les bienfaits qu'il nous a accordés,
« mais que nous lui rendions des actions de grâces par
« nos prières, afin qu'il nous le conserve long-temps
« pour le salut et défense de sa sainte Église, la con-
« servation et l'avantage de tout ce qui nous appar-
« tient, en sûreté, paix et tranquillité, et que, lui
« obéissant d'une fidèle dévotion, et jouissant sous son
« administration du bonheur que nous aurons choisi,
« nous vivions sous lui en son service; et, s'il lui plaît,
« il nous paraît convenable et nécessaire que nous en-
« tendions de sa bouche ce qu'un peuple fidèle et

« unanime à le servir doit entendre d'un roi très-chré-
« tien, afin que nous le recevions d'un esprit dévoué,
« chacun dans son rang. »

Après cela, le roi Charles déclara en son propre nom les choses suivantes à ceux qui étaient présens dans cette église, et dit :

« Puisque, ainsi que l'ont dit d'une seule et même
« voix ces vénérables évêques, lesquels ont montré
« des indices certains de votre unanimité, et comme
« vous l'avez proclamé, je suis arrivé ici par le choix
« de Dieu pour vous sauver, protéger, conduire et
« gouverner ; sachez que, Dieu aidant, je veux main-
« tenir l'honneur et le culte de Dieu et des saintes
« églises du Seigneur, et, selon mon savoir et mon
« pouvoir, honorer, préserver et maintenir chacun de
« vous en honneur et préservation, selon l'ordre et le
« rang de sa dignité et de sa personne, et à chacun,
« dans son rang, selon les lois qui le concernent, tant
« ecclésiastiques que séculières, conserver la loi et la
« justice, afin que chacun, selon son rang, sa dignité
« et son pouvoir, me rende les honneurs royaux et
« l'obéissance qui m'est due, maintienne mon pou-
« voir, et m'aide à tenir et défendre le royaume que
« Dieu m'a donné, ainsi que vos prédécesseurs l'ont
« fait justement, fidèlement et raisonnablement à mes
« prédécesseurs. »

Après cela, sur la réquisition et à la demande d'Advence, évêque de la ville, et des autres évêques des
provinces de Trèves, à savoir, Hatton, évêque de
l'église de Verdun, et Arnoul, évêque de la cité de
Toul, conjointement avec les évêques de la province
de Rheims, Hincmar, évêque de Rheims, déclara pu-

bliquement les capitulaires suivans, en présence des autres évêques et du roi, et de tous ceux qui assistaient dans cette église.

« Afin qu'il ne paraisse pas indu et présomptueux,
« à moi et à mes vénérables collègues les évêques de
« notre province, de nous mêler des ordinations et af-
« faires d'une autre province, qu'on sache que nous
« n'agissons pas en ceci contre les sacrés canons, parce
« que, ainsi que le montrent l'autorité ecclésiastique
« et la très-antique coutume, l'église de Rheims et
« celle de Trèves, en ce pays de Belgique, ainsi que
« celles qui leur sont commises, sont tenues pour
« sœurs comprovinciales, et, à cause de cela, doivent
« exercer leur juridiction en commun et par un juge-
« ment synodal, et conserver de concert les choses
« établies par les saints Pères, maintenant ce privi-
« lége que, des évêques de Rheims et de Trèves, celui
« qui aura été le premier ordonné aura sur l'autre la
« primauté. La loi divinement inspirée nous enseigne
« et dit : *Si vous entrez dans les blés de votre ami,*
« *vous en pourrez cueillir des épis, et les froisser*
« *avec la main, mais vous n'en pourrez couper avec*
« *la faucille* [1]. Le champ de blé, c'est le peuple,
« comme le Seigneur l'a montré dans l'Évangile, lors-
« qu'il dit : *La moisson est grande, mais il y a peu*
« *d'ouvriers; priez donc le maître de la moisson*
« *qu'il envoie des ouvriers en sa moisson* [2]. C'est
« pourquoi vous devez prier pour vos évêques, afin
« que nous puissions vous parler dignement. Le champ
« de blé de l'ami est le peuple de la province confiée

---

[1] Deutéron. chap. 23, v. 25.
[2] Évang. sel. S. Matth. chap. 9, v. 37.

« à un autre métropolitain. Ainsi donc, par exhorta-
« tion, et comme brisant les épis avec la main, de-
« vons-nous vous porter à la volonté de Dieu, et vous
« maintenir en l'unité de l'Église ; mais nous ne por-
« tons pas la faucille du jugement parmi les paroissiens
« des provinces confiées à un autre métropolitain,
« parce que ce n'est pas là ce que nous considérons
« comme nôtre. Une autre raison, c'est que nos véné-
« rables seigneurs et confrères évêques de cette pro-
« vince, n'ayant pas d'évêque métropolitain, ont prié
« et admonesté notre exiguité d'agir par une charité
« fraternelle en leurs affaires comme dans les nôtres
« propres. En est-il ainsi, nos seigneurs nos frères ? »
Et ces évêques répondirent : « Il en est ainsi ; c'est
« par la volonté de Dieu que notre seigneur et
« roi actuel, lequel, dans les pays qu'il tient et a
« tenus, gouverne et a gouverné utilement, traite
« et a traité salutairement le pays, et nous et nos
« églises, et le peuple qui lui a été confié, est venu,
« sous la direction du Seigneur, de là en ce pays où vous
« avez aussi afflué ; et vous vous êtes volontairement
« recommandés à lui par l'inspiration de celui qui ins-
« truisit tous les animaux, sans que nul les y forçât,
« à se réunir dans l'arche de Noé, image de l'unité de
« l'Église. Vous le pouvez reconnaître non seulement
« en ce que vous a dit notre seigneur évêque et con-
« frère Advence, tant en son nom qu'en celui de nos
« vénérables confrères et les siens les évêques, mais
« encore en ceci que son père le seigneur Louis,
« pieux empereur Auguste de sainte mémoire, est
« issu par le bienheureux Arnoul, duquel le pieux
« auguste Louis a tiré son origine charnelle, de la race

« du célèbre Louis [1], roi des Francs, qui fut converti
« avec toute sa nation par la prédication apostolique et
« catholique du bienheureux Remi, et baptisé la veille
« de la sainte Pâque avec trois mille Francs, sans comp-
« ter les enfans et les femmes, et reçut du ciel le saint
« chrême que nous conservons encore, et fut oint et
« sacré roi; et que cedit empereur Louis a été couronné
« empereur à Rheims par le pape de Rome Étienne,
« devant l'autel de la sainte mère de Dieu, Marie,
« toujours vierge; et ensuite, dépouillé par quelques-
« uns de son empire terrestre, il a été rétabli dans cette
« partie de son royaume par l'unanimité des évêques
« et du peuple des fidèles, dans l'église et devant le
« sépulcre de saint Denis, illustre martyr, et dans
« cette même maison où nous sommes, devant l'autel
« d'Étienne, premier martyr, et, selon le sens que
« nous donne l'interprétation de son nom, *couronné*
« par les prêtres de Dieu, aux acclamations du peuple
« fidèle, et remis en possession de la couronne et
« du gouvernement impérial : ce que nous avons
« vu, y étant présent. Et comme, ainsi que nous le
« lisons dans les histoires sacrées, les rois, quand ils
« acquéraient de nouveaux royaumes, mettaient sur
« leur tête les diadêmes de chacun de ces royaumes,
« il ne vous paraîtra pas hors de propos, vénérables
« évêques, que, s'il plaît à votre unanimité, il soit
« consacré par la sainte onction de Dieu, en signe du
« royaume duquel vous êtes venus vous réunir au-
« tour de lui et vous recommander à lui, et soit cou-
« ronné devant cet autel par le ministère sacerdotal ;
« que, si cela vous plaît, exprimez-le tous ensemble

[1] Clovis.

« par vos propres voix. » Et tous s'étant écriés de concert, le même évêque dit : « Offrons donc unani- « mement nos actions de grâces au Seigneur en chan- « tant *Te Deum laudamus.* »

Après cela, Charles fut couronné roi par les évêques avec la bénédiction sacerdotale ; puis, venant à Floringues, il donna ordre à ce qui lui parut devoir être fait ; ensuite de quoi il se transporta dans la forêt des Ardennes pour y prendre l'exercice des chasses d'automne. Cependant son frère Louis obtint, à certaines conditions, la paix des Wénèdes, et envoya, pour la ratifier, ses fils avec les marquis de ses terres, lui étant demeuré malade dans la ville de Ratisbonne ; et ayant envoyé ses messagers à Charles, il lui fit parler des pactes entre eux conclus, et du partage du royaume de feu Lothaire ; à quoi Charles fit une réponse telle qu'il convenait.

Cependant Basile, que Michel, empereur des Grecs, avait appelé à l'empire, tua par trahison ce même Michel, et s'empara de l'empire. Il envoya ensuite à Bari son patrice avec quatre cents vaisseaux pour porter secours à Louis contre les Sarrasins, et pour prendre des mains de Louis sa fille qui était fiancée à Basile, et la lui amener, afin qu'il se joignît à elle en mariage. Mais certains événemens étant intervenus, Louis ne voulut pas donner sa fille au patrice ; en sorte que le patrice retourna à Corinthe très-mortifié : et Louis revenant de l'attaque des Sarrasins sur le pays de Bénévent, ces mêmes Sarrasins sortirent de Bari, et suivant par derrière l'armée de Louis, ils lui enlevèrent plus de deux mille chevaux, et, avec ces chevaux, s'étant ordonnés en deux troupes, ils montèrent à l'église Saint-Michel sur le mont Gargano, dépouillèrent les clercs de cette église, et beaucoup d'autres gens qui s'y étaient réunis pour prier, et retournèrent chez eux avec beaucoup de butin : laquelle action troubla grandement l'empereur et l'apostolique, et aussi les Romains.

Louis, fils de Louis, roi de Germanie, se prenant à faire la guerre avec les Saxons contre les Wénèdes qui sont dans le pays des Saxons, remporta en quelque sorte la victoire, avec un grand carnage d'hommes des deux parts. En revenant de là, Roland, archevêque d'Arles, qui, non pas les mains vides, avait obtenu de l'empereur Louis et d'Ingelberge l'abbaye de Saint-Césaire, éleva dans l'île de la Camargue, de tous côtés extrêmement riche, où sont la plupart des biens de cette abbaye, et dans laquelle les Sarrasins avaient coutume d'avoir un port, une forteresse seulement de terre, et construite à la hâte; apprenant l'arrivée des Sarrasins, il y entra assez imprudemment. Les Sarrasins, débarqués à ce château, y tuèrent plus de trois cents des siens, et lui-même fut pris, conduit dans leur navire, et enchaîné; auxdits Sarrasins furent donnés pour le racheter cent cinquante livres d'argent, cent cinquante manteaux, cent cinquante grandes épées et cent cinquante esclaves, sans compter ce qui se donna de gré à gré. Sur ces entrefaites, ce même évêque mourut sur les vaisseaux le 19 septembre. Les Sarrasins avaient habilement accéléré son rachat, disant qu'il ne pouvait demeurer plus long-temps, et que, si on voulait le ravoir, il fallait que ceux qui le rachetaient donnassent promptement sa rançon, ce qui fut fait : et les Sarrasins, ayant tout reçu, assirent l'évêque dans une chaise, vêtu de ses habits sacerdotaux dans lesquels ils l'avaient pris, et, comme par honneur, le portèrent du navire à terre ; mais quand ceux qui l'avaient racheté voulurent lui parler et le féliciter, ils trouvèrent qu'il était mort. Ils l'emportèrent avec un grand deuil, et l'ensevelirent le 22 septembre dans le sépulcre qu'il s'était fait préparer lui-même.

Salomon, duc des Bretons, fit la paix avec les Normands habitant sur la Loire, et récolta avec ses Bretons le vin des territoires qui lui appartenaient au pays d'Angers. L'abbé Hugues et Godefroi, et les habitans d'au-delà de la Seine ayant combattu les Normands habitant sur la Loire, en tuèrent environ soixante, et ayant pris un certain moine apostat qui avait quitté la chrétienté pour se joindre aux Normands, et incommodait grandement les Chrétiens, ils le firent décoller. Charles requit que les villes au-delà de la Seine, à savoir le Mans et Tours, fussent fortifiées par les habitans, afin qu'elles pussent être de secours au peuple contre les Normands. Les Normands, apprenant cela, demandèrent aux habitans de ces pays une grande somme d'argent et beaucoup de froment, de vins et de bestiaux pour faire la paix avec eux.

Charles ayant appris certainement dans sa maison de Douzy, le 9 octobre, que sa femme Hermentrude était morte le 6 octobre, dans le monastère de Saint-Denis où elle fut ensevelie, envoya aussitôt Boson, fils du feu comte Bouin, en message vers sa mère et sa tante maternelle Teutberge, veuve du roi Lothaire, afin qu'il lui amenât sa sœur, nommée Richilde, qu'il prit pour concubine : pourquoi il donna à ce même Boson l'abbaye de Saint-Martin et d'autres bénéfices, et se rendit en grande hâte au palais d'Aix, conduisant avec lui cette concubine, afin d'y recevoir sous sa domination, d'après ce qu'ils lui avaient mandé, ce qui restait des gens de ce pays ayant appartenu à Lothaire; et il annonça qu'à la fête de Saint-Martin il se rendrait au palais de Gondreville pour y recevoir ceux qui viendraient à lui de cette province et des parties supérieures de la Bourgogne. Cependant arrivé à Aix, il n'y acquit aucun de ceux qui ne s'étaient pas donnés à lui auparavant, et de là, comme il l'avait annoncé, il se rendit à Gondreville. Il y reçut les évêques Paul et Léon, envoyés par le pape Adrien avec des lettres pour lui, pour les évêques et les grands de la portion des Gaules appartenant à son royaume. Ces lettres portaient que nul ne devait envahir ni attirer à soi ni s'efforcer de tourner en sa faveur le royaume du feu roi Lothaire, lequel était dû par droit d'héritage à l'empereur Louis son fils spirituel, et lui revenait après la mort de Lothaire, non plus qu'aucun des hommes habitant en ce royaume; que si quelqu'un l'osait, non seulement ce qu'il ferait serait invalidé par l'autorité du pape, mais qu'il se trouverait lié d'anathême et logé avec le diable, et que si quelqu'un des évêques échappait en se taisant sur l'auteur de cette témérité impie, ou y consentait par défaut de résistance, il serait nommé non plus du nom de pasteur, mais de celui de mercenaire, et que, comme les brebis ne lui appartiendraient pas, à lui non plus n'appartiendrait pas la dignité pastorale. Avec ces évêques vint un messager de l'empereur Louis, du nom de Boderad, agissant pour la même affaire.

Charles cependant, après avoir renvoyé les messagers de l'apostolique et de l'empereur, trompé par les vains rapports de faux messagers qui lui avaient affirmé que son frère Louis était près de mourir, se mit en chemin pour l'Alsace pour y gagner Hugues, fils de Wilfried, et Bernard, fils de Bernard : ce qu'il fit. De là il vint à Aix, et y célébra la Nativité du Seigneur.

[870.] De là Charles se rendit à Noyon pour y entrer en colloque avec le Normand Roric, auquel il s'unit par alliance ; et le jour de la fête de Septuagésime, après avoir fiancé et doté sa concubine Richilde, il la prit en mariage, et reçut de son frère Louis, roi de Germanie, des messagers inattendus, qui lui annoncèrent que, s'il ne sortait d'Aix incontinent, ne rendait pas tout le royaume de Lothaire, et n'octroyait pas de bonne volonté aux hommes de Lothaire de tenir ce royaume comme ils le tenaient au temps de sa mort, il viendrait sans faute lui livrer combat. Les messagers allant et venant de part et d'autre, l'affaire fut menée à ce point qu'ils se firent mutuellement serment de cette façon : « Je promets, au nom de mon seigneur, « que mondit seigneur consent que le roi son frère ait « telle partie du royaume du roi Lothaire que ceux-ci « ou leurs fidèles en commun trouveront juste et équi- « table, et qu'il ne le trompera ni ne lui fera tort par « mauvais conseil, fraude ou surprise dans cette por- « tion ni dans le royaume qu'il a tenu jusqu'à présent, « pourvu que son frère conserve inviolablement tant « qu'il vivra à mon seigneur la même fidélité que j'ai « promise au nom de mon seigneur. »

Après qu'on eut pris ces sûretés mal sûres, Charles sortit d'Aix, et, d'une seule traite, vint à Compiègne où il reçut douze messagers de son frère Louis, envoyés pour le partage du royaume, lesquels, vaniteusement enflés et de la santé corporelle de Louis et de sa prospérité, parce que, tant par ruse que par combat, il avait vaincu le Wénède Restic, qui depuis un long-temps le harcelait grandement, ne tinrent pas ainsi qu'ils le devaient le serment fait entre eux. On agita de part et d'autre, en beaucoup et diverses manières, l'affaire de ce partage par divers messages qu'on s'envoya mutuellement, tant qu'à la fin Charles demanda qu'ils se réunissent pacifiquement dans le royaume que, selon le serment prêté entre eux, ils se devaient partager, pour le partager sous serment, comme il serait réglé par eux avec l'accord et le consentement de tous leurs fidèles.

Cependant Hincmar, évêque de Laon, recherché pour plusieurs choses, particulièrement touchant ce qu'il devait de soumission à la puissance royale et sa désobéissance envers son archevêque, présenta, dans le synode desdits évêques provinciaux, pour être déchargé d'inculpation, un écrit souscrit de sa main, contenant ceci : « Moi, Hincmar, évêque de l'église
« de Laon, serai désormais et toujours fidèle et obéis-
« sant à mon maître et seigneur le roi Charles, selon
« mon ministère, ainsi qu'un homme le doit être à
« son seigneur, et un évêque à son roi, et promets
« d'obéir, selon mon savoir et pouvoir, au privilége
« d'Hincmar, métropolitain des provinces de l'église
« de Rheims, selon les sacrés canons et décrets pro-
« mulgués par le siége apostolique. »

Carloman, fils du roi Charles, et tenu pour abbé de plusieurs monastères, méditant traîtreusement de tendre des embûches à son père, fut privé de ses abbayes et gardé dans la ville de Senlis. Charles ayant envoyé vers son frère Louis à Francfort ses messagers, à savoir Eudes, évêque de Beauvais, et les comtes Eudes et Hardouin, lui demanda qu'ils se réunissent en même lieu pour partager le royaume de Lothaire ; puis il vint à Pontion où il reçut les messagers de son frère lui annonçant qu'il fallait qu'il vînt à Herrstall, et que son frère Louis viendrait à Mersen, et qu'ils se rassembleraient au commencement d'août entre ces deux endroits, et que chacun d'eux amènerait quatre évêques, dix conseillers et trente serviteurs et vassaux. Le roi Louis, comme il s'y rendait, vint à Flammersheim dans le pays Ripuaire, tomba d'un plancher dont les bois en dessous étaient consumés de vétusté, et un peu blessé guérit promptement. De là il vint à Aix, et les messagers des deux frères et rois allant et venant de l'un à l'autre, ils se rassemblèrent cependant le 28 juillet au lieu des conférences, et partagèrent de cette manière entre eux le royaume de Lothaire. Le roi Louis eut pour sa portion : Cologne, Trèves, Utrecht, Strasbourg, Bâle, l'abbaye de Sustren, Berg, Neumoutiers, Kessel, Indes ou Saint-Corneille, Saint-Maximin, Hesternach, Oeren, Saint-Gangulf, Favernay, Poligny, Luxeuil, Lure, Baume, Vellfaux, Moyenmoutiers, Saint-Die, Bonmoutiers, Estival, Remiremont, Morbach, Saint-Grégoire, Mormunster, Eboresheim, Homowa, Maësmunster, Sainte-Othilie, Saint-Etienne de Strasbourg, Ehrenstein, Soleure, Granfel, Alta-Petra, Lusten, Vaucluse, Châtel-Châlons, Herbodsheim, l'abbaye d'Aix, Hoënkirche, Augskirche, le comté de Testrebant, la Batavie et les districts sur la rive droite de la Meuse inférieure : sur la même rive de la Meuse supérieure, Liége, le district d'Aix et Maëstricht : dans le pays des Ripuaires, les cinq comtés de Meyen, de Bidburg, de la Nied, de la Sare inférieure, de Bliets, de Salm, de l'Albe, du Sundgau, de Calmont, de la Sare supérieure, de l'Ornain qu'avait possédé Bernard, de Saulieu, du Bassigny, de Salins, d'Emaüs, le Bâlois : dans l'Alsace, deux comtés : dans la Frise, deux des parties dépendantes du royaume de Lothaire. A ce partage, et pour l'amour de la paix et de la charité, nous avons ajouté la cité de Metz avec l'abbaye de Saint-Pierre et de Saint-Martin, le comté de Mœsegaw et tous les villages qui en dépendent, tant résidences de seigneurs que de vassaux, dans les Ardennes, et tout ce qui est depuis la source de la rivière de l'Ourte le long de son cours vers la Meuse en allant en droite rive vers Bidburg, selon que l'ont en commun exactement reconnu nos messagers. En sont exceptés ce qui s'étend vers l'orient à travers l'Ourte, et les abbayes de Prum et de Stavelo avec tous les manoirs tant seigneuriaux que de vassaux.

Voici ce qu'eut Charles en partage en ce même royaume : Lyon, Besançon, Vienne, Tongre, Toul, Verdun, Cambrai, Viviers, Uzès, Montfaucon, Saint-Mihiel, Colmoustiers; Sainte-Marie dans le pays de Besançon, Saint-Martin au même lieu; Saint-Claude, Saint-Marcel, Saint-Laurent, Sens, l'abbaye de Nivelle, Maubeuge, Laube, Saint-Gaugeric, Saint-Sauve, Saint-Crépin, Fosse, Maroille, Honcourt, Saint-Servat, Malines, Liers, Soignies, Antoin, Condé, Merbech, Dickelvenne, Leuse, Calmont, Sainte-Marie-de-Dinant, Eich, Andenne, Wasler, Haut-Mont, le comté de Toxandrie : dans le Brabant, quatre comtés ; le Cambrésis, le Hainault, le Loots ; dans le Hasbaigne, quatre comtés ; le pays de la Meuse supérieure sur la rive gauche de la Meuse, le pays de la Meuse inférieure du même côté, Liége, et dans le pays de Wésel, Scharpeigne, le pays de Verdun, le Dormois, Arlon, le pays de Vaivres ; deux comtés, celui de Mouson, de Châtres et de Condrou, dans les Ardennes ; le pays le long de la rivière de l'Ourte, depuis le lieu où elle a sa source, le long de son cours, jusqu'à la Meuse, et tout ce que, du côté de l'occident, elle traverse dans le Bidburg, ainsi que l'ont en commun exactement reconnu nos messagers ; le pays de Toul, ou autrement de l'Ornain, qu'a possédé Tetmar ; le Barrois, le Pertois, le Saumurois, le Lyonnais, le Viennois, le Vivarais, le pays d'Uzès, la troisième partie de la Frise.

Le lendemain, à savoir le 10 du même mois d'août, Charles et Louis se réunirent, et, se disant mutuellement adieu, ils s'en allèrent chacun de son côté ; Louis retourna à Aix, et Charles, ordonnant à sa femme de venir à sa rencontre à Lestines, prit possession comme il lui plut de la portion du royaume qu'il avait reçue. De là, s'en allant par le monastère de Saint-Quentin à Servais, et passant par Quierzy pour se rendre à Compiègne, il prit dans la forêt de Cuise l'exercice de la chasse d'automne.

Louis, qui n'avait pas eu la patience de se faire suffisamment guérir par les médecins de la blessure qu'il avait reçue, comme on l'a dit, en tombant d'un plancher, se fit couper par ces mêmes médecins toutes les chairs gâtées ; en sorte qu'il demeura à Aix en son lit plus long-temps qu'il ne l'avait pensé, et, presque désespéré, échappa à grand'peine à la mort. Là, il reçut des envoyés de l'apostolique Adrien, savoir, Jean et Pierre, cardinaux et évêques, et ce même Jean, prêtre de l'église de la cathédrale de Rome. Il reçut aussi, envoyés par l'empereur Louis, l'évêque Vibod et le comte Bernard, venant lui annoncer qu'il eût à ne rien prendre du royaume de son neveu Lothaire, lequel devait aller à son frère l'empereur Louis. Il les congédia promptement, les fit passer à son frère Charles; et, aussitôt qu'il commença à se porter un peu mieux, voyageant devers Ratisbonne, il ordonna que Restic, roi des Wénèdes, pris par Carloman par la trahison du neveu de Restic lui-même, et qu'il tenait en prison depuis quelque temps, ayant été jugé à mort, eût les yeux crevés, et fût envoyé dans un monastère; puis il ordonna que ses fils Louis et Charles vinssent vers lui. Ceux-ci, ayant appris par les soins de leur mère que leur père était porté de meilleure volonté envers Carloman qu'envers eux, ne voulurent pas venir à lui. Louis vint avant le commencement du carême à l'assemblée des siens qu'il avait convoquée à Francfort; et les envoyés s'entremettant de lui à ses fils, on fit des conventions de part et d'autre, portant que, jusqu'au mois de mai prochain, ils n'auraient rien à craindre de leur père, et qu'eux ils cesseraient les ravages qu'ils avaient commencés dans son royaume, et demeureraient en paix jusqu'au temps convenu. Cette affaire finie, Louis retourna à Ratisbonne.

Charles, après les chasses d'automne, s'en vint au monastère de Saint-Denis pour y célébrer la fête de ce saint. Ce même jour, durant les solennités de la messe, lesdits messagers de l'apostolique vinrent à lui avec des lettres à lui adressées et aux évêques de son royaume, contenant de terribles défenses de toucher au royaume de feu Lothaire, qui devait appartenir à l'empereur son frère. Il les reçut avec beaucoup de chagrin; et, par les prières de ces messagers, ainsi que de quelques-uns de ses fidèles, il délivra son fils de la captivité où il était dans la ville de Senlis, et lui ordonna de demeurer avec lui. Il fit aussi conduire à Rheims ces messagers du seigneur apostolique et de l'empereur. Il y fit rassembler plusieurs de ses fidèles, et, y ayant demeuré huit jours, congédia les messagers, puis adressa au seigneur apostolique des envoyés, savoir, le prêtre Anségisile, abbé du monastère de Saint-Michel, et Lothaire, laïque, et, par eux, un parement pour l'autel de Saint-Pierre, fait de ses habillemens d'étoffe d'or, et deux couronnes d'or ornées de pierres précieuses; puis il alla jusqu'à Lyon. De là Carloman, s'étant enfui de nuit d'auprès de son père, vint dans la province de Belgique. Ayant rassemblé avec lui plusieurs satellites et fils de Bélial, il fit, par l'œuvre de Satan, de telles cruautés et ravages que cela ne saurait être cru, si ce n'est de ceux qui virent et souffrirent ces dévastations : ce que Charles prit en grande fâcherie. Cependant il ne quitta point son voyage, mais s'en alla promptement à Vienne pour assiéger la ville où était Berthe, femme de Gérard, car Gérard demeurait dans un autre château. Durant ce siége, les pays circonvoisins furent grandement dévastés. Charles, agissant avec habileté, attira à lui la plupart de ceux qui étaient à Vienne ; ce qu'apprenant, Berthe envoya quérir Gérard. Celui-ci étant venu, rendit la cité à Charles qui y entra la veille de la Nativité du Seigneur, et y célébra cette fête.

[871.] Charles ayant pris Vienne en sa puissance, obligea Gérard de lui donner des otages pour assurance qu'il rendrait ses autres châteaux aux messagers du roi; et, ayant donné à Gérard trois navires pour s'en aller sur le Rhône avec sa femme Berthe et ses effets, il lui permit de quitter Vienne, et confia cette ville à Boson, père de sa femme; puis il se hâta de revenir le plus vite qu'il put, par Auxerre et Sens, au monastère de Saint-Denis : ce qu'apprenant, son fils Carloman marcha avec ses complices à Mouson, et dévasta ce château et aussi les villages circonvoisins. De là il envoya à son père quatre des siens chargés de messages trompeurs, lui mandant qu'il voulait venir, se fiant à sa foi, et sans en recevoir aucun bénéfice, pour réparer le mal qu'il avait commis envers Dieu et envers lui, pourvu qu'il traitât miséricordieusement ceux qui étaient avec lui, de manière qu'ils eussent la vie sauve : cependant il ne cessa pas un instant de continuer le mal commencé. Le roi Charles retint deux des messagers de son fils Carloman, et lui envoya avec les deux autres Josselin, abbé, et le comte Baudouin, beau-frère de Carloman, lui faisant passer une convention par laquelle il pouvait en sûreté venir à lui s'il le voulait; mais ce même Carloman, feignant par artifice qu'il allait venir vers son père, lui envoya d'autres messagers demandant des choses impossibles, et marcha vers le pays de Toul. Charles demanda qu'il fût porté jugement contre tels qui lui avaient traîtreusement enlevé, à lui leur seigneur, son fils, diacre et ministre de la sainte Église, et avaient fait dans son royaume tant de crimes, forfaits et dévastations. Après qu'ils eurent été condamnés à mort, il ordonna de confisquer tout ce qui leur appartenait, et, ayant envoyé des troupes pour chasser de son royaume ce même Carloman avec ses complices, il demanda contre eux le jugement épiscopal ; et l'apostolique ayant ordonné qu'on ne prît avec eux aucune nourriture, ces mêmes évêques, dans les diocèses desquels ils avaient fait tant de maux, les privèrent de la communion, selon les sacrés canons, et comme il était contenu dans les lettres que, d'après les sacrés réglemens, ils transmirent aux autres évêques. Charles requit aussi le jugement des évêques de la province de Sens contre Carloman qui était diacre de ce diocèse, et qui, après avoir prêté deux fois des sermens dont il s'était parjuré, comme son père eut soin de le faire savoir par une dénonciation publique à ceux qui se trouvaient présens, avait commis contre lui une telle rébellion et infidélité et tant de forfaits dans son royaume. Ensuite, le temps du carême s'approchant, Charles retourna au monastère de Saint-Denis pour y demeurer jusqu'à la fête de Pâques. Il y célébra la Pâque du Seigneur. Carloman, poursuivi par les troupes envoyées après lui par son père, passa le Jura, et, comme il avait fait en Belgique et en Gaule, ne s'épargna pas à continuer le mal qu'il avait commencé.

Cependant Hincmar, de nom seulement évêque de Laon, homme d'une insolence singulière, se révoltant contre la vérité de l'Évangile et l'autorité apostolique et ecclésiastique, et aussi contre le roi, commettant, sans aucune retenue, des cruautés contre ses voisins et ceux qui lui étaient confiés, tant clercs que laïques, et méprisant d'obéir aux admonitions régulières de son métropolitain, irrita enfin contre lui et son roi, et son archevêque, et les évêques de tout le royaume; en telle sorte qu'au mois d'août le roi assembla un synode à Douzi, pour qu'on y portât régulièrement un jugement contre sa perversité. Le même roi Charles, à la demande de ses neveux Louis et Charles, fils de son frère Louis, alla à leur rencontre pour s'entretenir avec eux à Verdun, et de là revint au synode de Douzi.

En ce même temps, Hugues, abbé du monastère de Saint-Martin, et Godefroi et autres d'au-delà de la Seine, étant allés imprudemment en une île de la Loire où les Normands avaient leurs fortifications, s'en échappèrent à grand'peine, avec grand dommage et la perte de bien des leurs. Cependant Hincmar vint avec beaucoup d'orgueil dans le synode auquel avait été présentée requête par le roi Charles, conformément aux règles ecclésiastiques. Là, régulièrement accusé et convaincu de choses très-certaines, il reçut une sentence régulière de déposition, comme on le voit consigné dans les actes de ce synode. Le synode envoya cette sentence au siége apostolique par Actard, vénérable évêque qui y avait siégé.

Les susdits neveux du roi vinrent aussi vers lui à Douzi, le priant de les réconcilier avec leur père; mais il lui vint aussi des messagers de son frère Louis, le priant qu'il vînt à sa rencontre pour conférer près Maëstricht : ce qu'il fit ainsi, conduisant avec lui les messagers de ses neveux, afin qu'ils exposassent de leur propre bouche à Louis ce que demandaient ses fils. Le roi Charles entendit aussi à Maëstricht les messagers de son fils Carloman par l'intervention de son frère Louis, et, de même qu'auparavant, il l'invita à venir vers lui sous condition d'amendement. Cette invitation ne servit de rien : Louis et Charles demeurèrent quelque temps en ce colloque, sans qu'il en résultât que peu de chose ou rien ; en sorte qu'au commencement du mois de septembre ils se séparèrent, et chacun de son côté songea à retourner chez soi. Louis prit sa route vers Ratisbonne, parce qu'il avait souffert un grand dommage du neveu de Restic qui avait succédé à celui-ci dans la principauté des Wénèdes ; Louis avait perdu ses marquis avec une grande multitude des siens, et avait été malheureusement dépouillé des pays par lui acquis dans les années précédentes. Charles retourna par Lestines vers sa maison d'Orreville pour y chasser, durant lequel voyage il reçut plusieurs messagers d'Italie, l'invitant à aller en Italie, parce que son neveu Louis avait été tué par les Bénéventins, ainsi que sa femme et sa fille. Prenant sa route par la cité de Rheims, il arriva à la ville de Besançon. Cependant Carloman, apprenant que son père le poursuivait, vint vers lui, à la persuasion des siens, avec une feinte humilité. Son père le reçut, et lui ordonna de demeurer avec lui jusqu'à ce qu'il vînt retrouver ses fidèles en Belgique, et décidât par leurs conseils quels bénéfices il lui devait donner. Mais Louis, roi de Germanie, ayant reçu nouvelle de la mort de son neveu l'empereur Louis, envoya son fils Charles dans les pays qu'il tenait au-delà du Jura, afin de lier à lui autant de gens qu'il en pourrait par un serment de fidélité; ce qu'il fit ainsi.

Cependant, tandis que Charles demeurait à Besançon, ses messagers, qu'il avait envoyés devant lui en Italie, lui annoncèrent que l'empereur Louis était vivant et sain de corps. Adalgise, avec d'autres Bénéventins, avait conspiré contre l'empereur, parce que, pressé par sa femme, ledit empereur avait décidé de l'envoyer en un exil perpétuel; et comme, pendant la nuit, Adalgise se préparait à assaillir l'empereur, celui-ci, avec sa femme et les gens qui étaient près de lui, monta dans une haute tour très-fortifiée, et s'y défendit avec les siens trois jours durant. Cependant l'évêque de cette ville obtint des Bénéventins qu'après avoir reçu serment de l'empereur, ils lui permissent de descendre de la tour sain et sauf. Il jura, ainsi que sa femme et sa fille, et tous ceux des siens qui étaient avec lui, que jamais, ni alors ni après, ils ne chercheraient à tirer, ni par lui, ni par qui que ce fût, aucune vengeance des choses commises contre lui, et n'entreraient jamais avec une armée dans la terre de Bénévent; en sorte qu'étant sorti par Spolette, il prit sa route vers Ravenne, mandant à l'apostolique Adrien de le venir trouver à son passage pour l'absoudre lui et les siens de leur serment. Cependant Lambert et un autre Lambert, apprenant que l'empereur leur imputait des choses qui avaient été faites contre lui, se partirent de lui, et allèrent se rendre dans le pays de Bénévent, parce qu'ils étaient alliés d'Adalgise. L'empereur les ayant suivis, envoya sa femme à Ravenne, où il avait fait dessein de tenir son assemblée, et manda aux grands du royaume d'Italie de venir vers elle, afin d'y traiter des choses qu'il avait ordonnées, en attendant qu'il revînt de son expédition ; mais, comme il ne pouvait atteindre les deux Lambert qu'il poursuivait, il reprit la route qu'il avait voulu tenir d'abord.

Charles cependant, apprenant que l'empereur Louis qu'il avait cru tué était vivant, vint tout droit de Besançon, par Pontion et par Attigny, jusqu'à Servais, où il tint l'assemblée de ses conseillers ; et, par leurs conseils, il ordonna que Carloman fût de nouveau gardé à Senlis, et que ses complices dans les divers comtés prêtassent serment de fidélité ; en sorte qu'il leur permit d'habiter son royaume, pourvu qu'ils se plaçassent sous la seigneurie de ceux de ses fidèles qu'ils choisiraient, et qu'ils voulussent vivre en paix. Ensuite il alla de Servais à Compiègne, et y célébra la Nativité du Seigneur.

[872.] Quittant enfin Compiègne le 20 janvier, Charles prit sa route pour aller dans un monastère conférer avec les Normands Roric et Rodolphe, et revenir à Compiègne au commencement du carême. Le samedi avant le dimanche des Rameaux, il se rendit au monastère de Saint-Denis, et y célébra la Pâque du Seigneur. Après Pâques, il alla à Saint-Maurice à la rencontre de l'impératrice Ingelberge, comme il le lui avait mandé par ses messagers ; mais, apprenant par des nouvelles certaines que la même Ingelberge devait, au mois de mai, conférer à Trente avec Louis, roi de Germanie, il quitta la route convenue, et alla à Servais. Là, Adalhard vint, de la part de son frère Louis, lui demander qu'il allât conférer près de Maëstricht avec ledit Louis, lorsqu'après avoir envoyé de Ratisbonne son fils Carloman avec une armée contre les Wénèdes, il retournerait à Aix. Cependant Charles nomma Boson, frère de sa femme, camérier et maître des huissiers de son fils Louis, auquel il donna les bénéfices de Gérard, comte de Bourges, et, l'envoyant avec Bernard et un autre Bernard, marquis d'Aquitaine, il lui confia le gouvernement de ce royaume. Cédant aussi à Bernard, comte de Toulouse, après lui avoir fait prêter serment, Carcassonne et Rasez, il le renvoya à Toulouse.

Louis, roi de Germanie, ayant appelé à lui ses fils Louis et Charles afin de les réconcilier avec Carloman, on leur prêta serment en son nom pour les tromper; mais eux et leurs hommes prêtèrent aussi serment pour tromper leur père : et celui-ci voulant qu'ils allassent avec leur frère Carloman contre les Wénèdes, il ne put l'obtenir; en sorte qu'il envoya avec Carloman une armée aussi grande qu'il put, et, comme on l'a dit, conférant à Trente avec Ingelberge, sans égard aux sermens passés entre lui et son frère, il lui rendit en secret la partie du royaume de Lothaire qu'il avait reçue de Charles, sans le consentement et à l'insu des hommes de feu Lothaire qui s'étaient recommandés à lui; en sorte que Louis et Ingelberge firent entre eux des sermens dissemblables, et contraires à ceux qu'il avait prêtés auparavant à son frère. La chose finie, Ingelberge envoya un messager à Charles, lui mandant, comme auparavant, qu'elle le rejoindrait à Saint-Maurice. Charles cependant, ayant appris ce qui s'était fait entre elle et son frère, ne voulut pas y aller, mais envoya vers elle ses messagers qui ne lui rapportèrent de sa part rien de satisfaisant.

Le pape Adrien, selon le dessein de son prédécesseur Nicolas, envoya à Constantinople, à l'empereur Basile et à ses fils Constantin et Léon, Augustes, ses messagers, à savoir, Donat, évêque d'Ostie, l'évêque Étienne, et Marin, diacre de la sainte Église romaine, avec lesquels se mit en route Anastase, bibliothécaire du siége de Rome, versé dans les langues grecque et latine ; et, ayant assemblé le synode que ceux dont il se composa ont appelé le huitième concile général [1], on y apaisa le schisme qu'avaient élevé la déposition d'Ignace et l'ordination de Photius, en excommuniant Photius et rétablissant Ignace. Dans ce synode, on décida sur l'adoration des images autrement que ne l'avaient fait auparavant les docteurs orthodoxes ; et, par la faveur du pontife romain qui s'accordait à la doctrine des Grecs sur l'adoration des images, on établit plusieurs choses contre les anciens canons et contre le synode même, comme le découvrira clairement qui lira les actes de ce synode.

L'empereur vint à Rome la veille de la Pentecôte, et, couronné le lendemain par le pape Adrien, après les cérémonies de la messe, il se rendit avec lui couronné et à cheval, en grande pompe, au palais de Latran ; puis, ayant rassemblé une armée, il marcha de Rome dans le pays des Bénéventins ; et, comme les grands d'Italie avaient en haine Ingelberge à cause de son insolence, ils firent prendre en son lieu à l'empereur la fille de Winégise, et obtinrent de l'empereur qu'il envoyât à Ingelberge un message pour l'obliger de demeurer en Italie, de ne pas venir après lui, et

---

[1] Le huitième concile général tenu à Constantinople s'ouvrit le 5 octobre 869 et fut clos le 28 février 870.

d'attendre qu'il retournât en Italie. Elle, n'obéissant pas à son ordre, fit dessein d'aller après lui, et envoya à Charles l'évêque Wibod, comme pour faire amitié avec lui, croyant que Charles ne savait pas ce qui s'était passé entre elle et Louis, roi de Germanie. Wibod vint trouver Charles en Bourgogne, car celui-ci y était venu pour quelques affaires. Il y apprit que Bernard, surnommé le Veau, avait été tué par les hommes de Bernard, fils de Bernard, et donna ses bénéfices audit Bernard. Charles retourna de Bourgogne à Gondreville au commencement de septembre pour y tenir l'assemblée dont on a parlé ci-dessus, et après y être demeuré quelque peu, et avoir ordonné ce qui lui parut convenable, il vint dans les Ardennes pour y chasser. Au mois d'octobre, il alla à Maëstricht en des navires sur la Meuse pour y conférer avec les Normands Roric et Rodolphe qui vinrent à sa rencontre sur des navires. Il reçut bénignement Roric parmi ses fidèles; mais Rodolphe machinant contre lui des perfidies, et lui demandant plus qu'il ne devait, il le renvoya sans avoir rien fait avec lui, et prit soin de garantir ses fidèles contre ses embûches. De là, retournant à Attigny à cheval, il y célébra la Nativité du Seigneur dans le monastère de Saint-Médard. Le pape Adrien étant mort, Jean, archidiacre de l'Église romaine, fut substitué en son lieu le 14 décembre[1].

[873.] Un grand nombre de gens du royaume de Charles prévoyaient que Carloman causerait encore de nouveaux maux dans la sainte église de Dieu et dans les

---

[1] Jean VIII, pape de 872 à 882.

autres royaumes, pour lesquels cas Charles avait publié, par l'autorité royale et avec le conseil de ses fidèles, selon la coutume de ses prédécesseurs, des lois propres à maintenir la paix de l'Église et la sûreté du royaume, et avait ordonné à tous de les observer. Charles fit donc assembler les évêques de son royaume à Senlis, où était le même Carloman, afin d'exercer contre lui le ministère épiscopal, selon les sacrés canons, desquels, comme le dit Léon, on ne doit point s'écarter par négligence ou présomption. Ainsi firent-ils, et ils le déposèrent, selon les saints réglemens, de tout degré ecclésiastique, lui réservant la communion des laïques. Cela fait, l'antique et rusé ennemi des hommes suggéra à Carloman, ainsi qu'à ses complices, un autre dessein, à savoir, qu'il serait plus libre de s'élever au titre et pouvoir royal, et que, n'étant plus dans les ordres ecclésiastiques, il pouvait aussi se défaire de sa tonsure. C'est pourquoi, après sa déposition, ses complices commencèrent à se réunir de nouveau à lui avec encore plus d'ardeur, et aussi à lui amener ceux qui voulaient s'y associer, afin de le tirer, aussitôt qu'ils en trouveraient occasion, des mains de ceux qui le gardaient, et de l'établir roi. On fut donc obligé de remettre Carloman en jugement pour les méfaits omis dans le jugement des évêques, et, selon les lois sacrées, il fut condamné à mort pour ses crimes. Par une sentence plus douce, il fut privé des yeux, aux applaudissemens de tous ceux qui étaient présens, car on voulut lui laisser la faculté et le temps de se repentir, et lui ôter les moyens d'aggraver ses forfaits, ainsi qu'il le méditait. Ainsi voulut le roi frustrer la pernicieuse espérance des ennemis de la paix, et empêcher l'église de Dieu et la chrétienté dans son royaume d'être troublées par une funeste sédition, en même temps que par le ravage des païens.

Louis, roi de Germanie, vint, avant la Nativité du Seigneur, à Francfort, où il célébra cette fête, et indiqua une assemblée vers le commencement de février. Il ordonna à ses fils Louis et Charles, ainsi qu'à d'autres fidèles et aux hommes du royaume de Lothaire qui s'étaient donnés à lui, de se trouver à cette assemblée. Pendant qu'il demeurait dans cette ville, le diable vint à son fils Charles sous la forme d'un ange de lumière, et lui dit que Dieu, offensé contre son père qui méditait sa perte à cause de son frère Carloman, lui enlèverait sous peu son royaume, qu'il destinait à ce même Charles auquel il le donnerait bientôt. Charles, frappé de terreur de ce que le démon demeurait obstinément attaché à la maison où il se cachait, se réfugia dans une église où, l'ayant poursuivi, le diable lui dit de nouveau : *Pourquoi crains-tu et fuis-tu ? Si je n'étais pas envoyé de Dieu pour t'annoncer ce qui doit bientôt arriver, je n'entrerais pas à ta suite en cette maison du Seigneur.* Par ces paroles et d'autres discours engageans, il lui persuada de recevoir de ses mains la communion que Dieu lui envoyait; ce que Charles fit, et Satan entra en lui après la bouchée qu'il avalait. Charles étant venu vers son père, et ayant assisté au conseil qu'il tenait avec son frère et les autres fidèles, tant évêques que laïques, saisi d'un accès soudain il se leva, et dit qu'il voulait quitter le siècle, et qu'il n'aurait avec sa femme aucun commerce charnel, et déceignant son épée, il la laissa tomber à terre; et, comme il voulait se dépouiller de son baudrier et de ses vêtemens, il commença à être tourmenté. Les évêques et d'autres hommes l'ayant saisi, tandis que son père et tous les assistans étaient troublés d'une très-grande stupeur, l'entraînèrent dans l'église. L'archevêque Luitbert, s'étant revêtu des habits sacerdotaux, commença à chanter la messe; lorsqu'on en fut à l'endroit de l'évangile, il se mit à crier à haute voix, dans la langue du pays, *malheur!* et continua ainsi à crier *malheur* jusqu'à la fin de la célébration de la messe. Son père le confia aux évêques et aux autres fidèles pour le conduire aux lieux consacrés par les saints martyrs, afin que, délivré du démon par leurs mérites et leurs prières, il pût, avec le secours et la miséricorde de Dieu, redevenir sain d'esprit. Il se proposa ensuite de l'envoyer à Rome; mais quelques circonstances empêchèrent ce voyage.

Tandis que Louis, empereur d'Italie, demeurait à Capoue, Lambert-le-Chauve étant mort, et le patrice de l'empereur des Grecs étant arrivé dans la ville d'Otrante au secours des Bénéventins qui promettaient de lui payer le cens que jusque-là ils avoient donné aux empereurs des Francs, comme Louis ne pouvait s'emparer autrement d'Adalgise, il manda à l'apostolique Jean, compère d'Adalgise, qu'il vînt vers lui dans la Campanie et réconciliât Adalgise avec lui; il voulait qu'il parût que, par l'intercession du vicaire de Saint-Pierre, il accueillait Adalgise, car il avait juré de ne jamais s'éloigner de ce pays avant de s'emparer de lui, ce qu'il n'aurait pu effectuer par force.

Charles fit annoncer que des ennemis s'avançaient du côté de la Bretagne, afin que les Normands qui s'étaient emparés de la ville d'Angers ne se doutassent pas qu'il avait dessein de marcher contre eux et ne se réfugiassent pas en d'autres lieux où il ne pourrait pas de même les enfermer. Pendant qu'il marchait pour cette expédition, il apprit sur la route même que, par les soins de son frère Louis, roi de Germanie, et avec le secours de deux faux moines, Carloman l'aveugle avait été enlevé du monastère de Corbie, par les hommes qui l'avoient autrefois suivi, et que d'accord avec Adalhard qui était intervenu dans l'affaire, il avait été conduit vers Louis pour s'opposer à son père. Charles n'en fut pas extrêmement troublé ; et, continuant son entreprise, il assiégea avec l'armée qu'il avait rassemblée la ville d'Angers que les Normands, après avoir dépeuplé les villes, renversé les châteaux, incendié les monastères et les églises, et rendu les campagnes désertes, habitaient déjà depuis un long temps. Comme Salomon, duc des Bretons, l'appuyait de son secours avec une armée de Bretons de l'autre côté de la rivière de Mayenne, il entoura la ville d'un très-fort rempart. Pendant que le roi Charles était occupé à cette affaire, Salomon envoya vers lui, avec les premiers des Bretons, son fils Wigon, lequel se recommanda à Charles et lui prêta serment en présence de ses fidèles. Pendant ce temps, le Normand Rodolphe, qui avait commis de grands ravages dans le royaume de Charles, fut tué dans le royaume de Louis avec plus de cinq cents de ses compagnons. Charles en reçut la nouvelle non douteuse dans le moment qu'il résidait près la ville d'Angers. L'Allemagne, la Gaule, et surtout l'Espagne furent dans ce temps inondées d'une si grande multitude de sauterelles qu'on auroit pu les comparer à la plaie d'Egypte.

Comme Louis, roi de Germanie, se disposait à tenir une assemblée dans la ville de Metz, on lui annonça que, s'il ne se hâtait bien vite de venir à Munich au secours de son fils Carloman contre les Wénèdes, il ne le reverrait plus. Etant retourné aussitôt, il marcha vers Ratisbonne, et confia Carloman l'aveugle à l'archevêque Luitbert pour qu'il en reçût les alimens dans le monastère de Saint-Albin à Mayence : montrant ainsi par un signe évident combien il étoit mécontent des maux que ledit Carloman avait faits à la sainte église de Dieu, au peuple chrétien et à son père en tous temps et en tous lieux où il avait été le maître. Arrivé à Ratisbonne, Louis fit sa paix comme il put par ses messagers avec les Wénèdes gouvernés par différens princes. Ayant reçu des députés envoyés par les peuples nommés Bohémiens pour lui tendre des piéges, il les fit mettre en prison.

Charles, assiégeant vaillamment et étroitement les Normands dans l'enceinte de la cité d'Angers, les soumit en telle sorte que les premiers d'entre eux vinrent vers lui, se recommandèrent à lui, lui prêtèrent les sermens qu'il exigea, et lui livrèrent des otages tant et tels qu'il les demanda, jurant de sortir de la cité d'Angers à un jour convenu, et de ne commettre tant qu'ils vivraient, ni souffrir qu'on commît aucun ravage dans son royaume. Ils demandèrent la permission de demeurer jusqu'au mois de février dans une certaine île de la Loire et d'y avoir un marché, promettant qu'au mois de février tous ceux d'entre eux qui auraient déjà reçu le baptême et voudraient à l'avenir demeurer sincèrement attachés à la religion chrétienne se rendraient auprès de lui, que ceux, encore païens, qui voudraient devenir chrétiens seraient baptisés par ses ordres, et que les autres sortiraient de son royaume pour n'y revenir jamais, comme on l'a dit, à mauvais dessein. Ensuite, accompagné des évêques et du peuple, et avec les plus grandes cérémonies de la religion, Charles remit à leur place avec des présens considérables les corps de saint Albin et saint Licin qui avaient été par crainte des Normands enlevés de leurs tombeaux. Charles donc, après avoir chassé les Normands de la cité d'Angers et reçu leurs otages, se mit en marche au mois d'octobre, et par le Mans, Évreux et son nouveau château de Pistre arriva à Amiens au commencement de novembre; de là s'étant livré à l'exercice de la chasse à Orreville et aux environs, il parvint au monastère de Saint-Vaast, et y célébra la Nativité du Seigneur.

[874] L'hiver fut long et rigoureux, et la neige tomba en si grande quantité que personne ne se souvenait d'en avoir jamais tant vu. Charles pendant la purification de Sainte-Marie tint une assemblée avec ses conseillers dans le monastère de Saint-Quentin; et, après avoir observé le jeune du carême dans le monastère de Saint-Denis, il y célébra la Pâque du Seigneur. Il tint aussi le 13 juin en la ville de Douzi une assemblée générale dans laquelle il reçut les dons annuels; ensuite, passant par Attigny et les lieux où il avait coutume de s'arrêter, il arriva à Compiègne. La longue sécheresse de l'été causa une disette de blé et de foin.

Charles avait reçu dans ces entrefaites, sur Salomon, duc des Bretons, des nouvelles vagues annonçant tantôt qu'il était malade, tantôt qu'il était mort. Il eut à Compiègne un avis certain de sa mort tel que nous allons le rapporter. Poursuivi par les principaux d'entre les Bretons, Pascuilan, Wursan et Wigon, fils de Rivilin, ainsi que par des Francs à qui il avait causé de grands dommages, et voyant son fils Wigon captif et gardé en prison, il s'enfuit et se retira à Paculière[1], et s'étant réfugié dans un petit monastère afin d'échapper à leurs poursuites, il fut trahi par les siens ; et, comme il ne devait éprouver aucun mal de la part des Bretons, il fut livré à des hommes francs, Fulcoald et d'autres. Ayant eu par eux les yeux crevés, il fut trouvé mort le lendemain, ainsi justement récompensé d'avoir tué, sur l'autel où il invoquait le nom de Dieu, son seigneur Hérispoé qui, pour échapper à sa poursuite, s'était réfugié dans une église.

Louis, roi de Germanie, envoya vers son frère Charles son fils Charles avec d'autres députés pour lui demander qu'ils conférassent ensemble près de la Meuse. Comme Charles se rendait à cette entrevue, il fut attaqué d'un flux de ventre, ce qui l'empêcha d'arriver au temps marqué ; en sorte que le colloque des deux rois, à savoir Louis et Charles, eut lieu sur les bords de la Meuse à Herstall vers le commencement de décembre. De là Charles s'en retourna par le monastère de Saint-Quentin et célébra à Compiègne la Nativité du Seigneur. Louis, ayant célébré cette

---

[1] J'ignore la position de ce lieu.

même fête à Aix, s'en retourna de là au palais de Francfort de l'autre côté du Rhin.

[875] Charles se rendit vers le commencement du carême au monastère de Saint-Denis où il célébra la Pâque du Seigneur ; sa femme Richilde avorta la nuit durant la quatrième fête de Pâques ; le fils qu'elle mit au jour mourut aussitôt après avoir reçu le baptême. Tandis qu'après son enfantement elle attendait dans le même monastère les jours de ses relevailles, Charles alla à Baisiu; de là, avant l'Ascension du Seigneur, il retourna à Saint-Denis pour y célébrer les Litanies, et vint à Compiègne la veille de la Pentecôte. Louis, roi de Germanie, tint son assemblée à Tribur dans le mois de mai, et, n'ayant pu y accomplir ce qu'il avait projeté, il indiqua pour le mois d'août une autre assemblée dans le même lieu. Charles vint dans le mois d'août à Douzi près des Ardennes, où il reçut la nouvelle certaine de la mort de son neveu Louis, empereur d'Italie. C'est pourquoi, quittant incontinent cette ville, il se rendit à Ponthion, ordonnant à tous ceux des conseillers qui se trouvaient à portée de venir à sa rencontre, et ramassant sur sa route tout ce qu'il pouvait de secours. De là, il alla à Langres, et y attendit ceux qu'il avait dessein de mener avec lui en Italie. Après avoir conduit sa femme Richilde à Servais, en passant par Rheims, et envoyé son fils Louis dans la partie du royaume qu'après la mort de son neveu Lothaire il avait reçue au préjudice de son frère, il se mit en route au commencement de septembre, et, passant par le monastère de Saint-Maurice, il traversa le mont Joux et entra en Italie.

Louis, roi de Germanie, son frère, envoya son fils Charles en Italie pour s'opposer à son frère Charles qui le força de prendre la fuite et de sortir de ce pays. Mais Louis, roi de Germanie, envoya contre son frère en Italie son autre fils Carloman avec tous ceux qu'il put rassembler. Instruit de son approche, le roi Charles s'avança à sa rencontre avec une armée supérieure, et Carloman voyant bien qu'il n'était pas en état de résister à son oncle, eut avec lui une entrevue dans laquelle il lui demanda la paix; et tous deux s'étant prêtés des sermens mutuels, Carloman s'en retourna de chez lui. Louis, par les avis d'Engelram, autrefois camérier et attaché à la maison du roi Charles, et dépouillé de ses bénéfices et rejeté de sa familiarité à la persuasion de la reine Richilde, s'avança jusqu'à Attigny avec une armée et son fils nommé comme lui Louis. D'après les ordres de la reine Richilde, les grands du royaume de Charles s'engagèrent par serment à repousser cette attaque; mais ils ne s'en occupèrent nullement, et de leur côté mettant à sac le royaume de Charles, ils le dévastèrent en manière d'ennemis. Louis le saccagea pareillement avec son armée; en sorte qu'après avoir célébré à Attigny la Nativité du Seigneur, et avoir ravagé le royaume de Charles, d'accord avec les grands de ce royaume, il s'en retourna avec quelques comtes du royaume de son frère qui s'étaient donnés à lui. Passant par la ville de Trèves, il arriva au palais de Francfort de l'autre côté du Rhin, où il célébra les jours du carême et la Pâque du Seigneur. Il y reçut la nouvelle certaine que sa femme Emma était morte à Ratisbonne peu de jours après la Nativité du Seigneur. Plusieurs grands d'Italie étant venus vers Charles, et quelques uns s'y étant refusés, il s'avança vers Rome sur l'invitation du pape Jean, qui le reçut avec une grande pompe dans l'église de Saint-Pierre le 17 décembre.

[876.] L'an du Seigneur 876, le jour de la Nativité du Seigneur[1], ayant offert à saint Pierre un grand nombre de riches présens, il fut oint et couronné et appelé empereur des Romains. Il quitta Rome le 5 janvier, et retourna à Pavie où il tint son assemblée. Ayant nommé duc de ce pays et décoré de la couronne ducale Boson frère de sa femme, et lui ayant sur sa demande adjoint deux collègues dans ce royaume, il s'en retourna par le mont Joux, le monastère de Saint-Maurice, Besançon, Langres, Châlons-sur-Marne, Rheims et Compiègne; il arriva au monastère de Saint-Denis où il célébra la Pâque du Seigneur. Là, ayant mandé les députés de l'apostolique, Jean de Toscane, Jean d'Arezzo et Anségise de Sens, par l'autorité apostolique et leur conseil par lui sanctionné, il indiqua un concile pour le prochain mois de juin dans la ville de Ponthion, où il se rendit par les cités de Rheims et de Châlons. Après le départ de l'empereur pour la France, Boson, par le moyen et les coupables artifices de Berenger, fils d'Éverard, prit en mariage Hermengarde, fille de l'empereur Louis, qui demeurait près de lui.

Le 21 juin, les évêques et autres clercs étant vêtus des habits ecclésiastiques, la maison et les siéges tendus d'étoffes, et dans le chœur du concile un pupître élevé en face du siége impérial, le seigneur empereur Charles, vêtu d'or, fait à la manière des Francs,

[1] En 875.

vint dans le concile avec les légats du siége apostolique. Les chantres ayant chanté l'antienne, *Exaudi nos Domine*, avec les versets et le *Gloria*, après le *Kyrie eleïson*, l'oraison faite par Jean, évêque de Toscane, le seigneur empereur s'assit dans le concile. Jean, évêque de Toscane, lut des lettres envoyées par le seigneur apostolique ; il lut aussi une lettre touchant la primatie d'Anségise, évêque de Sens, à cette fin que toutes les fois que l'exigerait l'intérêt de l'Église, soit qu'il s'agît de convoquer un concile, ou de traiter d'autres affaires, il fût revêtu dans la Gaule et dans la Germanie des fonctions apostoliques; que les décrets du siége apostolique fussent par lui communiqués aux évêques, et que, lorsqu'il serait nécessaire, le siége apostolique fût par lui instruit des faits, et qu'il connût des affaires les plus importantes et les plus difficiles, pour que, d'après son conseil, le siége apostolique en ordonnât et décidât. Les évêques ayant demandé qu'il leur fût permis de lire la lettre qui leur était adressée, l'empereur ne voulut point y consentir ; mais il leur demanda ce qu'ils répondraient là-dessus à l'envoyé de l'apostolique : leur réponse fut qu'avec la réserve des droits et priviléges de chaque métropolitain, établis par les sacrés canons et les ordonnances des pontifes romains publiées d'après ces mêmes canons, ils se conformeraient aux ordres du seigneur Jean, pape apostolique. L'empereur et les députés de l'apostolique agirent de tout leur pouvoir pour que les archevêques répondissent qu'ils obéiraient absolument à la primatie d'Anségise, comme l'avait dit l'apostolique. Ils n'en purent arracher aucune autre réponse que celle que nous avons dite. Le seul Frothaire, évêque de Bordeaux, qui, par la faveur du prince, avoit passé, contre les règles, de Bordeaux à Poitiers, et de là à Bourges, répondit par adulation ce qu'il savait devoir plaire à l'empereur. Alors l'empereur irrité dit que le seigneur pape lui avait confié son pouvoir dans ce concile, et qu'il s'appliquerait à faire exécuter les choses qu'il y ordonnait. D'accord avec Jean, évêque de Toscane, et Jean, évêque d'Arezzo, il prit la lettre fermée et la donna à Anségise; il ordonna de placer un siége pliant au-dessus de tous les évêques de son royaume cisalpin auprès de Jean évêque de Toscane, qui était assis à sa droite; et commanda à Anségise de passer dessus tous ceux qui avaient été ordonnés avant lui, et de s'asseoir sur ce siége. L'archevêque de Rheims réclama, disant, en présence de tous, que cela était contraire aux sacrés réglemens. Cependant l'empereur ne rétracta pas son arrêt; et comme les évêques lui demandaient la permission de prendre copie de la lettre qui leur était adressée, ils n'en purent rien obtenir. C'est ainsi que le concile se termina ce jour-là.

Le 22 du même mois, les évêques s'assemblèrent de nouveau : dans cette assemblée on lut les lettres envoyées aux laïques par le seigneur apostolique, ainsi que la manière de l'élection du seigneur empereur, confirmée par les évêques et autres du royaume d'Italie; on lut aussi les capitulaires qu'il avait donnés au palais de Pavie; il ordonna à tous de les confirmer, il fit la même injonction aux évêques cisalpins. Ainsi se termina le concile ce jour-là.

Le 3 juillet, les évêques s'assemblèrent sans l'empereur, et des discussions eurent lieu sur les prêtres des différentes paroisses qui réclamaient auprès des envoyés de l'apostolique. Ainsi se termina le concile ce jour-là. Le 4 du même mois, les évêques s'assemblèrent encore. L'empereur, assistant au concile, entendit les députés de son frère Louis, savoir, Willebert, archevêque de Cologne, et les comtes Adalhard et Meingaud, chargés de demander pour lui une partie du royaume de l'empereur Louis, fils de Lothaire leur frère, comme elle lui revenait, disait-il, par droit d'héritage, et lui avait été assurée par serment. Jean, évêque de Toscane, lut la lettre envoyée par le pape Jean aux évêques du royaume de Louis, et en donna copie à l'archevêque Willebert pour qu'il la portât à ces mêmes évêques. Ainsi se termina le concile ce jour-là. Le 10 juillet, les évêques s'assemblèrent, et les envoyés du seigneur apostolique vinrent vers la neuvième heure. C'étaient l'évêque Léon, apocrisiaire, neveu de l'apostolique, et l'évêque Pierre. Ils apportaient des lettres à l'empereur et à l'impératrice, et des salutations de l'apostolique aux évêques. Ainsi se termina le concile ce jour-là. Le 11 juillet, les évêques s'étant assemblés, on lut la lettre de l'apostolique sur la condamnation de l'évêque Formose, du nomenclateur Grégoire, ainsi que de leurs adhérens ; et il offrit au roi, de la part de l'apostolique, des présens dont les principaux furent un sceptre et un bâton d'or. Il envoyait aussi pour l'impératrice des présens consistant en manteaux et en bracelets ornés de pierres précieuses. Ainsi se termina le concile ce jour-là.

Le 14 juillet les évêques s'assemblèrent : l'empereur envoya les vicaires de l'apostolique faire aux archevêques et évêques de dures réprimandes sur ce qu'ils ne s'étaient pas assemblés la veille, selon qu'il le leur avait ordonné. Ceux-ci ayant expliqué leur conduite par des motifs légitimes et canoniques, la réprimande en resta là. D'après l'ordre de l'empereur, Jean, évêque de Toscane, lut de nouveau la lettre touchant la primatie d'Anségise, et on recommença à demander une réponse aux évêques, et chacun des archevêques ayant répondu qu'ils voulaient obéir régulièrement aux décrets du pape comme leurs prédécesseurs avaient obéi à ses prédécesseurs, leur réponse fut reçue avec moins de difficultés qu'elle ne l'avait été en présence de l'empereur. Après bien des débats au sujet des prêtres de diverses paroisses qui réclamaient auprès des envoyés de l'apostolique, on lut la pétition de Frothaire, évêque de Bordeaux, qui, ne pouvant demeurer dans sa ville à cause des incursions des païens, demandait qu'il lui fût permis d'habiter la métropole du pays de Bourges. Les évêques rejetèrent unanimement cette pétition, et les envoyés de l'apostolique ayant ordonné aux évêques de s'assembler le 16 juillet, l'empereur arriva le matin à neuf heures, paré et couronné à la mode des Grecs et conduit par les envoyés de l'apostolique vêtus à la manière romaine. Les évêques étaient revêtus des habits sacerdotaux, et les autres apprêts étaient semblables à ceux du premier jour dans lequel commença le concile. Et comme la première fois, après qu'on eut chanté l'antienne : *Exaudi nos Domine*, avec les versets et le *Gloria*, ainsi que le *Kyrie eleison*, et que l'évêque Léon eut fini l'oraison, tout le monde s'assit. Jean, évêque d'Arezzo, lut une cédule dépourvue de raison et d'autorité. Après quoi, Eudes, évêque de Beauvais, lut quelques capitulaires dressés par les envoyés de l'apostolique, par Anségise et par le même Eudes, sans la participation du concile, et qui, incohérens et sans utilité, étaient d'ailleurs dépourvus de raison et d'autorité. C'est pourquoi on ne le joignit point aux actes du concile. On fit une nouvelle interrogation au sujet de la primatie d'Anségise; et, après beaucoup de plaintes de l'empereur à des envoyés de l'apostolique contre les évêques, Anségise en obtint ce jour-là précisément tout autant que le premier jour du concile.

Ensuite, l'évêque Pierre, et Jean, évêque de Toscane, se rendirent à la chambre de l'empereur et amenèrent dans le synode l'impératrice Richilde couronnée, se tenant debout auprès de l'empereur; tous se levèrent, se tenant debout chacun à son rang. Alors l'évêque Léon, et Jean, évêque de Toscane, commencèrent *Laudes*, et après qu'on eut dit *Laudes* pour le seigneur apostolique, le seigneur empereur, l'impératrice et les autres, l'évêque Léon ayant selon la coutume fait l'oraison, le concile fut dissous. Ensuite l'empereur, après avoir fait des présens aux envoyés de l'apostolique, Léon et Pierre, les renvoya à Rome, et avec eux Anségise, évêque de Sens, et Adalgaire, évêque d'Autun. Cependant furent baptisés quelques Normands, amenés pour cela à l'empereur, par Hugues, abbé et marquis : ayant reçu des présens ils s'en retournèrent vers les leurs; et, après le baptême, ils se conduisirent de même qu'auparavant, en Normands et comme des païens. Le 28 juillet l'empereur quitta Ponthion et vint le 30 à Châlons-sur-Marne où, à cause de quelque indisposition corporelle, il séjourna jusqu'au 13 août.

Le 13 août il alla à Rheims, et de là vint directement à Servais. Le 27, il envoya vers son frère Louis et son fils les évêques et grands de son royaume, les légats de l'apostolique, à savoir, Jean, évêque de Toscane, et Jean, évêque d'Arezzo, ainsi que l'évêque Eudes, avec d'autres députés venant de sa part. Lesdits messagers annoncèrent à l'empereur, lorsqu'il se rendait à Quierzy, que ledit roi Louis était mort à Francfort le 27 août, et avait été enterré le 28 du même mois dans le monastère de Saint-Nazaire. L'empereur, ayant envoyé ses députés vers les grands du royaume de son frère défunt, partit de Quierzy et vint à Stenay, dans l'intention de se rendre à Metz et d'y recevoir ceux des évêques et grands du royaume de son frère défunt qui viendraient à lui. Mais, ayant soudainement changé de résolution, il marcha vers Aix-la-Chapelle, d'où il alla à Cologne accompagné des légats de l'apostolique, tous ceux qui étaient avec lui s'étant mis à tout ravager sans aucun respect de Dieu. Les Normands, avec environ cent grands navires, qu'en notre langue on appelle *barques*, entrèrent dans la Seine le 16 septembre. Cette nouvelle ayant été annoncée à l'empereur, alors à Cologne, ne changea rien au dessein qu'il avait entrepris. Cependant Louis, son neveu, s'avança vers lui de l'autre côté du Rhin avec des Saxons et des Thuringiens, et envoya des députés vers l'empereur, son oncle, pour lui demander de le traiter avec bénignité, ce qu'il n'obtint pas. Alors lui et ses comtes supplièrent la miséricorde du Seigneur par des jeûnes et des litanies, tandis que se raillaient d'eux ceux qui étaient avec l'empereur. Louis, fils du roi Louis, en présence de ceux qui étaient avec lui, mit dix hommes à l'épreuve de l'eau chaude, dix à celle du fer chaud, et dix à celle de l'eau froide, tous suppliant Dieu de déclarer par son jugement si Louis devait de droit avoir, sur le royaume que laissait son père, une portion plus considérable que celle qui lui était échue dans le partage fait avec son frère Charles, par le consentement et les sermens de tous deux. Ils n'en reçurent aucun mal. Alors Louis passa le Rhin à Andernach avec son armée. L'empereur l'ayant appris, envoya à Herstall, avec l'abbé Hilduin et l'évêque Francon, l'impératrice Richilde qui était grosse. Il marcha lui-même le long du Rhin contre son neveu avec son armée, lui ayant adressé des députés pour lui dire qu'il envoyât quelques uns de ses conseillers au-devant des siens afin qu'ils traitassent ensemble de la paix. Louis, ayant reçu ce message humblement et avec soumission, demeura persuadé qu'il ne serait point attaqué jusqu'à ce que cette convention fût expirée.

Vers le 7 octobre, l'empereur ayant disposé ses troupes se leva au milieu de la nuit, et, faisant déployer les étendards, marcha par des chemins rudes et difficiles ou plutôt même impraticables, dans le dessein de fondre inopinément sur son neveu et sur ceux qui étaient avec lui. Il arriva à Andernach, ses soldats et ses chevaux harassés par la fatigue d'une route difficile et rude et par la pluie qui les avait inondés toute la nuit. Voilà que soudainement Louis et les siens apprirent que l'empereur s'avançait contre eux avec une puissante armée. Il demeura ferme avec ceux du pays qui étaient pour lui ; les troupes de l'empereur s'étant précipitées sur eux, ils leur résistèrent vaillamment, et les troupes de l'empereur tournèrent le dos. Louis dans la poursuite vint sur l'empereur ; mais celui-ci ayant pris la fuite s'échappa à grand'peine avec peu de monde. Un grand nombre qui auraient pu s'échapper en furent empêchés parce que tous les bagages de l'empereur et de ses gens, ainsi que les marchands et vendeurs de boucliers qui avaient suivi l'empereur et l'armée, fermèrent en un chemin étroit le passage aux fuyards. Les comtes Ragenaire et Jérome furent tués dans ce combat, avec beaucoup d'autres ; l'évêque Astolphe, l'abbé Joscelin, les comtes Aledramm, Adalhard, Bernard et Evertaire, ainsi que beaucoup d'autres, furent pris dans ce même champ de bataille et dans la forêt voisine ; tous les bagages et tout ce que portoient les marchands tombèrent au pouvoir de l'armée de Louis. Ainsi fut accomplie cette parole du prophète : « Malheur à vous « qui pillez les autres ! ne serez-vous pas aussi « pillés [1] ? » Tout ce qu'avaient les pillards qui étaient avec l'empereur et eux-mêmes, devint la proie des autres ; de sorte que ceux qui avaient pu s'échapper par le secours de leurs chevaux avaient leur vie pour tout butin. Les autres furent tellement dépouillés par les paysans qu'ils furent obligés, pour cacher les parties que la pudeur défend de montrer, de s'envelopper de foin et de paille, et que ceux que ne voulurent point tuer les ennemis qui les poursuivaient, se sauvèrent tout nus. Ainsi le peuple qui venait pour envahir éprouva une grande plaie. Richilde ayant appris le 9

[1] Isaïe, chap. 33, v. 1.

octobre la fuite de l'armée impériale et de l'empereur lui-même, quitta Herstall et se sauva la nuit suivante au chant du coq. Elle enfanta dans la route un fils que son serviteur prit devant lui et porta à Antenay, où ils arrivèrent en fuyant. L'empereur arriva le soir du 9 octobre au monastère de Saint-Lambert. Francon et l'abbé Hilduin ayant quitté Richilde le 6 pour aller vers lui, l'accompagnèrent jusqu'à ce qu'il fût arrivé après Richilde à Antenay. De là il alla à Douzi, d'où il retourna à Antenay, et indiqua une assemblée à Salmoucy quinze jours après la messe de Saint-Martin.

D'Andernach Louis, fils du feu roi Louis, retourna à Aix par Sentzich, et y séjourna trois jours. De là il alla à Coblentz à la rencontre de son frère Charles, et lorsqu'ils eurent parlé ensemble, Charles alla vers Metz, et de là revint malade en Allemagne; Louis passa le Rhin. Carloman, leur frère, alors occupé à faire la guerre aux Wénèdes, ne vint, comme il l'avait annoncé, ni vers eux ni vers son oncle l'empereur Charles.

L'empereur Charles envoya Conrad et d'autres grands du royaume vers les Normands, qui s'étaient embarqués sur la Seine, pour qu'ils tâchassent, de quelque manière que ce fût, de conclure un traité avec eux, et vinssent le lui annoncer à l'assemblée qu'il avait indiquée. Le seigneur empereur Charles vint à l'assemblée qu'il avait indiquée à Salmoucy. Il y reçut des hommes de la partie du royaume de feu Lothaire que son frère Louis lui avait prise, et qui vinrent vers lui après sa fuite d'Andernach, et il leur donna quelques abbayes comme elles étaient et sans en rien retenir; il donna à quelques-uns des bénéfices sur l'abbaye de Marchiennes qu'il avait partagée, et ensuite leur permit de s'en retourner. Il rangea les troupes qui campaient sur les bords de la Seine pour s'opposer aux Normands. Etant venu à la ville de Verzenay, il y tomba dangereusement malade d'une pleurésie, en sorte qu'on désespéra de sa vie. Il y célébra la Nativité du Seigneur.

[877.] Cependant l'empereur Charles guérit, et, passant par Quierzy, il vint à Compiègne. Tandis qu'il y était, son fils né sur la route, pendant que Richilde se rendait à Antenay, tomba malade; et ayant été tenu sur les fonts de baptême par son oncle Boson et nommé Charles, il mourut, et fut transporté au monastère de Saint-Denis pour y être enseveli. L'empereur Charles ayant passé le carême à Compiègne, y célébra aussi la Pâque du Seigneur, et reçut Jean Pierre, évêque, et un autre Pierre, aussi évêque, envoyés de l'apostolique Jean, et chargés de l'appeler à Rome, tant par leurs discours que par les lettres qu'ils apportaient à l'apostolique, afin que, selon sa promesse, il défendît la sainte Église de Rome, et la délivrât des païens qui l'infestaient.

Au commencement de mai, l'empereur convoqua à Compiègne les évêques de la province de Rheims et des autres provinces, et fit consacrer par ces mêmes évêques avec un grand appareil, en sa présence et en celle des envoyés du siége apostolique, l'église qu'il avait fait construire en ce palais. Ensuite il tint son assemblée générale le 14 juin, y régla par des capitulaires de quelle manière, jusqu'à son retour de Rome, son fils Louis devait gouverner le royaume de France avec ses fidèles et les grands, et comment on devait faire payer le tribut à la portion du royaume de France qu'il avait avant la mort de Lothaire, et à la Bourgogne: à savoir un sou de chaque manoir seigneurial, de chaque manoir libre quatre deniers pour la taxe des seigneurs, et quatre sur l'avoir du cultivateur; des manoirs serviles, onze deniers pour la taxe des seigneurs et deux sur l'avoir du cultivateur. Il régla aussi que chaque évêque recevrait des prêtres de sa paroisse, selon ce qui était possible à chacun, cinq sous pour le plus, quatre deniers pour le moins de chaque prêtre, et le remettrait aux délégués de l'empereur. On leva ce tribut sur les trésors des églises, en proportion de la valeur de leurs biens. La somme payée se monta à cinq mille livres d'argent. Tous ceux de Neustrie, tant évêques qu'autres gens habitant au-delà de la Seine, payèrent tribut aux Normands selon qu'il leur fut imposé et qu'ils le purent.

Le seigneur empereur Charles, quittant Quierzy, passa par Compiègne et Soissons, et arriva à Rheims; de là, faisant route par Châlons, Ponthion et Laon, avec sa femme et une immense quantité d'or, d'argent, de chevaux et d'autres richesses, il passa de France en Italie, et, lorsqu'il fut parvenu de l'autre côté du Jura jusqu'à Orbe, vint au devant de lui l'évêque Adalgaire qu'il avait envoyé à Rome, dans le mois de février, pour le concile que devait tenir le pape Jean. Ledit Adalgaire rapporta à l'empereur, comme un grand présent, un exemplaire des actes de ce concile. Le résumé de ces actes, c'est qu'après des louanges nombreuses et multipliées pour l'empereur, on décréta que son élection et promotion au sceptre de l'empire, célébrée à Rome l'année précédente, était déclarée stable et permanente pour le présent et à tout jamais ; que si quelqu'un tentait de la troubler ou de la violer, quels que fussent son rang, sa dignité ou profession, il demeurerait à perpétuité sous les liens de l'anathême jusqu'à ce qu'il en donnât satisfaction ; que les auteurs et instigateurs de ce dessein, s'ils étaient clercs, seraient déposés, et, s'ils étaient laïques et moines, pour toujours frappés d'anathême ; et que, comme le concile tenu l'année précédente à Ponthion, près Andernach, n'avait servi de rien, l'autorité de celui-ci devait à jamais l'emporter. Le même Adalgaire annonça aussi, entre autres choses, à l'empereur, que le pape Jean devait venir à sa rencontre à Pavie. Il envoya donc Odaire, notaire de la seconde chancellerie, les comtes Goiram, Pepin et Herbert, pour veiller au service du pape, qui se hâta de se rendre auprès de lui, et le rencontra à Verceil, où il fut reçu de lui avec les plus grands honneurs, et ils cheminèrent ensemble vers Pavie. Charles reçut dans cette ville la nouvelle certaine que Carloman, fils de son frère Louis, s'avançait contre eux avec une grande multitude de guerriers : c'est pourquoi, quittant Pavie, ils vinrent à Tortone. Richilde, ayant été consacrée impératrice par le pape Jean, s'enfuit promptement avec le trésor du côté de la Maurienne. Cependant l'empereur, demeurant quelque temps avec le pape Jean dans le même endroit, y attendit les grands de son royaume : l'abbé Hugues, Boson, Bernard, comte d'Auvergne, et Bernard, marquis de Gothie, auxquels il avait ordonné de venir vers lui ; mais ceux-ci, ainsi que les autres grands de son royaume, excepté quelques évêques, conspirèrent tous contre lui. Ayant appris qu'ils ne viendraient point, dès que lui et le pape surent que Carloman s'approchait, l'empereur s'enfuit après Richilde, et le pape Jean se hâta de se rendre aussitôt à Rome. L'empereur Charles envoya par lui à l'apôtre saint Pierre l'image du Sauveur attaché à la croix, faite en or d'un grand poids, et ornée de pierres précieuses.

Carloman, ayant reçu la fausse nouvelle que l'empereur et le pape Jean s'avançaient contre lui avec une grande multitude de guerriers, prit lui-même la fuite par où il était venu : ainsi Dieu, selon sa miséricorde accoutumée, dispersa le rassemblement qu'il avait formé.

Charles, attaqué de la fièvre, prit en breuvage, pour s'en guérir, une poudre que lui donna son médecin, Juif nommé Sédéchias, pour qui il avait trop d'amitié et de confiance. Mais c'était un poison mortel qu'il avait avalé ; et, porté à bras à travers le Mont-Cenis, étant arrivé à un endroit appelé Brios, il envoya dire à Richilde qui était en Maurienne de se rendre vers lui; ce qu'elle fit : et onze jours après avoir pris le poison, il mourut dans une misérable cabane, le 6 octobre. Ceux qui étaient avec lui ayant ouvert son corps dont ils retirèrent les entrailles, et l'ayant parfumé comme ils purent de vin et d'aromates, ils le renfermèrent dans un cercueil, et se mirent en route pour le transporter au monastère de Saint-Denis, où il avait demandé d'être enseveli. Ne pouvant le porter à cause de l'infection qui en sortait, ils le mirent dans un tonneau enduit de poix en dedans et en dehors, et enveloppé de cuir; ce qui ne put en ôter la puanteur. Arrivés avec peine à une certaine chapelle de moines de l'évêché de Lyon que l'on appelle Nantua, ils le mirent en terre avec le tonneau qui le renfermait.

Carloman, de son côté, malade presque jusqu'à la mort, et rapporté chez lui dans une litière, demeura ainsi durant un an, en sorte qu'il fut désespéré de plusieurs.

Louis, ayant reçu à Orreville la nouvelle de la mort de son père Charles, se concilia tous ceux qu'il put, leur donnant des abbayes et des comtés et des manoirs, selon ce que demandait chacun, et prenant sa route par Quierzy et Compiègne pour se rendre aux funérailles de son père dans le monastère de Saint-Denis. Là, apprenant que son père était enseveli, et que les premiers du royaume, tant abbés que comtes, indignés de ce qu'il avait donné des bénéfices à quelques-uns sans leur consentement, s'étaient réunis contre lui, il retourna à Compiègne. Cependant lesdits grands, avec Richilde, dévastant autant qu'il était en eux, arrivèrent au monastère d'Avenai, convoquèrent leur assemblée à Mont-Vimar, d'où ils envoyèrent leurs messagers vers Louis. Mais Louis leur adressa ses envoyés ; et des messagers allant et venant entre eux, on parvint à obtenir que Richilde et les grands allassent vers lui à Compiègne : et ils convoquèrent leur assemblée à Chesne-Herbelot, dans la forêt de Cuise. Richilde, venant vers Louis à la fête de Saint-André, lui apporta un acte par lequel, avant de mourir, son père lui avait transmis le royaume, et une épée dite de saint Pierre, par laquelle il lui en donnait l'investiture, et aussi le vêtement royal, la

couronne et le bâton d'or et de pierres précieuses :
et lorsque, par des envoyés qui passèrent et repassèrent entre Louis et les grands du royaume, il eut
été traité avec chacun des bénéfices qu'ils demandaient, Louis, du consentement de tous, tant des
évêques et abbés que des grands du royaume et de
tous les autres assistans, fut sacré et couronné roi le
8 décembre par Hincmar, archevêque de Rheims. Les
évêques se recommandèrent à lui, eux et leurs églises,
sauf leurs priviléges canoniques, pour en être dûment
protégés, promettant, selon leur savoir et pouvoir,
de lui prêter fidèlement dans leur ministère secours et conseil. Les abbés aussi et les premiers du
royaume et les vassaux du roi se recommandèrent
à lui, et lui firent, selon la coutume, serment de
fidélité [1].

Quand le roi Louis, fils de l'empereur Charles, fut
couronné à Compiègne, les évêques lui présentèrent
requête ainsi qu'il suit : « Nous vous prions de nous
« accorder que, conformément au premier capitu-
« laire, lequel, d'accord avec ses fidèles et les vôtres
« et les légats du siége apostolique, Josselin lisant,
« votre seigneur empereur a très-récemment, à Quier-
« zy, déclaré devoir être par lui et par vous observé,
« vous nous gardiez, à nous et aux églises qui nous
« sont confiées, le privilége canonique et nos droits
« légitimes, et que vous nous donniez protection, telle

---

[1] Ici la chronique de Saint-Denis ajoute : « Mais pour ce que l'estoire
« parle souvent des abbez du roïaume porroient aucun cuider que ce
« fussent moine et genz de religion : mais nous cuidons mieux, selon ce
« que l'estoire donne a entendre, que ce fussent baron ou grant home
« seculer a cui l'on les donast a tens ou a vie. »

« qu'un roi la doit avec justice, en son royaume, à
« chaque évêque, et aux églises qui lui sont confiées. »

Ledit Louis fit aux évêques la promesse suivante :
« Je vous promets et accorde que, conformément à
« ce premier capitulaire, lequel, d'accord avec ses
« fidèles et les nôtres et les légats du siége aposto-
« lique, Josselin lisant, le seigneur empereur mon
« père a très-récemment, à Quierzy, déclaré devoir
« être par lui observé [1], que je vous garderai, à vous
« et aux églises qui vous sont confiées, le privilége ca-
« nonique et vos droits légitimes, et que, Dieu ai-
« dant, je vous donnerai autant que je pourrai pro-
« tection, telle qu'un roi la doit en son royaume à
« chaque évêque et aux églises qui lui sont confiées. »
Voici le capitulaire ici rappelé :

« Touchant les biens et honneurs de Dieu et des
« saintes églises situées par la volonté de Dieu sous
« la puissance et protection de notre gouvernement,
« nous voulons, avec l'intervention du Seigneur,
« qu'ils soient conservés à l'avenir en leur intégrité,
« tels qu'ont été ces biens et honneurs du temps de
« notre père de bienheureuse mémoire, et avec les
« augmentations de propriétés dont lesdites églises
« ont été bénéficiées et enrichies par notre libéralité ;
« et que les prêtres et serviteurs de Dieu obtiennent
« le droit ecclésiastique et les priviléges qui leur sont
« dus, ainsi qu'une respectable autorité, et que la
« puissance des princes, la vigueur des hommes puis-
« sans et les administrateurs de la république con-
« courent avec eux en toutes choses, ainsi qu'il est rai-
« sonnable et juste, afin qu'ils puissent convenable-

---

[1] Selon Sirmond et Baluze, *par lui et par moi observé.*

« ment exercer leur ministère, et que, Dieu aidant,
« notre fils observe avec une égale fidélité les choses
« susdites. »

Lors l'évêque Anségise et les autres évêques présens à Compiègne, quand ils bénirent Louis, fils de l'empereur Charles, se recommandèrent à lui en ces termes :

« Je me recommande à vous, moi et l'église qui m'est confiée, pour que vous nous gardiez le droit légitime et la justice, et nous donniez protection telle que, selon raison, la doit un roi garder et donner aux évêques de ses églises. »

Les susdits firent en même temps les promesses suivantes.

« Moi un tel je promets ceci : de ce jour et à l'avenir, selon mon savoir et pouvoir, et selon mon ministère, je servirai fidèlement mondit seigneur et roi Louis, fils de Charles et d'Hermentrude, de mon secours et de mon conseil, en ce qui concerne la foi que je lui ai prêtée et mon sacerdoce, ainsi que le doit de droit un évêque à son seigneur. »

Sur quoi ledit Louis fils de Charles promit à son tour :

« Moi Louis, établi roi par la miséricorde de Dieu
« et l'élection du peuple, je promets, prenant en té-
« moignage l'Église de Dieu, à tous les ordres, à sa-
« voir, des évêques, prêtres, moines, chanoines et
« nonnes, de leur garder en leur entier dorénavant
« les réglemens écrits par les Pères, et corroborés
« des attestations apostoliques. Je promets aussi de
« garder au peuple, dont par la miséricorde de Dieu
« le gouvernement m'a été confié en l'assemblée gé-

« nérale de nos fidèles, les lois et statuts conformé-
« ment à ce qu'ont inséré dans leurs actes les rois
« et empereurs qui m'ont précédé et ont ordonné de
« tenir inviolablement et observer à jamais. Moi donc
« Louis, ayant relu cette promesse par moi faite spon-
« tanément, de rectitude et amour de justice, je l'ai
« confirmée de ma propre main. »

[878.] Le roi Louis célébra la Nativité du Seigneur au monastère de Saint-Médard près de Soissons. De là il se rendit à sa maison d'Orreville, et célébra la Pâque du Seigneur au monastère de Saint-Denis, et à la persuasion de Hugues, abbé et marquis, il passa de l'autre côté de la Seine, tant pour aller au secours de Hugues contre les Normands, que parce que le fils de Godefroi avait envahi le château et les bénéfices du fils du feu comte Eudes, et parce que Aimon, frère du marquis Bernard, usurpant la cité d'Évreux, commettait de grands ravages dans tous les pays d'alentour. Il se permit, outre cela, de piller le pays d'Eric, comme l'auraient pu faire les Normands.

Louis ayant passé jusqu'à Tours, y tomba malade à ce point qu'on désespéra de sa vie. Lorsque, par la miséricorde de Dieu, il se porta un peu mieux, par l'intervention de quelques-uns de ses conseillers amis de Godefroi, à lui vint ledit Godefroi amenant avec lui ses fils, avec qui l'on convint qu'ils rendraient au roi Louis le château et les bénéfices qu'ils avaient envahis, et les auraient ensuite par concession. Alors Godefroi amena une partie des Bretons à promettre fidélité au roi, mais ils la gardèrent ensuite comme des Bretons.

Le pape Jean, irrité contre les comtes Lambert et

Adalbert, parce qu'ils lui avaient pillé des villages et une ville, les frappa d'une épouvantable excommunication, puis sortit de Rome, arriva par mer à Arles le jour de la Pentecôte, et envoya ses messagers au comte Boson. Il vint par son secours jusqu'à Lyon, et de là envoya à Tours ses messagers au roi Louis, lui mandant qu'il irait le trouver où cela lui conviendrait. Louis, envoyant à sa rencontre quelques évêques, le pria de venir jusqu'à Troyes, et le fit défrayer par les évêques du royaume ; et sa maladie l'empêchant de revenir plus tôt, il alla le trouver à Troyes au commencement de septembre. Sur ces entrefaites, le pape Jean ayant assemblé un concile général des évêques des provinces des Gaules et de la Belgique, y fit relire l'excommunication qu'il avait portée à Rome contre Lambert, Adalbert et aussi Formose, et Grégoire nomenclateur et leurs complices ; et il demanda que les évêques concourussent à cette excommunication. Sur quoi les évêques présens lui demandèrent que comme c'était sur une pièce écrite que leur avait été prononcée par son ordre, dans le concile, l'excommunication portée par lui, il leur octroyât également de lui donner par écrit leur consentement ; et le pape Jean l'ayant octroyé, le lendemain les évêques présentèrent au pape dans le concile le diplôme suivant :

« Très-saint seigneur et révérend père des pères,
« Jean, pape du premier siége de l'Eglise catholique
« et apostolique, à savoir du saint-siége de Rome,
« nous les serviteurs et disciples de votre autorité, les
« évêques des provinces gauloises et belgiques, nous
« souffrons avec vous de ces choses que des hommes
« méchans et ministres du Diable, ajoutant à la plaie

« de vos douleurs, ont commises contre notre sainte
« mère et maîtresse de toutes les églises, et plaignons
« vos douleurs en unissant nos larmes aux vôtres ;
« et nous conformons de nos vœux, de notre voix,
« de notre unanimité et de l'autorité du Saint-Esprit,
« par la grâce duquel nous avons été consacrés au
« rang d'évêques, au jugement que, par le privilége
« de Saint-Pierre et du siége apostolique, a porté votre
« autorité contre eux et leurs complices, conformé-
« ment aux sacrés canons, dictés par l'esprit de Dieu,
« consacrés par le respect du monde entier, et con-
« formément aux décrets des pontifes du siége romain,
« vos prédécesseurs, et les frappant du glaive spiri-
« tuel qui est la parole de Dieu. C'est à savoir que
« ceux que, comme nous avons dit plus haut, vous
« avez excommuniés, nous les excommunions, ceux
« que vous avez rejetés de l'Eglise, nous les rejetons,
« ceux que vous avez anathématisés, nous les anathé-
« matisons, et ceux qui, après avoir régulièrement
« satifait à votre autorité, seroient reçus du siége apos-
« tolique, nous les recevrons. Mais comme nous li-
« sons en l'histoire sacrée des plaies d'Egypte juste-
« ment envoyées de Dieu, qu'il n'était pas une mai-
« son en laquelle ne fût un mort gisant, et qu'aucun
« ne se trouvait pour en consoler un autre, parce
« que chacun avait en sa maison de quoi pleurer, nous
« pleurons aussi en nos églises des choses déplorables ;
« nous supplions donc en toute humilité d'esprit le
« secours de votre autorité, vous priant de promul-
« guer un capitulaire émané de votre autorité, du-
« quel nous nous puissions servir contre ceux qui en-
« vahissent les biens de nos églises, afin que, munis de

« la censure du siége apostolique, nous puissions do-
« rénavant nous et nos successeurs, par un principe
« commun, nous soutenir plus vigoureusement et
« plus facilement, avec l'aide de Dieu, contre les per-
« vers ravisseurs et dévastateurs des biens et posses-
« sions ecclésiastiques, et les contempteurs du saint
« ministère épiscopal. En sorte que, selon la parole
« du prédicateur par excellence et la publication
« de votre autorité, livrés qu'ils seront à Satan, leur
« âme soit sauvée au jour de Notre-Seigneur Jésus-
« Christ [1]. »

Lors Jean l'apostolique et les autres évêques assemblés à Troyes portèrent contre les usurpateurs des biens ecclésiastiques l'excommunication suivante :

« Touchant les usurpateurs des biens ecclésiasti-
« ques que les sacrés canons rédigés par l'esprit de
« Dieu et consacrés par la vénération du monde entier,
« ainsi que les décrets des pontifes du siége aposto-
« lique, ont déclaré devoir demeurer sous le poids de
« l'anathème jusqu'à ce qu'ils eussent régulièrement
« satisfait, et touchant les ravisseurs dont l'apôtre,
« parlant au nom du Christ, a témoigné qu'ils ne
« possèdent pas le royaume de Dieu, interdisant à
« tout vrai chrétien de prendre sa nourriture avec de
« tels hommes tant qu'ils persévéreront dans leur
« crime ; nous décrétons, en vertu de la puissance du
« Christ et par le jugement du Saint-Esprit, que si,

---

[1] C'est la forme d'excommunication employée par saint Paul, dans sa première épître aux Corinthiens, contre un Chrétien qui s'était rendu coupable d'une intrigue criminelle avec sa belle-mère. Il ordonne qu'il soit retranché du milieu des fidèles, « et ainsi livré à Satan pour morti-
« fier sa chair, afin que son âme soit sauvée au jour de Notre-Seigneur
« Jésus-Christ. » (1re *Épît. aux Corinth.* chap. 5, v. 5.)

« avant les prochaines calendes de novembre, ils n'ont
« pas restitué aux églises auxquelles ils appartien-
« nent, en leur faisant satisfaction régulière, les biens
« qu'ils leur ont injustement enlevés, ils soient, jus-
« qu'à restitution des biens ecclésiastiques, et jusqu'à
« ce qu'ils aient fait satisfaction, tenus éloignés de la
« communion du corps et du sang du Christ ; et si les
« contempteurs du saint ministère épiscopal et des
« excommunications ecclésiastiques régulièrement ad-
« monestés, conformément à l'autorité évangélique et
« apostolique, par les évêques à qui il appartient de le
« faire, ne viennent pas à résipiscence en donnant
« régulière satisfaction, ils demeureront, jusqu'à ce
« qu'ils aient satisfait, serrés des liens de l'anathème ;
« et, s'ils meurent dans leur opiniâtreté, que leurs
« corps ne soient point ensevelis avec des hymnes et
« des psaumes ; qu'il ne soit pas fait mémoire d'eux
« aux saints autels entre les fidèles trépassés ; car l'a-
« pôtre et évangéliste Jean a dit : *Il y a un péché qui*
« *va à la mort, et ce n'est pas pour ce péché-là que*
« *je dis que vous priiez*[1]. Le péché qui va à la mort est
« la persévérance dans le péché jusqu'à la mort ; et les
« saints canons des anciens Pères ont décidé, par
« l'inspiration du Saint-Esprit, que les corps de ceux
« qui se donnent volontairement la mort, et de ceux
« qui sont punis pour leurs crimes, ne seront point
« portés à la sépulture avec des hymnes et des psau-
« mes. Suivant lesquels décrets nous avons, par le ju-
« gement du Saint-Esprit, décidé ce qui précède tou-
« chant les usurpateurs et ravisseurs des biens et
« propriétés ecclésiastiques, s'ils ne viennent pas à

[1] I<sup>re</sup> Épît. de S. Jean, chap. 5, v. 16.

« résipiscence, ainsi que l'a ordonné le bienheureux « Grégoire, lorsqu'il a dit : Parce que de tels hommes « ne sont pas chrétiens je les anathématise, moi et « tous les évêques catholiques, et aussi l'Église uni- « verselle. »

Lequel diplôme le pape Jean fit écrire à la suite de son excommunication, et le confirmant de sa signature, le fit souscrire à tous les évêques du concile ; ensuite, d'après son ordre, furent lus dans le concile les canons de celui de Sardique et le décret du pape Léon touchant les évêques qui changeaient de siége, et aussi les canons africains contre les translations d'évêques, ainsi que contre les renouvellemens de baptême et ré-ordination, et cela à cause de Frothaire, évêque de Bordeaux, qui, de Bordeaux, disait-on, avait passé à la cité de Poitiers et de là à celle de Bourges.

Louis, ayant été couronné par le pape Jean le 7 septembre, invita ledit pape à sa maison, et, dans un repas magnifique, lui et sa femme lui rendirent honneur par beaucoup de présens, puis il le fit reconduire à la cité de Troyes; ensuite il demanda par ses messagers à ce même pape de couronner sa femme Reine, mais il ne put l'obtenir[1]. Les évêques Frothaire et Adalgaire présentèrent cependant au pape dans l'assemblée des évêques une ordonnance du père de Louis, par laquelle il transmettait le royaume

---

[1] Parce qu'il l'avait épousée après avoir renvoyé, par l'ordre de son père, Ansgarde qu'il avait épousée sans son consentement, et dont il avait deux fils, Louis et Carloman. Cette seconde femme, que le pape refusa de couronner, se nommait Adélaïde. Elle avait été donnée à Louis par son père ; il la laissa grosse en mourant.

à son fils, lui demandant de la part de celui-ci qu'en vertu de son privilége il confirmât cette ordonnance.

Alors le pape Jean produisit une copie d'une ordonnance attribuée à l'empereur Charles concédant à l'Église romaine l'abbaye de Saint-Denis, laquelle ordonnance plusieurs pensaient avoir été fabriquée par le conseil desdits évêques et autres conseillers de Louis, afin qu'il pût avoir un prétexte d'ôter cette abbaye à Josselin, et de la prendre pour lui. Le pape Jean dit que, si Louis voulait qu'il usât de son privilége sur la première ordonnance, il fallait qu'il confirmât aussi, par une ordonnance de lui, celle de son père sur l'abbaye de Saint-Denis. Cette affaire, comme provenant d'intrigues et non de justice, n'eut aucune suite.

Après cela, le 10 dudit mois, le roi Louis, obligé par les sollicitations de quelques uns des grands de son royaume, vint à la demeure de l'apostolique; et, après qu'ils eurent parlé en particulier, il revint avec lui à l'assemblée des évêques tenue en une salle joignant la demeure de l'apostolique; et après qu'on eut excommunié Hugues, fils de Lothaire, ainsi qu'Aimoin et leurs complices, qui avaient usé de violence envers quelques évêques, le pape Jean, d'accord avec le roi, dit qu'Hedenulphe, qu'il avait par son autorité sacré évêque, devait garder son siége et exercer les fonctions épiscopales, et qu'Hincmar l'aveugle [1] chanterait s'il le voulait la messe, et jouirait

---

[1] Évêque de Laon, retenu depuis deux ans en prison par ordre du concile de Soissons, et même quelque temps chargé de fers. Il paraît qu'il était devenu aveugle en prison, et que, durant sa captivité, le pape, au jugement duquel il avait été renvoyé par le concile, avait nommé Hedenulphe à sa place.

d'une partie des biens de l'évêché de Laon ; et Hedenulphe ayant prié le pape qu'il le déchargeât de ce siége, disant qu'il était infirme et voulait se retirer dans un monastère, il ne le put obtenir ; mais il lui fut ordonné par le pape, d'accord avec le roi et les évêques du parti d'Hincmar, de garder son siége et remplir les fonctions épiscopales. Comme lesdits partisans d'Hincmar eurent entendu ce qu'avait dit le pape Jean, qu'Hincmar l'aveugle chanterait la messe s'il le voulait, et que le roi consentirait qu'il jouît d'une part des biens de l'évêché de Laon, soudainement les évêques des autres églises provinciales, et les métropolitains des autres pays, sans l'ordre du pape, conduisirent en présence dudit pape Hincmar revêtu des habits sacerdotaux ; puis, l'emmenant, ils l'accompagnèrent à l'église en chantant, et lui firent donner la bénédiction au peuple. Ainsi se termina ce concile.

Le lendemain, Louis invité par Boson se rendit à la maison de celui-ci avec quelques-uns de ses premiers conseillers, et traité en un festin, reçu avec honneur par lui et sa femme, il fiança son fils Carloman à la fille de Boson ; et par le conseil de ces mêmes conseillers il distribua les bénéfices de Bernard, marquis de Gothie, à Thierri le camerier, à Bernard, comte d'Auvergne, et à quelques autres qu'il désigna en son particulier.

Le pape Jean partant de Troyes se dirigea vers Châlons, puis de là prenant sa route par la Maurienne, entra en Italie, conduit par Boson et sa femme, à travers les passages de Mont-Cenis.

Le roi Louis revenu de Troyes à Compiègne, y ayant reçu la réponse que lui rapportaient les envoyés adressés par lui à son cousin Louis, pour obtenir qu'ils fissent la paix ensemble, il vint avec quelques-uns de ses conseillers jusqu'à Herstall. Et au commencement de novembre s'étant réunis auprès de Mersen, ils arrêtèrent entre eux la paix, et convoquèrent, à la purification de Sainte-Marie, une assemblée pour s'y réunir de nouveau, Louis, fils de Charles, venant à Gondreville, et Louis, fils de Louis, à l'endroit qu'il trouverait commode dans les environs de ce même lieu. En cette même assemblée, du consentement de leurs fidèles, ils convinrent d'observer entre eux les choses suivantes :

« Ceci est la convention faite, au lieu nommé Foron, dans les calendes de novembre, année de l'incarnation du Seigneur 878, entre les glorieux rois Louis, fils de l'empereur, et Louis, fils du roi Louis, eux et leurs fidèles approuvant et consentant, et le roi Louis, fils de Louis, portant la parole. « Nous
« voulons que le partage du royaume de Lothaire de-
« meure tel qu'il a été fait entre mon père Charles et
« votre père Louis; et si depuis le règne de notre père
« quelqu'un de nos fidèles en a usurpé quelque chose,
« il doit sur notre injonction s'en dessaisir. Touchant
« le royaume qu'a possédé Louis, empereur d'Italie,
« attendu que, jusqu'à présent, il n'en a encore été
« fait aucun partage, quiconque le tient maintenant
« continuera à le tenir de la même manière, jusqu'à
« ce que, par la volonté de Dieu, nous réunissant de
« nouveau avec nos communs fidèles, nous déci-
« dions et arrêtions ce qui nous semblera le meilleur
« et le plus juste; et comme pour le présent il ne peut
« être fait droit touchant le royaume d'Italie, que

« chacun sache que nous en avons réclamé et récla-
« mons, et, Dieu aidant, réclamerions notre part. »

Le jour suivant fut fait ce qu'on va lire :

Art. 1er. « Vu que, pour quelques causes d'em-
« pêchemens, notre amitié et alliance ne peut être
« maintenant confirmée, jusqu'à la future assem-
« blée où nous avons déterminé de nous réunir ;
« qu'entre nous, Dieu aidant, se conserve en toute
« pureté de cœur, droite conscience et foi non men-
« teuse, une telle amitié qu'aucun de nous n'entre-
« prenne ou conseille rien sur la vie de l'autre, son
« royaume, ses fidèles, ni rien de ce qui appartient
« à la sûreté ou à la prospérité et à l'honneur de son
« royaume.

Art. 2. « Que si en quelqu'un de nos royaumes
« se soulevaient des païens ou de faux chrétiens,
« chacun de nous, ou par lui-même, ou par ses fidèles,
« aide l'autre sincèrement, et le mieux qu'il lui sera
« possible, de son secours et de ses conseils, ainsi qu'il
« en sera besoin, et selon qu'il le pourra raisonnable-
« ment.

Art. 3. « Si je vous survis, j'aiderai le mieux que
« je pourrai de mon secours et de mes conseils votre
« fils Louis encore enfant, et les autres fils que le
« Seigneur vous aura donnés, afin qu'ils puissent pos-
« séder tranquillement par droit d'héritage le royaume
« paternel; et je vous prie de même, si vous me sur-
« vivez, d'aider, le mieux que vous pourrez, de votre
« secours et de vos conseils, mes fils Louis et Carlo-
« man, et les autres que m'aura voulu donner la divine
« bonté, afin qu'ils puissent posséder en paix le
« royaume paternel.

Art. 4. « Que si quelque délateur et détracteur en-
« vieux de notre repos, et ne voulant souffrir que
« notre royaume demeure en paix, avait cherché à se-
« mer entre nous des querelles, contentions et discords,
« aucun de nous ne le reçoive ou ne l'admette de sa
« volonté, à moins que ce ne fût dans l'intention de le
« produire réciproquement en notre présence et celle
« de nos communs fidèles pour y faire raison. Que
« s'il s'y refusait, il n'ait avec nul des nôtres aucune
« sûreté, mais soit d'accord entre nous rejeté de tous
« comme menteur et diseur de faussetés, et voulant
« semer la discorde entre les frères, afin qu'à l'avenir
« nul n'ose faire arriver à nos oreilles de semblables
« mensonges.

Art. 5. « Que de concert et le plus tôt que nous pour-
« rons nous adressions nos messagers aux glorieux
« rois Carloman et Charles, pour les inviter à l'assem-
« blée que nous avons arrêtée pour le 6 de février,
« et les conjurer de ne point manquer à y venir; et
« que si, selon notre desir, ils veulent s'y rendre,
« Dieu aidant, nous nous réunissions en un com-
« mun attachement à la volonté de Dieu, au salut de
« la sainte Église, à l'honneur de nous tous, au salut
« et à l'avantage de tous les peuples chrétiens à nous
« confiés. Que dorénavant en celui qui est un, nous
« ne soyons qu'un, n'ayons qu'une seule volonté, et,
« selon ce que dit l'apôtre, ne disions et ne fassions
« tous qu'une même chose, et qu'il n'y ait entre nous
« aucun schisme.

Art. 6. « Que si cependant ceux que nos supplica-
« tions ont appelés et invités à cette assemblée, re-
« fusaient d'y assister par eux ou leurs délégués, nous

« n'omettions pas, conformément à ce que nous avons
« arrêté, de nous y rendre, et de nous unir ensemble
« selon la volonté de Dieu, à moins que par l'événe-
« ment de quelque obstacle inévitable la chose ne
« soit absolument impossible ; et que s'il en advenait
« ainsi, chacun de nous en instruise l'autre à temps,
« et que pour cela notre amitié ne soit pas diminuée
« ni changée, jusqu'à ce que, par l'ordre de Dieu,
« elle soit en temps convenable parfaitement con-
« firmée.

Art. 7. « Que les biens des églises, tant épisco-
« pales qu'abbatiales, en quelqu'un de nos royaumes
« qu'en soit située la manse, soient possédés sans
« aucun empêchement par les titulaires desdites égli-
« ses, et que si l'on commet quelque dommage, en
« quelque royaume que se trouvent les biens, il en
« soit fait régulière justice.

Art. 8. « Et vu que des hommes vagabonds et ne
« respectant rien ont coutume de troubler par des
« violences la paix des royaumes, lorsqu'un de ceux-
« là viendra à l'un de nous pour éviter qu'il soit fait
« droit et justice de ce qu'il a commis, nous voulons
« que nul de nous ne le reçoive ou retienne, à moins
« que ce ne soit pour l'amener en justice et à due
« correction. Et s'il échappe à la justice qu'il mérite,
« que chacun de nous, dans quelque royaume qu'il
« arrive, le poursuive jusqu'à ce qu'il soit amené en
« justice ou expulsé et exilé du royaume.

Art. 9. « Nous voulons que ceux qui ont justement
« perdu leurs propriétés en notre royaume, soient
« jugés comme il a été réglé du temps de nos prédé-
« cesseurs. Mais que ceux qui disent les avoir perdues

« injustement, viennent en notre présence, et, comme
« il est juste, reçoivent, selon qu'il sera jugé, ce qui
« leur appartient. »

[879.] Cela dit, Louis fils de Louis retourna chez lui, et Louis fils de Charles, passant par les Ardennes, célébra à Glare, l'an 879 de l'incarnation, la fête de la Nativité du Seigneur; et, après avoir passé quelque temps dans les Ardennes, il se remit en route, et vint à Ponthion vers la purification de sainte Marie, d'où voulant aller dans le pays d'Autun pour y réprimer la rébellion du marquis Bernard, il passa jusqu'à Troyes. Mais sa maladie augmentant, car on le disait atteint de poison, il ne put aller plus loin, et remettant son fils Louis du même nom que lui sous la tutelle spéciale de Bernard comte d'Auvergne, il envoya avec son fils à Autun l'abbé Hugues, Boson et ledit Bernard, ainsi que Thierri et ses compagnons, afin qu'ils reprissent ce comté pour Thierri, auquel il l'avait donné précédemment. Il se rendit avec grande difficulté à Compiègne, passant par le monastère de Jouarre; et sentant qu'il ne pouvait échapper à la mort, il envoya à son fils Louis, par Eudes évêque de Beauvais, et par le comte Alboin, la couronne, l'épée et les autres signes de la royauté, mandant à ceux qui étaient avec lui, qu'ils le fissent sacrer et couronner roi. Il mourut ensuite le jour du vendredi saint, 10 avril, le soir déjà venu. Le lendemain, à savoir la veille de la sainte Pâque, il fut enseveli dans l'église de Sainte-Marie.

Eudes et Alboin ayant appris qu'il était décédé, donnèrent à Thierri le camérier ce qu'ils avaient apporté, et retournèrent en grande hâte. Ceux qui étaient avec le fils du roi, apprenant la mort du père de cet enfant, mandèrent ceux des grands qui se trouvaient en ces quartiers, pour que, venant à leur rencontre, ils s'assemblassent à Meaux, à cette fin d'y traiter de ce qu'ils avaient à faire par la suite.

Cependant, par l'entremise de l'abbé Hugues, il fut convenu entre Boson et Thierri, que Boson aurait le comté d'Autun, et que Thierri recevrait en échange les abbayes qu'avait Boson en ce pays. L'abbé Josselin n'oubliait pas les injures et les perfidies qu'il avait eu à souffrir de ses envieux : comptant sur la familiarité qu'il avait contractée avec Louis roi de Germanie et sa femme, et avec les grands de ce pays, lorsque pris à la guerre près d'Andernach, il fut conduit de l'autre côté du Rhin, il commença à songer en lui-même de quelle manière il pourrait rendre le talion à ses ennemis. Il s'associa Conrad, comte de Paris, en le flattant de la fausse espérance du premier rang, et lui racontant par quels moyens il pourrait exécuter son dessein; et avant que ceux qui étaient avec le fils du roi vinssent à l'assemblée convoquée à Meaux, ils se hâtèrent de réunir au lieu où le Tairin se jette dans l'Oise[1] tout ce qu'ils purent d'évêques et d'abbés et d'hommes puissans, sous prétexte, après la mort du roi, de traiter ensemble de la paix et de l'état du royaume; et ils persuadèrent à ceux qui y vinrent d'appeler dans le royaume Louis, roi de Germanie, disant qu'il leur accorderait sans aucun doute les bénéfices qu'ils n'avaient pu jusqu'alors obtenir. Ils envoyèrent donc au roi Louis et à sa femme des messagers, leur mandant qu'ils se hâtassent de venir de

[1] Creil.

suite, et d'attirer à leur parti tout ce qu'ils pourraient d'évêques, abbés et grands de ce royaume; puis ils vinrent par Soissons et le long de l'Aisne jusqu'à Verdun, commettant beaucoup de pillages et dévastations. Louis étant venu à Metz, ils lui envoyèrent de nouveaux messagers, le priant qu'il vînt jusqu'à Verdun, afin qu'ils pussent amener plus facilement à lui le peuple de ce royaume. Louis cependant venant à Verdun, son armée se livra tellement à toutes sortes de crimes que les méfaits des païens parurent surpassés par les siens.

Hugues, Boson, Thierri et leurs associés, ayant appris ce que machinaient Josselin, Conrad et leurs complices, envoyèrent vers Louis à Verdun Gonthier, évêque d'Orléans, ainsi que les comtes Goiram et Anschaire, pour lui offrir cette portion du royaume de Lothaire le jeune que Charles avait eue de son partage avec son frère Louis, père dudit Louis, afin que, recevant cette portion dudit royaume, il retournât dans le sien, et laissât Louis en possession du reste de ce qui lui revenait du royaume de son père Charles. Louis et les siens, ayant accepté cette offre, rejetèrent avec déshonneur Josselin, Conrad et leurs complices; et Louis, après avoir reçu la portion de royaume qui lui était offerte, retourna à son palais de Francfort.

Cependant sa femme, apprenant ceci, en eut un grand chagrin, disant que, s'il eût continué d'aller comme jusque-là, il aurait eu tout le royaume. Josselin et Conrad, aussi en grand embarras, se réfugièrent vers la reine, se plaignant de la manière dont ils avaient été déçus. Mais Louis leur ayant envoyé des messagers pour les réconforter de sa part, et aussi d'autres comme otages, ils s'en retournèrent, pillant et dévastant tous les lieux qu'ils purent atteindre, et rapportèrent pour réponse à leurs associés que Louis viendrait le plus tôt qu'il pourrait avec une grande armée, ne le pouvant pour le présent, parce qu'il avait reçu la nouvelle non douteuse que son frère Carloman étant frappé de paralysie et près de mourir, Arnoul, son fils, que Carloman avait eu d'une concubine, s'était emparé d'une partie de son royaume, et qu'il fallait donc qu'il se hâtât de se rendre en ce pays, ce qu'il fit; et, ayant apaisé aussi promptement qu'il lui fut possible les troubles élevés en ces quartiers, il retourna vers sa femme. Cependant l'abbé Hugues et les autres grands qui tenaient pour les fils de leur défunt seigneur Louis, à savoir Louis et Carloman, apprenant que Louis allait venir dans le pays avec sa femme, envoyèrent au monastère de Ferrières quelques évêques, Anségise et d'autres, et y firent sacrer et couronner rois les deux enfans [1].

Sur ces entrefaites, à la persuasion de sa femme qui disait vouloir renoncer à la vie, si, fille, comme elle l'était, de l'empereur d'Italie, et fiancée à l'empereur de Grèce, elle ne faisait pas son mari roi, Boson, forçant quelques-uns par des menaces, alléchant la cupidité des autres par des promesses d'abbayes et de manoirs qu'il leur donna ensuite, engagea les évêques de ces environs à le sacrer et couronner roi. En même temps Hugues, fils de Lothaire le jeune et de Waldrade, ayant rassemblé une multitude de brigands, se prépara à envahir le royaume de son père.

[1] Louis et Carloman, fils de Louis-le-Bègue.

Charles, fils de feu Louis, roi de Germanie, passa en Lombardie, et prit possession de ce royaume. Avant qu'il traversât le mont Joux, Louis et Carloman se rendirent à Orbe pour conférer avec lui; et, tandis qu'il cheminait vers la Lombardie, et qu'eux retournaient sur leurs pas, il leur fut annoncé que les Normands qui habitent sur la Loire ravageaient par terre les pays qui l'avoisinent, et aussitôt, marchant de ce côté, ils les rencontrèrent le jour de la fête de Saint-André, en tuèrent beaucoup, en noyèrent beaucoup dans la rivière de la Vigenne, et, par la volonté de Dieu, l'armée des Francs revint victorieuse et sans aucune perte.

[880.] Louis, roi de Germanie, parti d'Aix avec sa femme, prend sa route vers ces quartiers, et vient jusqu'à Douzi. Là vinrent à sa rencontre Josselin et Conrad déjà abandonnés de plusieurs de leurs complices. Louis et sa femme passèrent à Attigny, de là à Acheri, et arrivèrent à Richemont; et voyant, ainsi que sa femme, que, comme Josselin et Conrad ne pourraient tenir ce qu'ils leur avaient promis, ils n'obtiendraient pas ce qu'ils avaient espéré, ils firent amitié avec les fils de Louis, et, après être convenus d'une assemblée à Gondreville pour le prochain mois de juin, retournèrent dans leur pays. Louis rencontra les Normands en son chemin, et, Dieu lui prêtant secours, son armée en tua une grande partie; mais il perdit en Saxe, par les Normands, un grand nombre de ses fidèles.

Cependant les fils du feu roi Louis revinrent en la cité d'Amiens, et partagèrent entre eux le royaume de leur père, selon que le déterminèrent leurs fidèles : c'est à savoir que Louis eut de la France ce qui en restait au royaume de son père, ainsi que la Neustrie et ses Marches; et Carloman eut la Bourgogne, l'Aquitaine et leurs Marches; et à chacun des rois, comme il fut convenu, se recommandèrent les grands qui possédaient des bénéfices dans l'un ou l'autre royaume : de là revenant à Compiègne, ils y célébrèrent la Pâque du Seigneur; puis, passant par les cités de Rheims et de Châlons, vinrent trouver leurs cousins à l'assemblée convenue pour le milieu de juin à Gondreville; à laquelle assemblée Louis, retenu par la maladie, ne put se rendre, mais il y envoya pour lui ses délégués. Charles s'y rendit, revenant de Lombardie. Il fut, dans cette assemblée, convenu d'un commun consentement que les rois, fils du feu roi Louis, se rendraient à Attigny avec les troupes de Louis, roi de Germanie, pour attaquer Hugues, fils de Lothaire le jeune ; et comme, venant en ce lieu, ils ne trouvèrent pas Hugues, ils attaquèrent en combat Thibaut, son beau-frère, et, lui ayant tué beaucoup de monde, le mirent en fuite; puis, avec une armée tirée de leurs royaumes, et unie à ladite troupe de Louis, roi de Germanie, lesdits rois, après avoir établi bonne garde pour défendre leurs royaumes contre les Normands résidant à Gand, marchèrent, au mois de juillet, en Bourgogne par la ville de Troyes contre Boson, que le roi Charles devait, avec une armée, venir attaquer dans le même pays. Ils chassèrent en leur route les gens de Boson du château de Mâcon, prirent ce château, et donnèrent le comté à Bernard, surnommé Plante-Pelue. Charles, Louis et Carloman marchèrent ensemble pour assiéger Vienne, d'où Boson s'enfuit dans les montagnes, laissant en cette ville sa femme, sa fille et une grande partie de son monde. Cependant Charles, qui avait promis d'assiéger Vienne de concert avec ses cousins, aussitôt qu'ils se furent entre eux prêté serment, quitta le siége, marcha en Italie, et, venant à Rome, obtint du pape Jean de le sacrer empereur le jour de la Nativité du Seigneur.

[881.] Carloman demeura avec les siens à combattre la révolte de Boson; Louis son frère était retourné en son pays pour s'opposer aux Normands qui, ravageant tout sur leur route, occupaient le monastère de Corbie, la cité d'Amiens et d'autres saints lieux. Après en avoir tué une grande partie et mis les autres en fuite, Louis avec son armée tourna lui-même le dos et prit la fuite sans être poursuivi de personne, montrant ainsi, par le jugement de Dieu, que ce qui s'était fait contre les Normands l'avait été par la vertu non pas humaine mais divine; car, les Normands revenant de nouveau en une partie dudit pays, ledit Louis alla à leur rencontre avec ce qu'il put avoir de monde, et quelques-uns de ses conseillers l'engagèrent à bâtir, en un lieu nommé Stroms, un château fait de bois; mais il servit plutôt à fortifier les païens qu'à défendre les chrétiens, car ledit roi Louis ne put trouver personne à qui remettre la garde de ce château. Il s'en retourna donc à Compiègne, et y célébra, en l'année 882, la Nativité du Seigneur et les fêtes de Pâques.

[882.] Là il lui fut annoncé que son cousin Louis, fils de Louis, roi de Germanie, dont la vie étoit inutile à lui-même, à l'Église et à son royaume, venait de succomber à la mort[1]. Les grands de cette partie

[1] Le 20 janvier 882.

de son royaume qui avait été donnée audit Louis pour payer son départ, voulurent se recommander à lui, afin qu'il consentît à leur laisser ce que son père et son aïeul avaient reconnu pour être à eux; mais, par le conseil de ses grands, il ne les reçut pas à recommandation, à cause du serment qui avait été fait entre lui et Charles. Mais il leva une troupe de guerre à la tête de laquelle il mit le comte Thierri, pour les aider contre les Normands; et, passant lui-même la Seine pour aller recevoir les princes Bretons et combattre les Normands, il parvint jusqu'à Paris, où il fut pris de maladie. On le transporta en litière au monastère de Saint-Denis, où il mourut au mois d'août [1] et fut enseveli.

Les grands du royaume dépêchèrent vers Carloman, lui envoyant cette nouvelle, et lui mandèrent que, laissant du monde pour assiéger Vienne et résister à la révolte de Boson, il se hâtât de venir vers eux le plus promptement qu'il lui serait possible, parce qu'ils étaient prêts en armes pour aller à la rencontre des Normands, qui avaient déjà brûlé les cités de Cologne et de Trèves, ainsi que les monastères contigus à ces villes, le monastère de Saint-Lambert dans le pays de Liége, et celui de Pruim, et de là étaient venus s'emparer du palais d'Aix, de tous les monastères des diocèses de Langres ; Arras, Cambrai, d'une partie du diocèse de Rheims, et l'avaient en partie brûlé ainsi que le château de Mouzon, avaient tué Wala, évêque de Metz, qui s'était armé et les avait combattus au mépris des saintes autorités et des fonctions épiscopales, et avaient mis en fuite

---

[1] Le 3 ou le 5 août.

ceux qui l'accompagnaient. Les grands étaient également prêts à recevoir Carloman et à se recommander à lui, ce qu'ils firent. Dans le mois de septembre, tandis qu'il se préparait contre les Normands, on lui vint annoncer la nouvelle certaine que Vienne ayant été prise, Richard, frère de Boson, lui avait amené en son comté d'Autun la femme et la fille dudit Boson.

Cependant Hastings et ses compagnons les Normands, sortis de la Loire, étaient venus attaquer les côtes. Charles, dit empereur [1], marcha contre les Normands avec une grande armée, et vint jusqu'aux lieux où ils s'étaient fortifiés. Là il se concilia leurs cœurs, et, par l'intervention de quelques hommes, obtint à l'amiable de Godefroi et des siens qu'il reçût le baptême, et lui donna la Frise et les autres bénéfices qu'avait possédés Roric. Il donna aussi à Sigefroi et Wurmon, et à leurs compagnons, plusieurs milliers de pièces d'or et d'argent qu'il avait enlevées au trésor de Saint-Étienne, de Metz, et autres saints lieux, et leur permit de demeurer où ils étaient, ainsi qu'ils avaient fait précédemment pour la dévastation de son royaume et de ceux de ses cousins. Il envoya aussi Hugues, fils de Lothaire le jeune, pour saisir les revenus ecclésiastiques de l'évêché de Metz, contre les saints canons qui ordonnent de les conserver au futur évêque. A la demande d'Engelberge, femme du roi d'Italie, que l'empereur avait emmenée en Allemagne, il la renvoya à Rome au pape Jean, par Leudoard, évêque de Verceil, et quitta les Normands pour aller vers Worms tenir son assemblée aux calendes de novembre; à laquelle assemblée vint

[1] Charles-le-Gros.

l'abbé Hugues, accompagné de gens qu'il avait pris avec lui; et il alla vers Charles, lui demandant qu'il restituât à Carloman, ainsi qu'il l'avait promis, cette portion du royaume que Louis son frère avait reçue pour prix de sa retraite du royaume. Il n'obtint rien de satisfaisant; mais son absence apporta grand dommage au royaume, parce que Carloman n'avait pas avec lui de quoi résister aux Normands, plusieurs des grands du royaume lui ayant retiré leurs secours; en sorte que les Normands vinrent jusqu'aux environs du château de Laon, brûlèrent même et pillèrent ce qui était dans l'enceinte du château, et ils formèrent le projet de venir à Rheims; puis, repassant par Soissons et Noyon, de revenir attaquer le susdit château, et de soumettre le royaume à leur domination. Ce qu'apprenant avec certitude, l'évêque Hincmar, comme les hommes qui dépendent de l'évêché de Rheims étaient alors avec Carloman, s'échappa, non sans risque, la nuit, avec le corps de saint Remi et les ornemens de l'église de Rheims; et, transporté dans une chaise à porteurs, selon que l'exigeaient ses infirmités corporelles, parvint à grand'peine de l'autre côté de la Marne, à une ville nommée Épernay. Les chanoines, moines et nonnes se dispersèrent de côté et d'autre. Une troupe de Normands, qui précédait le gros de l'armée, arriva jusqu'aux portes de Rheims, pilla tout ce qu'elle trouva hors de la cité, et brûla quelques petits villages; mais la cité même, qui n'avait aucune défense de remparts ni de bras humains, fut défendue par la puissance de Dieu et le mérite des saints, et ils n'y entrèrent pas.

Carloman, apprenant l'inondation des Normands, vint contre eux avec ce qu'il put rassembler des siens, en tua une grande partie tandis qu'ils étaient à piller ; plusieurs furent noyés dans l'Aisne. Il reprit aussi le butin de ceux qui étaient allés à Rheims, comme ils voulaient retourner vers leurs camarades ; mais la partie la plus considérable et la plus vaillante des Normands se renferma dans un certain village du nom d'Avaux, où ceux qui étaient avec Carloman n'auraient pu aller sans grand péril ; en sorte que vers le soir ils se retirèrent peu à peu, et se logèrent dans les villages voisins. Les Normands, aussitôt que la lune se fut levée, sortirent du village où ils étaient, et s'en retournèrent par où ils étaient venus *.

* Ici finissent les *Annales de Saint-Bertin* ; ce qui suit est tiré des *Annales de Metz*. (Voir la *Notice*.)

[883.] Le roi Louis, fils de Louis-le-Bègue, meurt à Saint-Denis, et y est enterré honorablement [1]. Tous les peuples de la Gaule le pleurèrent avec de grands gémissemens, car il avait été d'excellente vertu, et avait puissamment et vaillamment défendu son royaume contre les incursions des païens. Entre ses autres faits courageux, est particulièrement célébré le vigoureux combat qu'il livra aux Normands dans un lieu nommé Sodaltcourt, dans lequel combat, dit-on, il fit tomber sous le glaive plus de huit mille des ennemis. Son frère Carloman régna à sa place sur son royaume. En

[1] C'est par erreur que les *Annales de Metz* placent la mort de Louis III en 883 ; il mourut, comme on vient de le voir, le 3 ou le 5 août 882.

ce temps, Bertulphe, évêque de Trèves, passa au Seigneur le 13 février. Le 8 avril lui succéda au pontificat, par l'élection des clercs et de tout le peuple, le très-révérend évêque Ratbod. En ces mêmes jours Robert fut, en l'église de Metz, le 22 avril, sacré évêque par ledit évêque Ratbod.

**Environ** ce temps, Hugues, fils de Lothaire, en espoir de recouvrer le royaume de son père, commença, par le moyen de quelques factieux, des discords et démêlés. Tous ceux qui abhorraient la paix et la justice affluèrent vers lui ; en sorte qu'en peu de jours il eut sous ses ordres une innombrable multitude de brigands, entre lesquels vinrent vers lui et lui donnèrent les mains, séduits d'une vaine espérance, plusieurs des grands du royaume, à savoir les comtes Étienne, Robert, Wicbert, Thibaut, et avec eux Albert, père d'Étienne. Par eux furent exercées en ce royaume tant de rapines et de violences qu'entre eux et les Normands il n'y eut point différence de méchanceté, si ce n'est qu'ils s'abstinrent de meurtres et d'incendies. Ainsi le Dieu tout-puissant s'élevait en sa colère contre le royaume de Lothaire ; et faisant périr jusqu'aux germes, détruisait tellement dans leur racine les forces de ce royaume, qu'ainsi s'accomplissait la prophétie et malédiction prononcées contre lui par le très-saint pape Nicolas.

**En** ce temps aussi le comte Wicbert tua Hugues qui l'avait soutenu en son jeune âge. A peu de jours de là Bernard, épris des beautés de la femme d'un noble homme qui lui gardait grande fidélité, le fit tuer en trahison et sans considération, et s'unit en mariage à la femme. Elle s'appelait Friedrade. Avant de s'unir à Bernard, elle avait eu pour mari Engelram, homme puissant, de qui elle eut une fille qui prit ensuite en mariage le comte Ricuin, et à laquelle ce comte fit couper la tête pour outrage qu'elle lui avait fait.

[884.] Les Normands entrent dans la rivière de Somme, et s'y établissent. Carloman, ne pouvant souffrir leurs incursions très-multipliées, leur promet de l'argent pour qu'ils sortent du royaume. Aussitôt l'ame de ces peuples avares s'enflamme du desir de la pécune; et exigeant douze mille livres d'argent pur et éprouvé, ils promettent la paix durant douze années. Après avoir reçu cette somme si énorme, ils détachent du rivage les cordes de leurs navires, y montent et retournent vers les bords de la mer. Sur ces entrefaites, Carloman part pour les chasses où, grièvement blessé par un sanglier, il perd en peu de temps et vie et royaume [1]; quelques ont dit qu'il avait été blessé par un de ses suivans qui portait son arme sans attention, et que, comme il avait commis le fait non volontairement, mais contre son gré, le roi l'avait caché pour ne pas conduire un innocent à la mort.

Les Normands, lorsqu'ils ont connaissance de la mort du roi, reviennent incontinent en son royaume. L'abbé Hugues et les autres grands leur adressent des envoyés pour se plaindre hautement de la violation des promesses et de la foi données. A cela ils répondent qu'ils ont fait pacte avec le roi Carloman, et non avec quelqu'autre, et que celui, quel qu'il soit, qui succédera à son royaume, s'il veut posséder l'empire en paix et repos, leur donne la même somme et quantité d'argent. Épouvantés de telles injonctions, les

[1] Le 6 décembre 884.

grands du royaume envoient des messagers à l'empereur Charles, et d'eux-mêmes l'invitent à prendre le royaume; et allant à lui le vont trouver à Gondreville où, les mains données et sermens prêtés selon l'usage, ils se soumettent à sa domination.

Cette même année, les Normands qui étaient venus de Danemarck à Chinheim avec l'assentiment de Godefroi, remontent le Rhin en des navires, et ayant occupé la ville de Duisbourg, construisent en ce lieu des fortifications à la manière accoutumée et y résident tout l'hiver. Le duc Henri plaça près d'eux son camp, et les empêcha de faire aucun butin. Prenant la fuite à l'approche de l'hiver, ils brûlent leurs retranchemens et retournent aux pays maritimes.

En ces jours-là aussi les Normands quittent la Somme et retournent au royaume de Lothaire, posent leur camp sur ses confins en un lieu nommé Louvain, et de là désolent, par de continuelles incursions, l'un et l'autre royaume. L'empereur, pour réprimer leur méchanceté, envoya une fois ou deux ses armées, mais il ne se fit, contre la si grande rapacité de ces furieux, aucune action qui soit digne de mémoire.

[885.] Hugues, faisant dessein de se révolter contre l'empereur, adressa secrètement, dans la Frise, des envoyés à Godefroi, auquel il était allié de parenté, ayant pris sa sœur en mariage ; il l'exhortait à lui envoyer dans son pays et rassembler de partout une nombreuse armée d'auxiliaires pour lui porter secours avec toutes ses forces, afin qu'il pût revendiquer par les armes le royaume paternel ; et si, par son habileté et la vertu de son secours, il obtenait un succès prospère, il lui promettait en récompense la moitié du royaume. Godefroi, comme empoisonné par la séduction de ses promesses, chercha la matière d'une occasion qui lui pût servir de prétexte pour se soustraire à la fidélité de l'empereur. Il envoya donc incontinent vers l'empereur Gérulphe et Gardulphe, comtes des Frisons, lui mandant que, s'il voulait le voir persévérer en la fidélité qu'il lui avait promise, et défendre les frontières du royaume contre des incursions de sa propre nation, il fallait qu'il lui donnât Coblentz, Andernach, Sentzich et plusieurs autres domaines dépendans du fisc de l'Empire, qu'il voulait avoir à cause de l'abondance des vins dont regorgeaient ces terres, tandis que celles dont la munificence des princes lui avait accordé la possession n'étaient point fertiles en vin. Il faisait cela en intention secrète que, si sa demande lui était octroyée, il introduisît les siens aux entrailles du royaume, et spéculât ensuite sur les divers événemens; que si elle lui était déniée, il pût, comme offensé, se jeter avec apparence de justice sur ce qui lui était refusé, et en prendre occasion de rebellion : lesquelles rusées machinations et conspirations de faction ayant été pressenties de l'empereur, il médita avec Henri, homme très-habile par la sagesse de ses conseils, quels moyens il pourrait prendre pour exterminer l'ennemi qu'il avait introduit aux confins de son royaume; et sachant des lieux rendus inaccessibles à une armée par d'innombrables cours d'eaux et des marais impénétrables, il détermina de travailler à ses desseins par artifice plutôt que par force. Il rendit donc réponse aux envoyés, et leur donna congé de retourner vers Godefroi et lui dire que, par ses messagers, il rendrait, sur l'objet de leur mission, telle réponse qu'elle conviendrait à Godefroi et à lui, pourvu seulement qu'il persévérât dans la fidélité qu'il lui avait promise. Après cela il envoya Henri au même Godefroi ; et, pour cacher la fraude qu'il méditait, envoya avec Henri Willibert, le vénérable évêque de Cologne. Henri ordonna à ses satellites d'entrer, non en troupe, mais séparément, et de se réunir au lieu et jour qu'il leur marqua. Il vint lui-même à Cologne avec peu de monde ; et ayant pris avec lui ledit évêque, s'avança incontinent en Batavie. Godefroi ayant appris leur arrivée, alla au devant d'eux au lieu nommé Herispich, là où le Rhin et le Wahal se réunissent en un même lit, et, plus loin, se séparant l'un de l'autre, ceignent la Batavie de leurs abîmes. L'évêque et le comte étant entrés en cette île, écoutent beaucoup de choses de Godefroi, en répondent beaucoup de la part de l'empereur ; et, le soleil tournant vers l'occident, ils terminent la conférence, sortent de l'île et retournent à leur logis pour revenir le lendemain. Henri exhorte l'évêque a appeler le jour suivant, hors de l'île, Gisla, femme de Godefroi, afin de l'engager à travailler à la paix de tous ses soins, et que, durant ce même temps, Henri traitât avec Godefroi l'affaire du comte Everard, dont Godefroi avait violemment enlevé les propriétés ; puis il persuade à Éverard de s'élever au milieu de l'assemblée se récriant à haute voix sur l'injustice qu'il a soufferte. Alors cet homme, de nation barbare et féroce, répondant par des paroles dures et outrageantes, Everard tire incontinent son épée et le frappe d'un grand coup sur la tête avant qu'il ait pu se lever de terre. Que dirai-je de plus ? Frappé d'abord par Everard, puis percé de coups par les satellites de Henri, Godefroi meurt, et tous les Normands trouvés en Batavie sont massacrés. Peu de jours après, du conseil de ce même Henri, Hugues, attiré par des promesses à Gondreville, est pris en trahison; et, par l'ordre de l'empereur, ce même Henri lui arrache les yeux, et tous ses partisans sont dépouillés de leurs dignités. Après cela, il est envoyé en Allemagne dans le monastère de Saint-Gall; de là ensuite rappelé dans sa patrie, et récemment, du temps du roi Zwentibold, tondu de ma main dans le monastère de Pruim, car j'étais en ce temps, quoique indigne, gardien en ce lieu du troupeau du Seigneur [1].

[886.] Les Normands, quittant Louvain, entrent dans la Seine, dressent leur camp près de Paris, et enferment la cité d'un siége. En la saison du printemps, l'empereur envoya contre eux le duc Henri, mais il n'eut pas de succès; car les ennemis étaient, dit-on, trente mille et plus, presque tous robustes guerriers. En la saison avant que les moissons fussent rentrées dans les granges, le même Henri vint jusqu'à Paris avec une armée des deux royaumes; et, s'approchant, avec un petit nombre de gens, des légions qui environnaient la ville, fit le tour des fortifications, examina la situation des lieux, et s'enquit du lieu par où on pourrait, avec le moins de danger, livrer combat à l'ennemi. Mais les Normands, apprenant l'approche de l'armée, creusent à l'entour de leur camp des fossés de la largeur d'un pied et de trois en profondeur, et les couvrent de paille et de broussailles, réservant seulement, sans

---

[1] Cette phrase est prise textuellement de la chronique de Rheginon, abbé de Pruim.

y toucher, les sentiers nécessaires pour aller et venir. Ensuite leurs éclaireurs[1], qui s'étaient cachés dans les chemins creux de la route, voyant Henri s'approcher, sortent des endroits où ils se tenaient embusqués, l'attaquent à coups de traits et l'insultent de la voix. La grandeur de son ame ne pouvant supporter un tel outrage, il court sur eux, et aussitôt le cheval qu'il montait trébuche dans la fosse cachée et tombe à terre avec lui. Alors les ennemis volant vers lui avec la plus grande rapidité avant qu'il soit relevé de terre, le percent de coups sur la place, et, à la vue de toute l'armée, le tuent sans retard, emportent ses armes et enlèvent une partie de ses dépouilles. Cependant sa troupe, se précipitant avec impétuosité, leur arrache à grand'peine son cadavre inanimé, et transporté par les siens à Soissons, il y est enseveli dans la basilique de Saint-Médard. L'armée, ayant perdu son chef, retourne chez elle.

En ce même temps meurt à Orléans l'abbé Hugues, homme d'une grande puissance et d'une grande prudence, et il est enterré à Saint-Germain-d'Auxerre. Le duché qu'il tenait et gouvernait avec force et sagesse est donné par l'empereur à Eudes, fils de Robert, en ce temps comte de Paris, et qui, avec Josselin, évêque de cette même ville, la défendait de toutes ses forces contre les Normands qui continuaient de l'assiéger assidûment. En ces mêmes jours, au milieu des embarras du siége, ledit évêque Josselin passa de ce monde en l'autre : en son lieu l'empereur substitua l'évêque Ascheric. Après cela l'empereur, passant chez

---

[1] *Latrunculi*, soldats armés à la légère, destinés aux embuscades.

tous les peuples de la Gaule, vint à Paris avec une immense armée, et établit son camp près des ennemis; mais il ne fit en ce lieu rien qui fût digne de la majesté impériale. Enfin, après avoir laissé les Normands piller les terres et pays au delà de la Seine, parce que les habitans de ces lieux ne se voulaient pas soumettre à lui, il se retira et prit sa route par l'Allemagne.

[887.] Et d'abord il chassa honteusement d'auprès de lui un certain Luitward, évêque de Verceil, homme qui lui étoit très-cher et son unique conseiller dans l'administration des affaires. Ledit évêque était accusé d'adultère, parce qu'il était secrètement en la compagnie de la Reine avec plus de familiarité qu'il ne convenait. Peu de jours après sa femme Richarde fut par lui, pour ce même fait, accusée en l'assemblée publique; et, chose étonnante à dire, il protesta ne l'avoir jamais connue charnellement, quoiqu'elle lui fût depuis plus de dix ans unie par les liens d'un légitime mariage. Elle, de son côté, se déclara impollue de toute approche charnelle non-seulement avec lui, mais avec tout autre homme, et se glorifia d'une virginité sans atteinte. Elle attesta vouloir sans aucune crainte, s'il plaisait à son mari, en appeler au jugement de Dieu tout puissant, en prouvant son innocence par l'épreuve du combat singulier ou celle des fers brûlans, car c'était une femme religieuse. Le divorce ayant été prononcé, elle se consacra au service de Dieu dans la retraite du monastère qu'elle avait construit sur ses terres.

Ces choses accomplies, l'empereur commença à devenir malade de corps et d'esprit; et, au mois de novembre, vers la fête de la mort de saint Martin, il vint à Tribur où il convoqua une assemblée générale. Cependant les grands du royaume, s'apercevant que non-seulement les forces du corps, mais les facultés de l'esprit l'abandonnent, appellent d'eux-mêmes au royaume Arnoul, fils de Carloman; et, par une soudaine conspiration, se détachant de l'empereur, passent tous à l'envi audit Arnoul, en sorte qu'en trois jours à peine resta-t-il à l'empereur un seul homme pour exercer du moins envers lui les offices de l'humanité. Il lui était seulement donné à manger et à boire aux frais de l'évêque Liutbert. C'était une chose digne d'être donnée en spectacle, et où, par la vanité des fortunes, on doit regarder la juste valeur des destinées humaines; car, de même que précédemment, lorsqu'il avait la fortune seconde, les richesses affluaient autour de lui au-delà de ce qu'il en pouvait employer, et sans qu'il lui en coûtât ni les sueurs du travail, ni l'épreuve des combats, il avait tiré à lui la souveraineté de tout cet Empire si vaste, en sorte que depuis Charles-le-Grand, il n'était pas un roi qu'en majesté, puissance et richesse, on pût mettre au dessus des rois des Francs; de même, cette fortune devenue contraire, renversant, comme pour déployer la fragilité des choses humaines, tout ce qu'elle avait accumulé, lui enleva honteusement, en un seul instant, ce dont jadis, souriant à ses prospérités, elle l'avait glorieusement enrichi. Réduit à la mendicité, et ses affaires désespérées, songeant non plus à la dignité impériale, mais aux moyens d'avoir sa subsistance quotidienne, il envoya vers Arnoul lui demander en suppliant une pension alimentaire pour se soutenir en la vie présente. Il lui adressa aussi, avec des présens, son fils Bernard qu'il avait eu d'une concubine, le recommandant à sa foi. Chose déplorable à voir qu'un si opulent empereur, dépouillé non seulement des grandeurs, mais manquant des nécessités de la vie! Arnoul lui accorda en Allemagne quelques terres du fisc pour qu'il en tirât des alimens; puis, ayant heureusement rétabli la paix en France, il retourna en Bavière.

[888.] L'empereur Charles, troisième de son nom et de sa dignité, mourut la veille des ides de janvier [1], et fut enseveli au monastère de Reichenau. Ce fut un prince très-religieux, craignant Dieu et gardant de tout son cœur ses commandemens, très-dévotement obéissant aux décrets ecclésiastiques, libéral en aumônes, et incessamment appliqué à l'oraison et au chant des psaumes, adonné d'une ardeur ineffable aux louanges de Dieu, s'en remettant de toutes ses espérances et de tous ses conseils aux dispensations de la Providence. D'où il arriva que par d'heureux succès toutes choses concoururent à son avantage, tellement que le royaume des Francs acquis par ses prédécesseurs à grand travail, et non sans effusion de sang, tomba en peu de temps et facilement tout entier sous sa domination, sans combat et sans aucune opposition. Que si cependant, vers la fin de sa vie, il fut dépouillé de ses dignités et privé de tous ses biens, ce fut, nous le croyons, une épreuve favorable non-seulement à sa purification, mais, ce qui est bien plus, à son salut, puisque, dit-on, il la supporta très-patiemment, se répandant en actions de grâces dans l'adversité comme dans la prospérité; en sorte qu'il a reçu ou sans aucun

---

[1] Le 12 janvier, à Indingen en Souabe.

doute recevra la couronne de vie que Dieu a promise à ceux qui l'aiment. Après sa mort fut dissoute, à faute d'héritier légitime, l'union des royaumes qui avaient obéi à sa domination, et chacun d'eux ne pouvant attendre un maître naturel, voulut se donner à soi-même un roi tiré de son sein ; ce qui éleva de grandes agitations de guerre : non qu'il manquât parmi les Francs de princes capables par leur noblesse, courage et sagesse, de gouverner l'Empire, mais parce qu'entre eux l'égalité de naissance, de dignité et de puissance entretenait la discorde, aucun n'étant assez excellent entre les autres pour qu'ils daignassent se soumettre à sa domination. Car la France avait donné le jour à beaucoup de princes dignes de manier le gouvernail de l'Empire, n'était que la fortune, pour leur perte mutuelle, les armait tous les uns contre les autres d'une égale émulation de vertu.

Ainsi quelques peuples d'Italie élurent pour leur roi Bérenger, fils d'Everard, lequel tenait déjà le duché du Frioul; quelques autres élevèrent à la dignité royale le duc de Spolète Widon, fils de Lambert. De cette querelle résultèrent ensuite tant de carnages de part et d'autre, tant de sang humain fut répandu que, selon la parole du Seigneur, le royaume, divisé contre lui-même, arriva presqu'aux dernières misères de la désolation. A la fin Widon, demeuré vainqueur, expulsa Bérenger du royaume. Ainsi chassé, il alla vers le roi Arnoul, et implora sa protection contre ses ennemis. Ce que fit Arnoul et comment il pénétra deux fois en Italie avec son armée, sera rapporté en son livre.

Sur ces entrefaites les peuples de la Gaule réunis d'un conseil et d'une volonté commune élurent pour leur roi, avec le consentement d'Arnoul, le duc Eudes, fils de Robert, dont nous avons fait mention un peu plus haut: homme vaillant et habile, qui passait devant tous les autres pour la beauté de sa figure, la hauteur de sa taille, la grandeur de sa force et de sa sagesse. Il gouverna vigoureusement la république, et combattit, sans se lasser, les continuelles déprédations des Normands.

En ce temps Rodolphe, fils de Conrad, neveu de l'abbé Hugues dont nous avons parlé ci-dessus, occupa la province située entre le Jura et les Apennins, et, ayant attiré à lui quelques grands et plusieurs prêtres, prit la couronne au monastère Saint-Maurice, et ordonna qu'on l'appelât roi. Après cela il fit parcourir à ses envoyés tout le royaume de Lothaire, et par persuasion et promesses disposa en sa faveur les esprits des évêques et des seigneurs. Arnoul l'apprenant tomba incontinent sur lui avec une armée, mais lui s'échappa par la fuite, et suivant d'étroits sentiers, chercha en des roches très-sûres un poste de salut. Durant tous les jours de leur vie, Arnoul et Zwentibold son fils poursuivirent ce même Rodolphe, sans lui pouvoir jamais causer aucun mal, parce que, comme on l'a dit, un pays inaccessible, n'offrant en maints endroits de passages qu'aux seuls hiboux, empêchait que les rangs serrés de ceux qui le poursuivaient pussent pénétrer jusqu'à lui.

Cette même année, les Normands qui assiégeaient la ville de Paris firent une chose miraculeuse et inouie, non pas seulement en notre âge, mais dans les âges précédens; car pressentant que la cité serait imprenable, ils commencèrent aussitôt à travailler de toutes leurs forces et industrie, afin de pouvoir, laissant la ville derrière eux, faire remonter la Seine à leur flotte avec toutes leurs troupes, et, entrant ainsi dans la rivière de l'Yonne, arriver sans obstacle aux frontières de la Bourgogne. Cependant les citoyens s'opposant par tous les moyens possibles à ce qu'ils remontassent le fleuve, ils tirèrent leurs bâtimens à sec pendant un espace de plus de deux milles, et, tout péril passé de cette manière, les remirent à flot sur la Seine. Et peu après quittant la Seine, ainsi qu'ils l'avaient résolu, ils naviguèrent sur l'Yonne avec la plus grande célérité. Ils approchèrent de Sens, et là établissant leur camp, assiégèrent de tous côtés la ville durant six mois consécutifs, dévastant presque entièrement la Bourgogne par le pillage, le meurtre et l'incendie. Mais les citoyens se défendant vigoureusement, et Dieu les protégeant, ils ne purent jamais prendre ladite cité, quoiqu'ils l'attaquassent à beaucoup de reprises avec les plus grands efforts et toute l'industrie de leurs ruses et de leurs machines.

[889.] La nation des Hongrois, peuple très-féroce et plus cruel que toute espèce de bêtes sauvages, inconnue dans les siècles passés, où elle n'avait pas même de nom, sortit des royaumes Scythiens et des marais immenses produits par l'épanchement du Tanaïs. Mais avant de poursuivre le récit des actes cruels de ce peuple, il ne sera pas superflu de rapporter, d'après les historiens, quelque chose de la situation de la Scythie, et des marais des Scythes. La Scythie se prolonge[1], disent-ils, vers l'orient, bornée d'un côté par le Pont, de l'autre par les monts Riphées,

[1] Il est inutile de prévenir le lecteur que cette description de la Scy-

au dos par l'Asie et le fleuve Ithase. Elle s'étend cependant beaucoup en longueur et largeur ; les hommes qui l'habitent n'ont entre eux aucun partage de terres, car ils labourent très-peu les champs. Ils n'ont aucune sorte de maison, toit ou résidence, mais toujours paissant leurs bœufs et leurs brebis, sont accoutumés d'errer parmi les déserts incultes. Ils conduisent avec eux leurs femmes et leurs enfans dans des chariots, lesquels, couverts par en haut contre la pluie et les hivers, leur tiennent lieu de maisons. Il n'est parmi eux aucun crime plus odieux que le larcin, car sans aucun toit ni clôture pour renfermer leurs bœufs, brebis et alimens, s'ils se permettaient de voler, qu'auraient-ils de mieux que la vie des bois ? Ils n'ont pas comme les autres hommes cupidité d'or et d'argent. Ils s'adonnent aux exercices de la chasse et de la pêche, vivent de lait et de miel, ignorent l'usage de la laine et des étoffes, et quoique exposés à de perpétuelles froidures, se couvrent seulement de peaux de bêtes sauvages et de fourrures. Ils conquirent trois fois l'empire de l'Asie, mais quant à eux, demeurèrent toujours hors d'atteinte et invincibles à la conquête étrangère, et ne s'illustrèrent pas moins par le courage des femmes que par celui des hommes ; car, comme ils ont fondé les royaumes des Parthes et des Bactriens, et leurs femmes celui des Amazones, à considérer généralement les actions des hommes et celles des femmes, il est incertain lequel des deux sexes a parmi eux acquis plus de gloire. Ils chassèrent de Scythie, Darius roi des Perses, le forçant à une

---

thie et de l'ancienne histoire des divers peuples confondus sous le nom de Scythes, est pleine d'erreurs.

fuite honteuse, massacrèrent Cyrus avec toute son armée ; ils détruisirent également Zopire, général d'Alexandre-le-Grand avec toutes ses troupes ; ils ouïrent les armes des Romains, mais ne les sentirent pas. Ils sont dressés aux travaux et aux combats ; la force de leur corps est immense ; et ils abondent tellement en multitude, que le sol natal ne suffit pas à les nourrir ; car les contrées septentrionales sont d'autant plus salutaires au corps de l'homme et favorables à la propagation de l'espèce, que plus éloignées de la chaleur du soleil, elles sont plus glacées par le froid de la neige ; tandis qu'au contraire, toute région méridionale, plus voisine des ardeurs du soleil, abonde toujours en maladies, et n'est point propre à conserver la vie des mortels. D'où il est arrivé qu'il sort de dessous le pôle arctique de telles multitudes de peuples que toute cette région, depuis le fleuve de Tanaïs jusqu'à l'occident, bien qu'elle renferme divers lieux désignés chacun par son nom propre, a été non sans sujet souvent appelée du nom général de Germanie, et de cette populeuse Germanie, les peuples du midi tirent souvent à prix d'argent d'innombrables multitudes de captifs ; et aussi comme elle produit tant d'hommes qu'elle suffit à peine à les nourrir, il en est fréquemment sorti des peuples qui ont désolé les portions de l'Asie ; celles de l'Europe situées en leur voisinage, et surtout la misérable Italie, ont éprouvé la cruauté de presque toutes ces nations.

La nation dont je parle, sortie du susdit pays, avait été chassée du lieu de sa résidence par un peuple voisin nommé les Peucins, parce qu'ils la surpassaient en force et en nombre, et que les champs, comme nous l'avons dit, ne suffisaient pas à la multitude surabondante des habitans. Ceux-ci, chassés par la violence, partent, disant adieu à leur patrie pour chercher des terres qu'ils puissent cultiver; et d'abord errant dans les déserts des Pannoniens et des Avares, ils y cherchent çà et là, par la chasse et la pêche, leur nourriture quotidienne. Ensuite ils tourmentent d'incursions multipliées les frontières des Carinthiens, des Moraves et des Bulgares, en tuent quelques-uns par l'épée, des milliers à coups de flèches, qu'ils lancent de leurs arcs de corne avec tant d'art qu'il est très-difficile de s'en garantir. Ils ne savent pas se battre de près, en troupes, ni prendre les villes par siége; ils combattent en se précipitant en avant à course de cheval, puis ils prennent la fuite; souvent ils feignent de fuir, et ne peuvent combattre long-temps. Au reste leur choc serait impossible à soutenir si leur vigueur et leur persévérance égalaient leur impétuosité. Très-souvent, dans la chaleur même du combat, ils abandonnent le champ de bataille, et peu de temps après reviennent à la charge; de sorte que lorsqu'on se croyait sûr de la victoire, on avait encore à soutenir le combat. Cette manière de faire la guerre est d'autant plus dangereuse qu'elle est inusitée chez les autres nations. La seule différence qui existe entre ceux-ci et les Bretons, c'est qu'ils se servent de flèches, et les autres de dards. Ils vivent en manière, non d'hommes mais de bêtes féroces, et l'on rapporte qu'ils mangent la chair crue et boivent le sang; ils coupent par morceaux les cœurs des hommes qu'ils prennent et les dévorent comme un remède; ils ne se laissent point fléchir à la miséricorde, et leurs entrailles ne sont jamais émues de pitié. Ils se coupent les cheveux jusque sur le sommet de la tête ; ils marchent, habitent, campent et délibèrent sur leurs chevaux [1]. Ils apprennent à leurs enfans et à leurs esclaves à monter à cheval et à lancer des flèches très-adroitement. Le génie de ces peuples est vain, remuant, fourbe et précoce. Les femmes y sont, dit-on, aussi cruelles que les hommes. Soit dehors, soit chez eux, toujours agités du besoin de mouvement, ils sont naturellement taciturnes, et plus prompts à agir qu'à parler. Non seulement les pays ci-dessus désignés, mais encore la plus grande partie du royaume d'Italie, furent ravagés par la cruauté de cette affreuse nation.

La même année, les Normands quittant la ville de Sens, fondirent de nouveau sur Paris avec toutes leurs troupes ; les citoyens leur ayant tout-à-fait interdit la descente du fleuve, ils levèrent de nouveau leur camp, et assiégèrent la ville avec toutes leurs forces ; mais, par le secours de Dieu, leurs efforts furent inutiles. Peu de jours s'étant écoulés, ils s'embarquèrent de nouveau sur la Seine ; et, entrant dans la Marne, ils incendièrent la ville de Troyes et ravagèrent tous les pays d'alentour, jusqu'à Verdun et Toul.

[890.] Le roi Arnoul donna à Zwentibold, roi de l'Esclavonie moravienne, le duché des Bohêmes qui, jusqu'alors gouvernés par un prince de leur sang et de leur nation, avaient inviolablement gardé la fidélité promise au roi des Francs. Arnoul lui fit ce don

---

[1] Le texte porte *super illos* ; mais il y a évidemment erreur, et l'on doit lire *super equos*.

parce qu'avant son avénement à la couronne, ils avaient été unis des liens de l'amitié, et que Zwentibold avait tenu sur les fonts de baptême un fils qu'il avait eu d'une courtisane, et l'avait appelé de son nom, Zwentibold. Ce don fut la source de grandes discordes et rébellions : car les Bohêmes renoncèrent à la fidélité qu'ils avaient gardée jusqu'alors, et Zwentibold, voyant que l'addition d'un autre royaume avait considérablement augmenté ses forces, enflé d'un orgueil superbe, se révolta contre Arnoul. Arnoul en étant instruit, entra avec une armée dans le royaume de Moravie, et rasa tout ce qu'il trouva hors des villes. A la fin, comme tous les arbres fruitiers et autres étaient coupés jusqu'à leurs racines, Zwentibold demanda la paix; et, ayant donné son fils pour otage, il parvint enfin à l'obtenir.

Dans le même temps, les Normands quittant la Marne retournèrent vers Paris; et, comme le pont les empêchait absolument de descendre la rivière, ils campèrent pour la troisième fois, et essayèrent de nouveau l'attaque de ladite ville. Mais les habitans, endurcis par des fatigues et des veilles continuelles, et aguerris par des combats perpétuels, leur ayant opposé une vigoureuse résistance, les Normands, désespérant de leur expédition, traînèrent leurs vaisseaux sur le rivage avec de grands travaux, et, regagnant ainsi le lit du fleuve, ils poussèrent leur flotte vers les frontières de la Bretagne. Ils assiégèrent, dans le territoire de Coutance, un certain château dit de Saint-Lô; et, lorsqu'ils eurent intercepté tout accès vers la source des eaux, les habitans, consumés par la soif, se rendirent, et pour condition on leur promit seulement la vie : le reste leur devait être enlevé ; et, quand ils furent sortis de leurs remparts, cette nation perfide, profanant sa foi et ses promesses, les égorgea tous sans que rien les retînt : l'évêque de l'église de Coutance fut tué avec tout le reste.

Il existait dans ce temps entre Alain et Judicaël, ducs des Bretons, une grave contestation au sujet du partage du royaume. Les païens ayant trouvé les Bretons dans cette division et séparation, non pas tant encore des terres que des esprits, se ruèrent sur eux avec confiance. Les Bretons, combattant chacun séparément pour son compte, et non d'un général effort, et se refusant l'un l'autre le secours, comme si la victoire devait appartenir à chacun, non à tous, éprouvèrent de graves échecs; ils furent égorgés de tous côtés, et toutes leurs possessions enlevées jusqu'à la rivière du Blavet. Alors enfin, s'apercevant combien leur discorde leur avait été funeste, et combien elle avait augmenté les forces de leurs ennemis, ils se rallièrent mutuellement par des envoyés, convinrent du temps et du lieu du rendez-vous, et réunirent, pour faire la guerre, leurs forces communes. Judicaël, qui, plus jeune, était plus desireux d'illustrer son nom, sans attendre Alain, engagea le combat avec ses compagnons, tua beaucoup de milliers d'ennemis, forca le reste à se réfugier en un certain canton où, les ayant imprudemment poursuivis plus loin qu'il n'aurait dû, il fut tué par eux, ne sachant pas qu'il est bien de vaincre, mais non pas de pousser trop loin la victoire; car le désespoir est à redouter. Ensuite Alain, ayant rassemblé toute la Bretagne, fit vœu que si, par la grâce divine, il parvenait à vaincre ses ennemis, il consacrerait à Rome, à Dieu et à saint Pierre la dixième partie de tous ses biens. Tous les Bretons ayant également formé ce vœu, il s'avança au combat; et, en étant venu aux mains, il fit un si grand carnage des ennemis que, de quinze mille qu'ils étaient auparavant, à peine quatre cents regagnèrent-ils la flotte.

[891.] Les Normands, considérablement affaiblis par deux combats consécutifs dans la Bretagne, dirigèrent leur flotte vers le royaume de Lothaire, et, y ayant établi leur camp, se livrèrent au pillage. Le roi Arnoul envoya contre eux une armée, et ordonna de camper sur les bords de la Meuse, et d'empêcher les ennemis de traverser ce fleuve. Mais, avant que l'armée se fût réunie à l'endroit indiqué, auprès de Maëstricht, les Normands, tenant le haut du fleuve, le traversèrent aux environs de Liége; et, laissant derrière eux l'armée qui venait les attaquer, se répandirent dans les forêts et dans les marais aux environs de la ville d'Aix : ils égorgèrent tous ceux qu'ils rencontrèrent, et s'emparèrent des chariots et des voitures dans lesquels on amenait des vivres à l'armée. Cette nouvelle étant parvenue à l'armée, qui déjà le jour de la nativité de saint Jean-Baptiste se trouvait presque toute rassemblée, frappa les esprits moins de crainte que de stupeur. Les chefs, ayant convoqué une assemblée, ne délibérèrent pas tant sur le danger que sur l'incertitude de la situation, ne sachant s'ils devaient, entrant dans le territoire des Ripuaires, se rendre à Cologne, et de là, passant par Pruim, se diriger vers Trèves, ou bien, par crainte de la multitude de troupes assemblées contre eux, passer la Meuse, et se hâter de marcher contre la flotte. La nuit étant alors survenue les força de dissoudre leur assemblée. Le lendemain, aussitôt que parurent les rayons de la lumière de l'aurore, ils s'armèrent tous, et, déployant leurs étendards, descendirent le fleuve et s'avancèrent au combat ; et, lorsqu'ils eurent traversé un torrent appelé Goule, les bataillons s'arrêtèrent ensemble. Ensuite on résolut que, pour ne pas fatiguer inutilement toute l'armée, chacun des grands enverrait douze des siens, qui, rassemblés en un seul corps, iraient à la découverte des ennemis. Tout à coup parurent les éclaireurs des Normands : toute la multitude les ayant suivis en confusion, sans l'ordre des chefs, attaqua dans un petit village la troupe des fantassins qui, réunis en un seul corps, repoussèrent aisément les Normands qui arrivaient dispersés, et les forcèrent de reculer en arrière; ensuite, faisant, selon la coutume, résonner leurs carquois, ils poussent un cri au ciel et en viennent aux mains. La cavalerie des Normands accourt avec la plus grande vitesse, et le combat étant devenu plus sanglant, par l'effet de ses péchés l'armée des chrétiens, ô douleur! prend la fuite. En ce combat périrent Sunzon, évêque de Mayence, et le comte Arnoul, et aussi une innombrable multitude de nobles hommes. Les Normands, après la victoire, s'emparèrent du camp rempli de richesses, et, ayant mis à mort ceux qu'ils avaient pris dans le combat, regagnèrent leur flotte, chargés de butin. Cette déconfiture eut lieu le 26 juin.

Tandis que ces choses se passaient ainsi, le roi Arnoul était occupé aux extrémités de la Bavière à réprimer l'insolence des Esclavons. Lorsqu'il apprit la défaite des siens et la victoire des ennemis, d'abord il fut grandement contristé de la perte de ses fidèles, et il se plaignit avec gémissement de ce que les Francs, jusque-là invincibles, avaient tourné le dos aux ennemis. Ensuite, méditant en son cœur valeureux l'indignité de l'affront, il fut enflammé de colère contre les ennemis, et, ayant rassemblé une armée tirée des royaumes orientaux, passa bientôt le Rhin, et établit son camp vers les bords de la Meuse. Quelques jours s'étant écoulés, les Normands, enorgueillis du dernier combat, partirent avec toutes leurs forces pour aller ravager le pays. Le roi s'avança contre eux avec des troupes légères. Les Normands, à l'approche de cette armée, se fortifièrent sur les bords d'une rivière appelée la Dyle, formant, selon leur coutume, des amas de terre et de bois, et insultèrent les troupes d'Arnoul par des éclats de rire et des reproches, leur disant avec insolence et dérision qu'ils se ressouvinssent de Goule, de leur honteuse fuite, de la défaite qu'ils avaient éprouvée, et que bientôt ils en éprouveraient autant. Le roi, enflammé de colère, ordonne à ses troupes de quitter leurs chevaux et de combattre à pied. Les soldats, plus prompts que la parole, sautent de cheval, et, poussant le cri d'encouragement, ils se précipitent sur les remparts des ennemis, et, Dieu leur envoyant d'en haut des forces miraculeuses, ils en font un grand carnage, et jonchent la terre de leurs cadavres; de telle sorte que, d'une innombrable multitude qu'ils étaient auparavant, à peine en resta-t-il un pour aller annoncer à la flotte la nouvelle de leur défaite. Après cet heureux succès, Arnoul retourna en Bavière.

[892.] Dans le mois de février, les Normands, qui étaient restés sur leurs vaisseaux, traversèrent la Meuse, pénétrèrent dans un bourg des Ripuaires, et, ravageant tout avec la cruauté qui leur est naturelle, ils parvinrent jusqu'à Bonn. De là, s'en retournant, ils s'emparèrent d'une certaine métairie appelée Landolfsdorf, où l'armée des Chrétiens vint à leur rencontre, mais n'y accomplit rien dont on puisse faire honneur à son courage. La nuit étant survenue, les Normands s'éloignèrent de ladite métairie, et, redoutant l'attaque des ennemis, n'osèrent pas se confier aux plaines et aux champs; mais, retirés dans les forêts, et laissant l'armée derrière eux à leur gauche, se dirigèrent avec la plus grande diligence possible vers le monastère de Pruim; et, comme ils s'y furent précipités avec violence, l'abbé et la congrégation des frères s'échappèrent à grand'peine par la fuite. Les Normands, étant entrés dans le monastère, pillèrent tout ce qui s'y trouvait, égorgèrent quelques-uns des moines et plusieurs des gens de la maison, et emmenèrent les autres captifs. Quittant ce monastère, ils entrèrent dans les Ardennes, où ils attaquèrent un certain château bâti nouvellement sur une montagne élevée, dans lequel s'était réfugiée une innombrable multitude de peuple, s'en emparèrent aussitôt, tuèrent tous ceux qui s'y trouvaient, s'en retournèrent vers leur flotte avec un butin considérable, et, leurs vaisseaux chargés, ils regagnèrent avec toutes leurs troupes les régions d'outre-mer.

Dans l'année ci-dessus indiquée, au mois de juillet, le comte Walther, cousin du roi Eudes, c'est-à-dire, fils de son oncle Adalhelm, leva contre ledit roi, par les conseils de quelques-uns, les armes de la rébellion, et, étant entré dans Laon, s'efforça de tout son pouvoir de contrarier l'autorité royale; ce qu'ayant appris Eudes, il forma le siége de cette ville qui se rendit aussitôt. Ensuite, par le jugement de tous les grands alors présens, il fit trancher la tête audit Walther pour avoir, par une conspiration publique, tiré l'épée contre son roi et seigneur. De là il partit pour aller en Aquitaine réprimer l'insolence de Ramnulphe, de son frère Gozbert, d'Ébulon, abbé de Saint-Denis, et de quelques autres qui refusaient de se soumettre à sa domination.

La même année, le 28 août, le comte Mégingaud, neveu dudit roi Eudes, fut tué en trahison par un piége que lui tendirent Albéric et ses compagnons dans le monatère de Saint-Sixte, dit Rotila. Dans le même temps, Arnoul, vénérable évêque de l'église de Wurtzbourg, ayant, par les conseils et à la persuasion de Popon, duc de Thuringe, marché contre les Esclavons, fut tué dans ce combat. Rodolphe, frère du comte Conrad, obtint son siége, et lui succéda dans l'épiscopat. Arnoul investit son fils Zwentibold d'une partie des bénéfices du comte Mégingaud. Popon, duc de Thuringe, fut dépouillé de ses dignités, et son duché fut donné à Conrad qui, après l'avoir possédé pendant un petit espace de temps, le lui rendit de son propre mouvement. Il passa ensuite entre les mains du comte Burchard qui jusqu'à présent l'a gouverné avec habileté. Tandis que le roi Eudes demeurait en Aquitaine, la plus grande partie des seigneurs Francs l'abandonnèrent, et, par les menées de l'archevêque Foulques et des comtes Héribert et Pepin, Charles, fils de Louis, et, comme nous l'avons dit plus haut, de la reine Adélaïde, fut élevé au trône dans la ville de Rheims.

[893.] Arnoul, quittant la Bavière, vint à Francfort, et, passant le Rhin, parcourut la plus grande partie des villes du royaume de Lothaire. Dans sa route, les évêques lui offrirent des présens considérables. Eudes, ayant réglé ses affaires dans l'Aquitaine, revint en France, et, avec son frère Robert, mit en fuite Charles, et poursuivit ceux qui l'avaient abandonné. Ébulon, abbé de Saint-Denis, assiégeant avec ardeur un certain château situé dans l'Aquitaine, fut tué d'un coup de pierre. Eudes remit sous sa domination le monastère de Saint-Denis.

Charles, ne pouvant résister aux forces d'Eudes, supplia Arnoul de lui accorder son secours. Ledit roi tint à Worms, en la saison d'été, une assemblée publique. Charles y vint, s'attacha Arnoul par des présens considérables, et reçut de sa main le royaume qu'il avait usurpé. Les évêques et comtes qui demeuraient aux environs de la Meuse eurent ordre de lui porter secours, de le conduire dans son royaume, et de le placer sur son trône ; mais tout cela ne lui servit de rien ; car le roi Eudes, apprenant ce qui se passait, s'établit avec une armée sur les bords de l'Aisne, et empêcha entièrement les troupes d'Arnoul d'entrer dans le royaume. Les chefs du roi Arnoul, voyant Eudes vigoureusement préparé au combat, se retirèrent, et retournèrent chez eux. Charles se réfugia dans la Bourgogne ; mais Eudes étant retourné à Paris, il s'empara de nouveau des frontières du royaume. Il fut poursuivi par les fidèles d'Eudes : ainsi, des deux côtés alternativement, périt un grand nombre d'hommes. Il s'éleva une grande haine, se commit des ravages sans nombre et des rapines continuelles.

[894.] Arnoul entra avec une forte armée dans le territoire des Lombards, et, vers le temps de la Purification de sainte Marie, s'empara par les armes d'un château appelé Bergame, et fit pendre Ambroise, comte de cette ville, à un arbre devant la porte même de la ville ; ce qui frappa d'une telle crainte les autres cités que personne n'osa lui faire obstacle, et que tous vinrent au devant de lui. Il parvint jusqu'à Plaisance ; de là, s'étant dirigé vers les Apennins, il entra dans la Gaule, et vint à Saint-Maurice. Il ne put faire aucun mal à Rodolphe qu'il cherchait, parce que celui-ci avait gravi les montagnes, et s'était caché dans des lieux très-sûrs. Son armée fit souffrir de grands maux au pays situé entre le Jura et le mont Joux. Ensuite il vint à Worms, où il tint une assemblée, voulant mettre son fils Zwentibold en possession du royaume de Lothaire ; mais les grands de ce royaume refusèrent absolument d'y consentir.

L'assemblée dissoute, le même prince étant venu à Lauresheim donna à Louis, fils de Boson, par l'intervention de sa mère Hermengarde, quelques villes avec les bourgs adjacens dont Rodolphe était en possession ; mais ce don lui fut inutile, puisqu'il ne put réussir en aucune manière à les enlever d'entre les mains de Rodolphe. La même année mourut Widon qui gouvernait l'Italie et avait le titre d'empereur.

Lambert son fils obtint la couronne, et étant venu à Rome se fit couronner du diadème impérial par le pontife du siége apostolique. Dans le même temps Hildegarde, fille du roi Louis, frère de Carloman et de Charles, ayant été accusée par quelques uns auprès d'Arnoul, fut dépouillée de ses propriétés royales et ensuite envoyée en exil dans un couvent de filles qu'on appelle Chemisheim; mais peu de temps après elle rentra en grâce et recouvra la plus grande partie de ses biens. Vers ce temps Zwentibold, roi des Esclavons de Moravie, homme sage et habile entre tous les siens, termina son dernier jour : ses fils régnèrent peu de temps et malheureusement, le royaume ayant été ruiné de fond en comble par les Hongrois.

[895.] Il y eut à Tribur un grand concile contre plusieurs séculiers qui s'efforçaient d'affaiblir l'autorité épiscopale; vingt-six évêques et abbés résidant en monastères y corroborèrent de leur signature plusieurs décrets touchant l'état de la sainte Église. Ensuite Arnoul se rendit à Worms où les grands de tous les royaumes étant venus se soumettre en son obéissance, il tint une assemblée publique; dans cette assemblée, du consentement et de l'approbation de tous, il mit son fils Zwentibold en possession du royaume de Lothaire. Dans cette même assemblée le roi Eudes vint trouver Arnoul avec des présens considérables et en fut reçu avec honneur. Ayant obtenu tout ce qu'il était venu demander, comme il s'en retournait en son royaume, ses gens attaquèrent au milieu du chemin l'évêque Foulques et le comte Adalung qui se rendaient auprès d'Arnoul avec des présens que lui envoyait Charles ; ils se jetèrent sur eux en poussant des cris. L'évêque prit la fuite, et Adalung reçut une blessure mortelle ; tous leurs bagages furent pillés : ledit comte fut enterré dans une ville appelée Beltheim.

La même année Zwentibold ayant rassemblé une armée immense dans le dessein d'étendre les limites de son royaume, s'avança vers Laon comme pour porter secours à Charles contre Eudes, et forma le siége de cette ville ; mais il ne put réussir à s'en emparer, quoique pendant un grand nombre de jours on combattît des deux côtés avec la plus grande vigueur. Apprenant qu'Eudes, qui en ce temps demeurait en Aquitaine, s'avançait avec une armée, il se retira avec toutes ses troupes et retourna dans son royaume. Dans ce temps Ludelm, homme vénérable, fut ordonné évêque dans l'église de Toul par le métropolitain Radbod et ses suffragrans.

[896.] Arnoul étant entré pour la seconde fois en Italie vint à Rome, et d'accord avec le souverain pontife s'en rendit maître ; ce qui était inouï et sans exemple dans les siècles passés, excepté lorsque, longtemps avant la nativité du Christ, les Gaulois de Sens en firent de même sous la conduite de Brennus. La mère de Lambert que son fils avait laissée à la défense de Rome s'enfuit secrètement avec les siens. Arnoul étant entré dans la ville fut reçu avec de grands honneurs par Formose, pontife du siége apostolique ; couronné devant le tombeau de saint Pierre, il fut créé empereur : à son retour il fut attaqué d'une paralysie dont il demeura malade un long temps.

[897.] Les comtes Étienne, Odoacre, Gérard et

Matfried perdirent les bénéfices et les dignités dont le roi les avait revêtus. Zwentibold vint à Trèves avec une armée, et partagea entre les siens les terres qu'avaient occupées lesdits comtes, gardant pour lui un monastère auprès d'Horrea, et celui de Saint-Pierre situé à Metz. Ensuite il consulta son père par des messagers, sur la femme qu'il desirait prendre en mariage; d'après son avis, il envoya un message au comte Othon pour lui demander en mariage sa fille Oda. Othon lui accorda très-volontiers sa demande, et lui donna sa fille, à laquelle il s'unit en mariage, ayant après Pâques célébré la cérémonie nuptiale. La même année, Arnoul vint à Worms, et il tint une assemblée à laquelle Zwentibold vint assister. Avec l'intervention de l'empereur, Etienne, Gérard et Matfried se réconcilièrent avec son fils.

[898.] Le roi Eudes fut pris de maladie, et termina son dernier jour le 3 du mois de janvier; il fut enterré à Saint-Denis avec les honneurs convenables. Les seigneurs rassemblés s'accordèrent de conseil et de volonté à mettre Charles à leur tête. La même année, Zwentibold, je ne sais par quelle instigation, éloigna de lui le duc Reginaire son très-fidèle et unique conseiller, et l'ayant dépouillé des bénéfices et héritages qu'il possédait dans son royaume, lui ordonna de sortir du royaume dans l'espace de treize jours. Reginaire s'étant réuni au comte Odoacre, et à quelques autres, entra avec eux, leurs femmes, leurs enfans et tous leurs meubles, dans un certain lieu très-sûr, appelé Durfos [1], et s'y fortifia. Le roi, en étant

---

[1] Près de Dordrecht, selon le comte de Bunau.

instruit, rassembla une armée, et s'efforça d'enlever leurs retranchemens; mais il n'y put réussir à cause des marais et des nombreux épanchemens de la Meuse en cet endroit. Le roi ayant levé le siége, lesdits comtes se rendirent auprès de Charles, et l'introduisirent avec son armée dans le royaume. Zwentibold, comprenant trop tard qu'il était enveloppé, s'enfuit avec peu de monde. Charles vint tout droit à Aix, ensuite il s'avança vers Nimègue. Sur ces entrefaites, Zwentibold se rendit auprès de l'évêque Francon, et le prenant avec lui ainsi que tous les siens, il passa la Meuse et vint à Florichingen avec tous les grands du royaume qui, demeurant en ces cantons, affluèrent vers lui. Joyeux de passer d'une situation si désespérée à un renouvellement de forces, il reprit confiance et marcha pour combattre son ennemi. Charles, quittant Nimègue, vint à Pruim, et de là fit marcher ses troupes contre Zwentibold. Cependant les armées s'étant approchées ne se livrèrent point de combat, mais des envoyés allant de l'une à l'autre, on conclut la paix qui fut jurée par serment. Charles traversant la Meuse, rentra dans son royaume.

[899.] Zwentibold eut à Saint-Goar un colloque avec les grands d'Arnoul et de Charles, et avec les siens. Du royaume d'Arnoul y assistèrent, l'archevêque Hatton, les comtes Conrad et Gebhard; du côté de Charles, l'évêque Ascheric et le comte Odoacre. L'événement, dans la suite, mit plus clairement au jour ce qu'ils résolurent entre eux dans cette assemblée, hors de la présence du roi. Zwentibold vint de nouveau à Durfos avec une armée, et mit en usage tous les moyens pour s'emparer de cette place; ses efforts n'ayant eu aucun succès, il ordonna aux évêques de prononcer anathême contre Reginaire, Odoacre et leurs associés. Mais les évêques refusant de prononcer l'anathême, il employa les menaces, les reproches et les outrages; il leva donc le siége, et chacun s'en retourna chez soi. Vers la fin de l'année, l'empereur Arnoul passa de ce monde en l'autre, le 29 novembre[1], et fut enterré honorablement à OEttingen, où est aussi le tombeau de son père.

[900.] Les grands et les seigneurs qui avaient été soumis à Arnoul, s'étant réunis ensemble à Foracheim, créèrent leur roi, Louis, fils du prince, qu'il avait eu d'un légitime mariage, et l'ayant couronné et revêtu des ornemens royaux, ils l'élurent au trône. Tandis que ces choses passaient en Germanie, il s'éleva entre Zwentibold et les grands une implacable discorde à cause des ravages et rapines qui se commettaient dans le royaume, et parce que le roi disposant des affaires avec des femmes et des personnages vils, rejetait les plus honnêtes et les plus nobles, et les dépouillait de leurs bénéfices et dignités, ce qui le rendit odieux à tout le monde. Ils passèrent donc à l'envi du côté de Louis, l'introduisirent dans le royaume, et lui ayant donné la main, à Thionville, se soumirent à sa domination. Louis ayant traversé le Rhin, Zwentibold rassembla tous ceux qu'il put, parcourut les villes de son royaume, et ravagea tout par le feu et le pillage; comme s'il eût pensé qu'il pouvait rappeler vers lui ceux qui l'avaient abandonné à cause de son insolence et de sa cruelle méchan-

---

[1] Le 8 décembre.

ceté, en commettant encore des actions plus cruelles et plus horribles. Louis fut appelé de nouveau dans le royaume, et, le 13 août, Zwentibold fut tué par les comtes Étienne, Gérard et Matfried, en un combat livré sur les bords de la Meuse. La même année le comte Gérard prit en mariage la femme dudit Zwentibold.

[ 901. ] Les Hongrois étant entrés dans la Lombardie, ravagèrent inhumainement tout ce pays par le feu et le pillage. Les habitans s'étant réunis en corps pour s'efforcer de résister à leurs violences et à leurs sauvages fureurs, des multitudes innombrables périrent sous leurs traits : plusieurs évêques et comtes furent massacrés. Liutward, évêque de l'église de Verceil, ami très-intime et conseiller secret de feu l'empereur Charles, et riche au-delà de ce qu'il est possible d'estimer, emportant avec lui des richesses et des trésors incomparables, comme il s'efforçait de tous ses vœux d'échapper à la cruelle férocité de ces barbares, tomba sans le savoir entre leurs mains, et fut bientôt mis à mort; les richesses qu'il emportait avec lui furent pillées.

[902.] Adalbert, avec ses frères Adalhard et Henri, ayant rassemblé une forte troupe, sortit d'un château appelé Babenberg, et marcha pour combattre Eberhard et ses frères Gebhard et Rodolphe, dont nous avons parlé un peu plus haut. Ceux-ci recevant vigoureusement leur attaque, se précipitent sur l'armée le fer à la main, renversent tous ceux qu'ils rencontrent, et ne s'arrêtent point qu'ils n'aient forcé l'armée de leurs ennemis à prendre la fuite. Dans ce combat, Henri fut tué, Adalhard fut pris, et eut ensuite la tête tranchée par l'ordre de Gebhard ; Eberhard tomba percé d'un grand nombre de blessures, et, après le combat, trouvé parmi les cadavres de ceux qui avaient été tués, il fut reporté chez lui, et mourut peu de jours après.

[ 903. ] Adalbert **chassa** de son église Rodolphe, évêque de Wurtzbourg ; il ravagea cruellement les biens et possessions de ladite église. Contraignant les fils d'Eberhard, et leur mère, de sortir de leurs possessions héréditaires, et des bénéfices qu'ils tenaient de la munificence royale, il les obligea de se retirer au-delà de Spechtshart.

Vers ce temps-là Foulques, archevêque de Rheims, fut tué par un certain Winemar, satellite du comte Baudouin. Voici comme on rapporte la cause de ce meurtre : ledit Baudouin avait envahi, sans que personne le lui cédât, le château d'Arras, c'est-à-dire, l'abbaye de Saint-Waast. Le roi Charles la lui ayant enlevée, la donna en bénéfice à l'évêque Foulques. Baudouin, supportant impatiemment la chose, envoya Winemar vers cet évêque, pour le prier de ne point lui enlever, poussé par la cupidité, le bénéfice que jusqu'alors il avait tenu et possédé : en outre, il lui promit des présens considérables, s'il pouvait par son aide et intervention recouvrer ladite possession. Mais l'évêque n'y ayant aucunement consenti, et ayant fait à Winemar une réponse plus dure et plus amère qu'il ne convenait, celui-ci, à l'instigation du diable, et enflammé d'une extrême fureur, s'éloigna de lui, et étant entré avec ses compagnons dans une certaine forêt, comme Foulques revenait de voir le roi au palais de Compiègne, il se précipita sur lui et le tua aussitôt. Henri fut élevé au siége de Rheims; lui et beaucoup d'autres évêques excommunièrent Winemar, et pour ce crime inouï le frappèrent d'un perpétuel anathème.

FIN DES ANNALES DE SAINT-BERTIN ET DE METZ.

# TABLE DES MATIÈRES

CONTENUES

## DANS CE VOLUME.

---

| | |
|---|---:|
| Notice sur Ermold le Noir . . . . . . . . . . . . . Pag. | vij |
| Ermoldi Nigelli prologus . . . . . . . . . . . . . | xiij |
| Des faits et gestes de Louis-le-Pieux, poème, par Ermold le Noir . . . . . . . . . . . . . . . . . . . . . | 1 |
| Invocation . . . . . . . . . . . . . . . . . . . . | *Ibid.* |
| Chant I. . . . . . . . . . . . . . . . . . . . . . | 3 |
| Chant II. . . . . . . . . . . . . . . . . . . . . | 29 |
| Chant III. . . . . . . . . . . . . . . . . . . . | 54 |
| Chant IV. . . . . . . . . . . . . . . . . . . . . | 82 |
| Annales de Saint-Bertin . . . . . . . . . . . . . | 115 |
| Notice sur cet ouvrage . . . . . . . . . . . . . | 117 |
| Annales de Metz . . . . . . . . . . . . . . . . . | 316 |

FIN DE LA TABLE.

www.ingramcontent.com/pod-product-compliance
Lightning Source LLC
Chambersburg PA
CBHW070849170426
43202CB00012B/2009